**Guilherme Calôba
e Mario Klaes**

GERENCIAMENTO DE PROJETOS COM
PDCA

Conceitos e técnicas para planejamento, monitoramento e avaliação do desempenho de projetos e portfólios

ALTA BOOKS
EDITORA
Rio de Janeiro, 2016

CB008014

Gerenciamento de Projetos com PDCA — Conceitos e técnicas para planejamento, monitoramento e avaliação do desempenho de projetos e portfólios

Obra disponível para venda corporativa e/ou personalizada. Para mais informações, fale com projetos@altabooks.com.br

Produção Editorial	**Gerência Editorial**	**Marketing Editorial**	**Gerência de Captação e Contratação de Obras**	**Vendas Atacado e Varejo**
Editora Alta Books	Anderson Vieira	Silas Amaro marketing@altabooks.com.br	J. A. Rugeri autoria@altabooks.com.br	Daniele Fonseca
Produtor Editorial Claudia Braga Thiê Alves	**Supervisão de Qualidade Editorial** Sergio de Souza			Viviane Paiva comercial@altabooks.com.br
				Ouvidoria ouvidoria@altabooks.com.br
Produtor Editorial (Design) Aurélio Corrêa	**Assistente Editorial** Christian Danniel			

Equipe Editorial	Bianca Teodoro	Juliana de Oliveira	Renan Castro

Revisão Gramatical	**Layout e Diagramação**	**Capa**
Priscila Gurgel	Daniel Vargas	Bianca Teodoro

Erratas e arquivos de apoio: No site da editora relatamos, com a devida correção, qualquer erro encontrado em nossos livros, bem como disponibilizamos arquivos de apoio se aplicáveis à obra em questão.

Acesse o site www.altabooks.com.br e procure pelo título do livro desejado para ter acesso às erratas, aos arquivos de apoio e/ou a outros conteúdos aplicáveis à obra.

Suporte Técnico: A obra é comercializada na forma em que está, sem direito a suporte técnico ou orientação pessoal/exclusiva ao leitor.

Dados Internacionais de Catalogação na Publicação (CIP)
Vagner Rodolfo CRB-8/9410

C165g   Caloba, Guilherme

Gerenciamento de projetos com PDCA: conceitos e técnicas para planejamento, monitoramento e avaliação do desempenho de projetos e portfólios / Guilherme Caloba, Mario Klaes. - Rio de Janeiro : Alta Books, 2016.
256 p. ; 17cm x 24cm.

Inclui índice e bibliografia.
ISBN: 978-85-508-0042-4

1. Gerenciamento de projetos. 2. Planejamento. 3. Avaliação de desempenho. 4. Métricas. I. Klaes, Mario. II. Título.

CDD 658.404
CDU 658.5

Rua Viúva Cláudio, 291 — Bairro Industrial do Jacaré
CEP: 20970-031 — Rio de Janeiro - RJ
Tels.: (21) 3278-8069 / 3278-8419
www.altabooks.com.br — altabooks@altabooks.com.br
www.facebook.com/altabooks

ALTA BOOKS
E D I T O R A

Sobre os Autores

Guilherme Calôba

Engenheiro de produção formado pela UFRJ, M.Sc. e D.Sc. pela COPPE/UFRJ. É PMP desde 2008 e atua em Gerenciamento de Projetos, Análise de Riscos e de Investimentos há mais de 15 anos, também lecionando e publicando artigos e livros sobre estes temas. Desde 2007 é engenheiro da Petrobras.

Mario Klaes

Analista de sistemas, formado pela PUC-Rio, com MBA em Gerenciamento Estratégico da Informação pela POLI-UFRJ é certificado PRINCE2 e Scrum Master. Atua como gerente de projetos e PMO a mais de dez anos, tendo passado por empresas como Accenture, Vale, EDS e Petrobras.

Dedicatórias

Guilherme Calôba
Dedico este livro à minha esposa Ana e minha filha Mabel.

Mario Klaes
Dedico este livro à minha esposa Carla e meu filho Eric.

Agradecimentos

Agradecemos sinceramente a todas as pessoas que ajudaram na elaboração deste livro: os amigos e colegas do Escritório de Projeto do CENPES, onde foram germinadas muitas das ideias aqui usadas, e ao pessoal do E&P. Aos amigos de sempre e às novas amizades. A todos com quem tivemos oportunidade de debater e que contribuíram para que este livro se tornasse realidade. Agradecemos um ao outro, pela amizade, paciência e dedicação ao projeto, apesar das tão atribuladas agendas. *Last but not le-*

ast, agradecemos aos esforços de nosso editor Marco Pace. Sem seu apoio e dedicação este projeto não existiria.

Guilherme Calôba
A meu pai, Luiz, minha mãe, Elza, e meu irmão, Luiz Otavio, que sempre me inspiram, apoiam e motivam a rodar o meu próprio PDCA.

Mario Klaes
A minha mãe, Maria Lucia e meu irmão Francisco, vocês sempre foram modelos e fontes de inspiração, e ao meu filho Eric, que me força a um PDCA diário.

Sumário

Objetivo do Livro

O Gerenciamento de Projetos possui uma missão clara: garantir que todas as etapas do projeto sejam concluídas no tempo devido, com o custo orçado e no escopo definido conforme os requisitos de qualidade, mantendo a devida comunicação e gerenciando as partes interessadas, lidando com os recursos humanos dentro e fora da empresa bem como as aquisições de bens e serviços. Tudo isso em consonância com ambientes legais, regulatórios e fiscais, muitas vezes multirregionais; quando não multinacionais. Tendo sempre olhar de integração, coletando melhores práticas e aprendendo lições para melhores projetos no futuro.

Os olhos da organização estão sempre voltados aos resultados do projeto, aos entregáveis, à geração de caixa e à prospecção de novos negócios para manutenção da saúde financeira e felicidade geral dos acionistas e outros stakeholders de peso.

Assim, não é difícil comprovar que o mundo do Gerenciamento de Projetos é extremamente prático e aplicado. Cada vez mais as empresas atuam em projetos ou adotam estruturas projetizadas, procurando prazos e custos mais exíguos em busca de soluções rápidas para resolução de problemas.

Esse ambiente origina uma pressão muito grande para a execução rápida dos projetos e a entrega de resultados conforme requisitos cada vez mais exigentes. Essa atitude costuma prejudicar as fases mais importantes do projeto: a definição do escopo e o planejamento em si. Como já dizia o gato de *Alice no País das Maravilhas*: "se você não sabe aonde quer chegar, qualquer caminho serve", e é exatamente isso que se consegue com o corte de "custos" ou uma aceleração no planejamento, um plano que levará o projeto a algum lugar, seja ele qual for.

Existindo diversos documentos e evidências que podem ser analisados para avaliar o planejamento e o andamento do projeto, por que nos concentramos na avaliação de cronogramas? A resposta é simples, o cronograma é o produto ou artefato que reúne: os recursos para a realização do trabalho, os entregáveis que se pretendem produzir ao longo do tempo, associados a seus custos e recursos, o capital destinado à empreitada distribuído no tempo e pelo trabalho, e as atividades que levarão o projeto ao resultado planejado. Também é uma das mais importantes ferramentas de acompanhamento dos gestores e uma rica forma de comunicação com as partes interessadas.

A elaboração do planejamento torna-se, então, ponto essencial para o sucesso do projeto. Trabalhando em escritórios de projetos, ambos os autores desse livro já se depararam com planejamentos bons e ruins, mas, principalmente, com uma variabilidade muito grande, mostrando uma evidente falta de uniformidade nas diretrizes de planejamento, dificultando a validação e verificação da qualidade dessa etapa tão importante.

Como fazer, então, para obter a tal uniformidade de planejamento? Qual a qualidade do planejamento? Como em qualquer processo de trabalho, a padronização e o acompanhamento são a solução. Acompanhar significa mensurar. Lembre-se, você não controla o que não consegue medir!

O PMO (*Project Management Office*, ou Escritório de Gerenciamento de Projeto), estrutura cada vez mais presente nas empresas, seja formal ou informal, geralmente toma para si esse papel, "empowerado" pela alta direção, gerências setoriais e de linha. Em seu papel de auxiliar na melhor gestão, mostrando evidências e resolução de problemas em projetos, a existência de padrões garante equidade e análises mais transparentes e efetivas.

Podem ser empregadas, então, métricas para avaliar não só o planejamento, mas outras dimensões do projeto. De que vale um planejamento excelente se o cronograma — representação máxima do projeto — fica pendurado na parede tal qual um quadro no museu, intocado e protegido desse elemento deformador chamado realidade? O acompanhamento de cronogramas deve ser realizado processualmente, da forma adequada. E também deve ser realizado frequentemente, de acordo com a duração e fase do projeto, dirigido pela área técnica e fornecido ao PMO ou estrutura que acompanhe o portfólio de projetos da companhia.

Tendo o planejamento bem-feito e o acompanhamento frequente e adequado, é possível chegar a um novo estágio e avaliar a performance dos projetos. Em última análise, o maior interesse está neste último elemento: a performance. O planejamento e controle adequados farão com que tenhamos condições de obter indicadores de performance corretos, adequados, acurados e no tempo necessário.

A pretensão deste livro é apresentar ao leitor uma reflexão sobre um ciclo de melhoria contínua na gestão de projetos, verificado em métricas sólidas aqui apresentadas que podem ser analisadas individualmente e em conjunto; e podem igualmente compor uma cesta de indicadores para avaliar o planejamento, o acompanhamento e a performance de projetos e carreiras, gerando benefícios e melhorias para a organização, com padrões de comparação e orientações processuais para aprimorar a gestão de projetos na empresa como um todo.

Desejamos a todos uma excelente leitura e nos colocamos à disposição.

Bons projetos!

Capítulo 1

PDCA, Indicadores e Conceitos Iniciais

Um dos conceitos principais deste livro, conforme sugerido na introdução, é a evolução cíclica dos projetos e a necessidade de estruturar dimensões (planejamento e monitoramento) antes de avaliar os resultados (performance). Esse conceito de melhoria contínua é representado de forma inequívoca pelo conceito do PDCA — do inglês, *Plan, Do, Check and Act* (planejar, executar, verificar ou monitorar e agir). É um método interativo de gestão de quatro passos que se popularizou por sua aplicação em sistemas de gestão da qualidade para promover a melhoria contínua.

O PDCA é creditado à W. Edwards Deming, engenheiro americano que viveu de 1900 a 1993, referência em controle de qualidade em todo o mundo. O ciclo PDCA, definido por Deming como ciclo de Shewart, um físico que, na década de 1920 introduziu gráficos de controle na Bell Labs, baseia-se nos conceitos anteriores do método científico, que envolve formular uma hipótese, experimentá-la e fazer uma avaliação ao final do "ciclo". A versão deste ciclo de melhoria ficou consagrada como o PDCA.

Deming teve a oportunidade de trabalhar no Japão no pós-guerra, como consultor do general MacArthur. Durante seu período lá, foi contatado pela Associação de Engenheiros do Japão, a JUSE, para ministrar palestras sobre controle de qualidade de processos bem como ideias gerais sobre gerenciamento. Os japoneses estabeleceram um prêmio de qualidade, o prêmio Deming, como uma homenagem aos serviços prestados para a melhoria de qualidade e controle de processos, que levaram o Japão ao enorme salto de qualidade que, apesar de ser bastante diversificado, é, em geral, exemplificado pela indústria automotiva daquele país.

Em programas Six Sigma, o ciclo PDCA é chamado de *definir, medir, analisar, melhorar e controlar* (DMAIC). Dentro da visão de melhoria contínua:

» Planejar é estabelecer metas e processos para se atingir o objetivo;

» Executar é pôr os processos em execução para se atingir o objetivo e, ao longo de sua execução, deve-se;

» Monitorar para acompanhar a execução dos processos comparando seus resultados às metas estabelecidas e, quando as metas não são atingidas, é necessário;

» Agir para se corrigir o processo para que seja possível, por fim, atingir o objetivo.

É raro encontrar ideias consensuais no mundo corporativo e de gestão atual. No entanto, conceitos fundamentais ainda conseguem realizar esse feito. Um bom exemplo desse consenso entre gestores, independentemente de seus níveis hierárquicos e indústria, é a ideia de que não se controla o que não se mede. Tal ideia pode ser complementada: pois só é possível controlar o que se mede, só é possível gerenciar o que se controla e só é possível administrar o que se gerencia. Dessa forma medições, métricas e indicadores são importantes para o gerenciamento eficiente. Com essa visão, este livro apresenta métrica e indicadores que permitem controlar e gerenciar projetos focando em cronogramas de qualidade.

Na gestão de projetos, um referencial muito forte é o PMBOK (*Project Management Body of Knowledge*) (2013), que traça boas práticas para o correto gerenciamento de projetos e que foi elaborado por meio de um processo de colaboração. Assim, esse e outros documentos do PMI (*Project Management Institute*, ou Instituto de Gerenciamento de Projetos) também são nossos principais referenciais.

O objetivo principal de um projeto é atingir as metas e os objetivos propostos, dentro dos limites financeiros estabelecidos, no prazo acordado, com a qualidade desejada, respeitando regras e regulamentos, e sempre seguindo os melhores padrões éticos. Dessa forma, e tendo em mente o PMBOK (2013) e as recomendações do PMI, podem ser definidas metas para cada uma das nove dimensões da gestão de projetos. De uma forma geral podemos citar alguns objetivos básicos:

» Escopo: fazer o que está acordado com as partes interessadas, ou seja, entregar o produto que foi especificado nos requisitos do projeto;

» Tempo: terminar o projeto e suas principais entregas nas datas prometidas;

» Custo: terminar o projeto e suas fases dentro do orçamento previsto, consideradas as revisões que podem ocorrer;

» Qualidade: garantir que o produto do projeto possa ser utilizado da forma como foi especificado e que seu desempenho ou resultado esteja dentro das expectativas do cliente e outras partes interessadas.

As áreas de Risco, Recursos Humanos, Comunicação, Aquisição e Integração se mostram como meios para que consigamos atingir os objetivos definidos nas quatro dimensões acima.

Por que então as áreas meio são importantes? Para garantir que estejamos, regularmente, avaliando os riscos, gerenciando as pessoas, comunicando os resultados de forma clara para que todas as partes interessadas estejam "na mesma página", olhando com atenção os contratos e tentando vislumbrar o conjunto como um todo, integrado.

O objeto de nossa atenção é o cronograma do projeto. Cada projeto pode ser individualmente analisado pelas métricas propostas aqui. Ao final do livro comentaremos práticas que podem ser empregadas para avaliar um conjunto de projetos com alguma comunalidade, que em geral se denomina portfólio.

O ciclo PDCA da melhoria contínua (Planejar, Executar, Verificar e Atuar) foi desenvolvido por Shewhart e popularizado por Deming, tornando-se um dos mais poderosos jargões da gestão empresarial e da qualidade total.

Na gestão de projetos, conforme o próprio PMBOK menciona, podemos verificar uma estrutura que nos remete ao PDCA nos grupos de processos, conforme visto na figura abaixo:

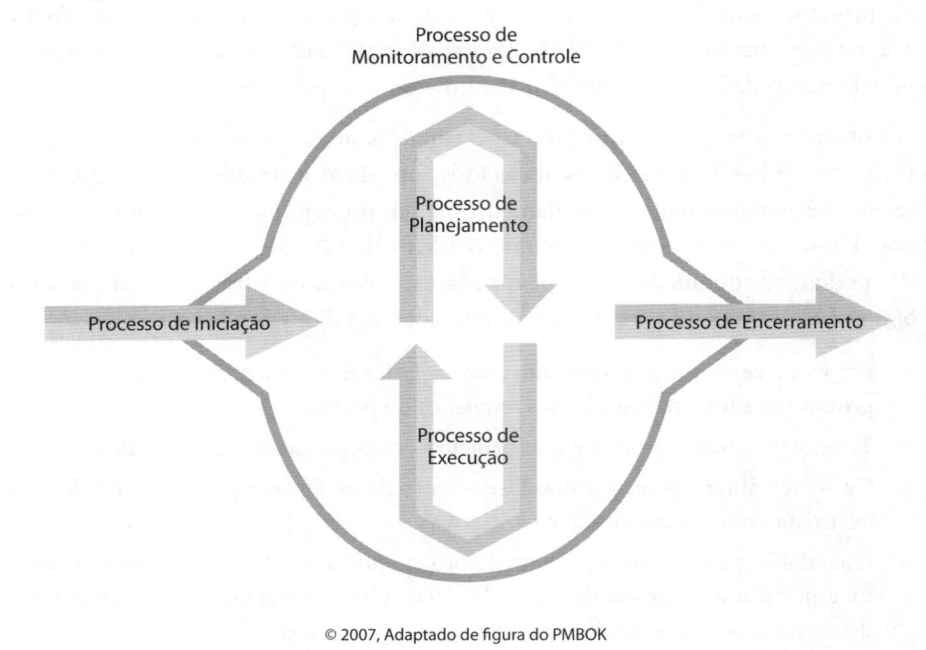

© 2007, Adaptado de figura do PMBOK

Figura 1: Ilustração PDCA (Guia PMBOK 2014).

Verifica-se a similaridade entre os processos de planejamento, execução, monitoramento e controle, diretamente conectados ao ciclo PDCA. Dessa forma, conduzindo os processos pertencentes a esses grupos de forma efetiva, ou seja, empregando os métodos sugeridos para se utilizar das entradas e gerar os produtos pretendidos é possível conduzir o projeto com sucesso até seu término.

Para se obter um ciclo efetivo de melhoria contínua no desenvolvimento do projeto, por meio do uso do ciclo PDCA, é necessário desenvolver produtos de qualidade ao longo de todos os passos do processo. Em outras palavras, é como se pudéssemos desenvolver ciclos PDCA para os processos de planejamento, execução, verificação e atuação.

Este livro contém indicadores que podem ser utilizados de forma conjunta para orientar e garantir qualidade em todos os pontos do processo de gestão da qualidade do cronograma e, em última instância, do projeto.

Um passo importante na direção de um projeto bem-sucedido é a elaboração de um cronograma adequado. Esse cronograma pode ser avaliado em diversos aspectos para se garantir uma qualidade no nível almejado pela organização.

Essa qualidade adequada do cronograma permite que o mesmo seja acompanhado. No entanto, acompanhar o cronograma passa por processos de execução, monitoramento e controle. O cronograma bem acompanhado deve ser atualizado de forma frequente e correta. Uma vez que o cronograma bem planejado seja acompanhado corretamente é possível avaliar o desempenho do projeto em termos de suas várias dimensões como prazo, custos, recursos etc. Tal ciclo virtuoso de planejamento viabiliza que as gerências em diversos níveis associadas ao projeto tenham uma visão correta do andamento dele, utilizando, para tal, um conjunto de indicadores.

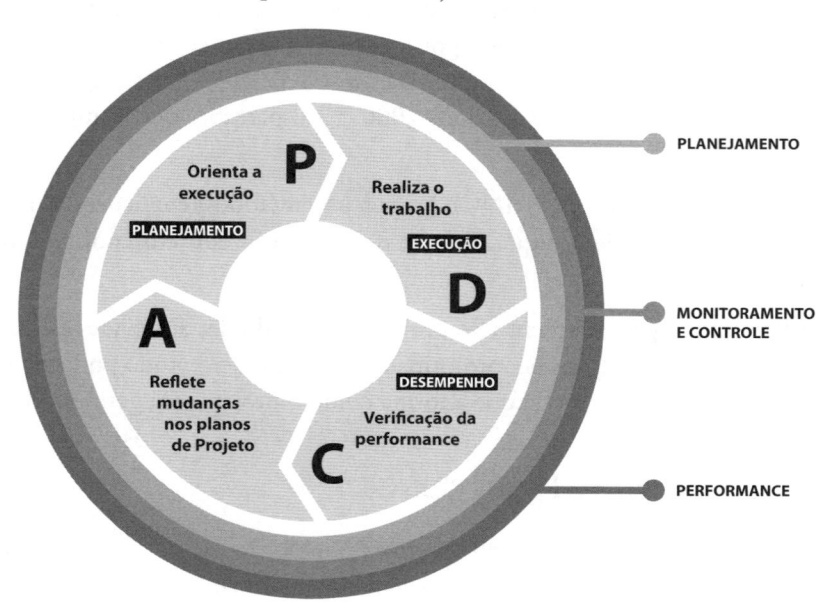

Figura 2: Níveis de Indicadores para PDCA.

Cada conjunto de indicadores ajuda a gerar melhorias nas atividades de gestão de P, D e C e, naturalmente, orienta mais adequadamente as decisões de A para melhoria contínua. Essas atividades estão situadas dentro dos processos representados pelo círculo da gestão de projetos, conforme o PMBOK (2013).

Os capítulos descreverão os indicadores identificados pelos autores para cada grupo de processo, ou seja, planejamento, monitoramento e controle e performance. O funcionamento desse conjunto em um *cockpit* integrado será discutido posteriormente, bem como exemplos ilustrativos e estudos de caso.

O que é PRINCE2?

Ao longo deste livro também faremos comentários e menções ao PRINCE2 então é importante explicar, de forma breve e resumida, o que é isso.

Conforme o manual do PRINCE2 (TSO, 2009), "PRINCE2 significa *PRojects IN a Controled Environment*. Foi construído como um método de gerenciamento de projeto estruturado com base na experiência obtida com milhares de projetos e na contribuição de um sem-número de patrocinadores de projeto, acadêmicos, treinadores e consultores. O número dois é porque essa é a segunda versão do *framework*. A primeira foi feita há cerca de 30 anos — na década de 1980 — e a segunda, há uns 10 anos — na primeira década dos anos 2000. Fácil perceber que é um *framework* estável".

A principal vantagem do PRINCE2 é ser um método genérico que pode ser aplicado a qualquer projeto e que pode, e deve ser utilizado em conjunto com o PMBOK.

No PRINCE2 o gerenciamento do projeto é separado das atividades especializadas como construção, codificação, prototipação etc.; assim o método pode ser aplicado a projetos de qualquer tipo já que a forma como o projeto será gerido independe de seus aspectos técnicos.

Seis aspectos são gerenciados pelo PRINCE2:

» Custo: o projeto tem de ser financeiramente viável;

» Prazo: a pergunta que mais é feita ao gerente do projeto é "quando vai acabar?";

» Qualidade: de nada adianta terminar um projeto no custo e no prazo se os produtos do projeto não são adequados a seu propósito;

» Escopo: o que exatamente o projeto entregará? Sem saber isso, as várias partes envolvidas no projeto podem procurar resultados adequados somente a seu propósito;

» Risco: todo projeto pressupõe riscos, mas quanto risco exatamente estamos preparados para correr? Qual o apetite de risco do projeto?;

» Benefícios: uma pergunta que talvez não receba a devida atenção é "por que estamos fazendo isso?".

Com isso podemos dizer que o PRINCE2 é um *framework* integrado de processos e temas que tratam de planejamento, delegação, monitoramento e controle de todos esses seis aspectos do desempenho do projeto.

Os sete princípios do PRINCE2 (TSO, 2009) são:

» Justificação de negócio contínua: o projeto é constantemente verificado para se assegurar que sua justificativa de negócios continua válida;

» Aprender com a experiência: as equipes do projeto aprendem com a experiência. As lições são buscadas, registradas e servem de base para ação ao longo de toda a vida do projeto. O *framework* registra as lições, mas se serão aprendidas ou não somente o tempo poderá dizer;

» Papéis e responsabilidades claros e definidos: os papéis e responsabilidades são definidos na estrutura organizacional do projeto envolvendo interesses de negócio, dos usuários e dos fornecedores;

» Gerenciar por estágios: o projeto é planejado, monitorado e controlado por estágios;

» Gerenciar por exceção: o projeto tem tolerâncias definidas para cada um de seus objetivos, estabelecendo, assim, os limites da autoridade delegada;

» Foco em produtos: o projeto concentra o foco na definição e entrega de produtos, particularmente no que diz respeito a requisitos de qualidade;

» Adequar ao ambiente do projeto: o método é adaptado para se adequar ao ambiente do projeto, seu porte, sua complexidade, sua importância, sua capacidade e seu risco.

Diferença entre Medida, Métrica e Indicador

Alguns termos estão tão presentes na mídia e na realidade corporativa que acabam tendo definições próprias das organizações ou de autores mais populares. Esse fenômeno ocorre com os termos *medida*, *métrica* e *indicador* que, na verdade, representam uma escala crescente a qual vai desde o dado (medida) até a informação (indicador) para tomada de decisão. A seguir definimos o entendimento com relação a esses termos.

O que é uma Medida?

Uma medida é um valor aferido em um determinado momento. Por exemplo, quando se mede o avanço do projeto pode-se obter, por hipótese, o valor 12%. Essa medida sozinha, no entanto, nada representa. Quando temos uma série de medidas, podemos compor uma métrica, mas...

O que é uma Métrica?

É uma série de medidas que juntas permitem a identificação de uma tendência. Por exemplo, ao se obter medidas constantes do avanço físico de um projeto, podem ser determinados os seguintes valores: 12%, 15%, 20%, 20% e 21%. Pode-se observar uma tendência de aumento dos valores medidos, mas como saber se esse avanço é adequado ou inadequado? Apenas saberemos isso quando definirmos um indicador, mas...

O que é um Indicador?

Um indicador é uma métrica comparada a algum referencial, ou seja, é uma métrica em um contexto. Tal contexto permitirá avaliarmos efetivamente a performance. Tomando-se as medidas feitas no exemplo anterior, o conjunto aponta uma tendência de aumento. Se considerarmos que os valores planejados, referências para comparação nos momentos medidos, fossem 18%, 19%, 21%, 22% e 23% poderíamos concluir que o projeto está mostrando uma tendência de reduzir seu atraso.

É importante destacar que para se ter um indicador não é necessário ter-se uma métrica. Mas é pré-requisito ter uma medida. Nem sempre o comportamento histórico é essencial à medição, mas pode ser definitivo quando empregamos o indicador para tomada de decisão, correção de rumo e, principalmente, quando queremos entender em que momento ocorreu um desvio significativo para aprimorar a gestão do processo em questão.

Naturalmente, indicadores permitem a definição de faixas de conforto, alerta e correção, e poderão ser convertidos em formas gráficas ilustrativas, como sinais luminosos, medidores ou outros, para serem consolidados em um painel de indicadores monitorando o curto, médio ou longo prazo, a fim de indicar necessidades de correções de rumo para o projeto, para o portfólio ou para a empresa como um todo.

Rad e Levin (2006) expandem a definição do que é um indicador descrevendo as seguintes características:

» Pode ser medido, aferido;

» Possui um processo de medição, para assegurar que o que se está medindo é sempre a mesma coisa da mesma forma;

» Possui frequência de medição definida, para que sejam comparáveis;

» Tem significado para o projeto, área ou empresa, ou seja, é possível determinar o motivo pelo qual estamos investindo tempo e dinheiro nesse controle;

» Apresenta limites superior e inferior para que seja possível afirmar que um indicador está dentro da faixa de normalidade ou acima/abaixo desta.

Dentre essas características acima, a regularidade temporal (frequência) é fundamental para que eventuais interferências no resultado de um indicador possam ser identificadas e avaliadas em conjunto com o indicador. Por exemplo, uma empresa que tenha um indicador de vendas médias por dia vai perceber uma variação acentuada em fevereiro devido ao carnaval. Se a medição não fosse regular no tempo, como considerar os efeitos do feriado no indicador? Provavelmente haveria uma interpretação errada, que levaria a uma ação de correção desnecessária.

Dessa forma, uma vez que se tenham todos esses elementos, é possível dizer que se tem um indicador e não uma medida ou uma métrica. O indicador é, dentre os três, aquele que permite a tomada de decisão melhor informada pelo corpo gerencial de uma empresa.

O que são KPI e KGI?

É normal haver uma confusão também entre os termos *KPI* e *KGI*, pois também são termos amplamente divulgados na mídia e nas publicações do setor de negócios. Nesta seção, fazemos uma distinção entre os dois termos buscando esclarecer essa confusão.

O que são KPIs?

KPI, *Key Process Indicator* ou Indicador de Processo Chave ou Indicador-Chave de Desempenho são indicadores que estão ligados a algum processo de negócios. Definir um KPI significa que o processo de negócios em questão é tão importante para os executivos que deve ser acompanhado. Um KPI mede "como" o processo está sendo executado.

É uma função da estratégia de uma corporação definir os chamados indicadores--chave. Os KPIs devem ser indicadores tais que o atendimento das metas propostas garantam a posição desenhada pela empresa e o atingimento de sua visão e objetivos estratégicos. O *Balanced Scorecard* desenvolvido por Kaplan e Norton (1997) é um método bastante utilizado nos últimos anos para escolher os indicadores-chave e conectá-los com os objetivos da companhia, estabelecendo uma relação de causa e efeito entre cada KPI, o processo medido por ele, sua perspectiva e os objetivos de topo da companhia, geralmente apresentados na perspectiva financeira.

Como os KPIs são definidos pelos executivos para acompanhamento de processos-chave para a estratégia da empresa, ao comunicarem para os demais níveis da empresa os indicadores que serão acompanhados, também estão comunicando a estratégia e as metas da organização. Da ampla divulgação dos KPIs advêm dois efeitos colaterais, um positivo e outro negativo: o Efeito Hawthorne[1] e a Lei de Goodhart[2]:

» O Efeito Hawthorne é uma forma de reação em que pessoas modificam ou melhoram algum aspecto de seu comportamento que está sendo medido pelo fato de saberem que estão sendo medidos (ou estudados, na origem do termo), ou seja, a divulgação e acompanhamento do KPI tende a gerar uma mudança comportamental;

» A Lei de Goodhart estabelece que, quando uma métrica se torna o alvo, ela deixa de ser uma boa métrica, ou seja, quando a organização tem por objetivo satisfazer uma métrica, distorções podem ocorrer.

Embora possam parecer paradoxais, os dois efeitos foram estudados e observados em diversos momentos em fábricas e nas linhas de produção.

Geralmente um projeto não tem KPIs associados, mas indicadores, salvo se a empresa for constituída para o projeto (*joint venture*) ou o objetivo do projeto seja influenciar, de forma positiva, em algum processo de negócios chave para a empresa, aí a relação projeto-KPIs é direta.

Um projeto bem alinhado com a estratégia da empresa é aquele em que seu resultado influencia de forma positiva um KPI, seja direta ou indiretamente. Os projetos de uma empresa geralmente compõem um portfólio, que pode ser único ou segmentado. Os KPIs podem ser definidos para o portfólio e derivados para cada projeto, ou seja, é possível fazer uma composição dos resultados dos projetos e verificar seus resultados de longo prazo para a companhia no KPI.

---

1 O termo foi criado em 1950 por Henry A. Landsberger quando estava analisando os resultados do experimento de 1924–1932 realizado na Hawthorne Works (uma fábrica da Western Electric próxima a Chicago).

2 A lei foi originalmente formulada por Charles A. E. Goodhart (conselheiro do Banco da Inglaterra e Professor Emérito da London School of Economics) da seguinte forma: "Assim que o governo começa a regular qualquer aspecto financeiro, ele se torna não confiável como indicador de tendência econômica", e atualizada pela feminista britânica e antropóloga Ann Marilyn Strathern para: "quando uma métrica se torna o alvo, ela deixa de ser uma boa métrica".

Como KPIs estão ligados ao sucesso de algum processo de negócios, alguns podem estar medindo o avanço de um processo em direção a um objetivo estratégico e outros podem estar ligados a um processo repetitivo de nível operacional, como, por exemplo: satisfação do consumidor, defeito zero na linha de produção etc.

Um KPI deve ter os mesmos atributos que qualquer indicador, ou seja, deve seguir o critério SMART[3]:

- » (S) Específico para um objetivo de negócios;
- » (M) Mensurável: o KPI deve ser medido de forma consistente, ou seja, utilizando-se a mesma forma de cálculo;
- » (A) Atingível: deve ser possível atingir o objetivo estabelecido pelo KPI;
- » (R) Relevante: para o negócio ou para o objetivo da medição, e;
- » (T) Temporal: deve ser medido em intervalos de tempo pré-definidos e relevantes para o negócio.

No item temporalidade, o KPI deve ter vida longa, ou seja, diferentemente de indicadores de projeto que se extinguem quando o projeto se encerra, um KPI deve (ou deveria) perdurar por anos, para que se possa ter base de comparação ao longo do tempo.

Se os KPIs forem similares aos da indústria ou segmento de negócios ao qual a empresa pertence, eles podem ser comparados com os de outras empresas para avaliar se o negócio está, comparativamente com o mercado, indo bem.

Lembre-se: indicador é um conjunto de medidas feitas ao longo de um tempo que indicam uma tendência a qual pode ser interpretada e confrontada com uma meta ou valores de referência. O KPI é tudo isso e mais, uma vez que está medindo um processo de negócios o qual está ligado à estratégia da empresa e por isso se torna um indicador-chave do processo de negócios. Vejamos o exemplo abaixo de como seria um KPI ruim:

- » Título do KPI: aumentar as vendas;
- » Especificação: medir as variações de vendas mês a mês;
- » Como medir: total de vendas por região de todas as regiões;
- » Meta: aumentar todo mês as vendas.

Por que esse é um KPI ruim? Bom, o aumento nas vendas está sendo medido por unidade vendida ou por valor volume financeiro? Se for medido em volume

---

[3] SMART é a sigla em inglês para *Simple, Manageable, Achievable, Relevant and Time phased.*

financeiro, será utilizado o valor de tabela dos produtos ou o valor real de venda? O valor financeiro da venda será contado no mês que a venda foi feita ou no mês que o pagamento for feito? Como assegurar que as vendas estão sendo contadas corretamente? Qual o percentual de aumento, em unidades ou volume financeiro, que se espera aumentar mensalmente? Fica claro que o KPI desse exemplo apresenta mais dúvidas do que certezas.

Por outro lado, um exemplo de um bom KPI seria:

» Título do KPI: rotatividade de empregados;

» Especificação: número total de empregados que se demitem, independentemente da razão, dividido pelo número de empregados contratados no ano. Empregados que saíram por políticas de redução de força de trabalho ou programas de demissão voluntária não serão considerados;

» Como medir: o Sistema de Gestão de Recursos Humanos contém os registros de todos os empregados. A seção de informações possui os dados relativos ao motivo do desligamento da empresa e a data. Mensalmente, ou quando requisitado pela diretoria, o Departamento de Recursos Humanos enviará um relatório de quantitativo de pessoal com a rotatividade de empregados. O Departamento de Recursos Humanos disponibilizará os gráficos de cada relatório na intranet da empresa;

» Meta: reduzir a rotatividade de empregados em 5% ao ano.

Outros exemplos de KPIs típicos podem ser:

» *Time to Market*: tempo decorrido entre o início do planejamento de um produto e seu efetivo lançamento. Caso o projeto de desenvolvimento do produto seja em fases ou estágios, pode ser segmentado e possibilitar a identificação de pontos em que ocorra maior tempo ou desvio entre previsto e realizado para ações de melhoria;

» *Lead time*: tempo para desenvolver um processo ou o "tempo entre colocar um pedido e receber os bens solicitados"[4];

» *Stock Out*: número de ocorrências em determinado período de tempo em que um determinado produto ou insumo fica zerado no estoque da empresa. Pode haver um indicador que se refira ao estoque de segurança;

» *Market Share*: fatia do mercado, local, municipal, estadual, regional, nacional ou mundial que um produto ou serviço de uma empresa possui;

---

[4] Dictionary.com "lead-time," em Collins English Dictionary - Complete & Unabridged 10th Edition. Fonte: HarperCollins Publishers. http://dictionary.reference.com/browse/lead-time. Disponível em: http://dictionary. reference.com/ <Acessado em 28 de dezembro de 2015 às 10:38 AM>

» Produtividade: produção gerada por unidade de recurso empregado. Em geral é utilizado para homem-hora, mas pode estar relacionado com eletricidade, gás, água ou insumos diversos necessários para produzir o item ou prestar o serviço;

» Ociosidade: estimativa da quantidade de tempo que um recurso fica sem operação, ocioso. Pode ser desdobrado por causa da ociosidade, por exemplo, gerenciável e não gerenciável.

O que é KGI?

KGI, *Key Goal Indicator* ou Indicador de Objetivo Chave é uma medida de "o que" se está buscando atingir. Note que o KPI é a medida de "como" atingir e o KGI é de "o que" atingir, assim o KPI tem uma relação de causa e efeito no KGI, ou seja, um resultado positivo no KPI gera um resultado positivo no KGI relacionado.

O KGI representa o objetivo de negócios a ser atingido, seu alvo é o negócio. Um KGI não está ligado, necessariamente, a um processo de negócios. Por exemplo, em uma empresa que tenha diversas linhas de produto (três, por hipótese), o objetivo de negócios (KGI) da organização é "Aumentar em 10% a Lucratividade da Empresa", ou seja, aumentar o faturamento e/ou reduzir custos simultaneamente. Para se atingir esse KGI a empresa tem processos de negócios para a produção e venda das três linhas de produtos. Dessa forma, a média ponderada dos resultados medidos (KPIs) nos processos de negócios "Produzir Produto 01", "Vender Produto 01", "Produzir Produto 02", "Vender Produto 02", "Produzir Produto 03", "Vender Produto 03" e outros relacionados influenciarão no momento de se verificar se o KGI "Aumentar em 10% a Lucratividade da Empresa" foi atingido.

Fica claro que os processos de negócios possuem seus indicadores (KPI) e que terão suas metas individuais definidas. Já o KGI é um objetivo do negócio que tem seu resultado influenciado por um conjunto de processos de negócios (KPIs).

A junção de KPIs e KGIs permite o planejamento para atingimento das grandes metas da empresa, constantes de seu planejamento estratégico ou seu plano de negócios. Os KPIs se tornam um caminho para atingir o que é mirado com os KGIs. O sucesso ou fracasso da empresa pode ser explicado pelos KGIs, desdobrado pelos KPIs e chegar ao nível das medidas de produtividade ou qualquer outra, estabelecendo um sistema de medição de desempenho e responsabilidade que pode e deve permear toda a organização.

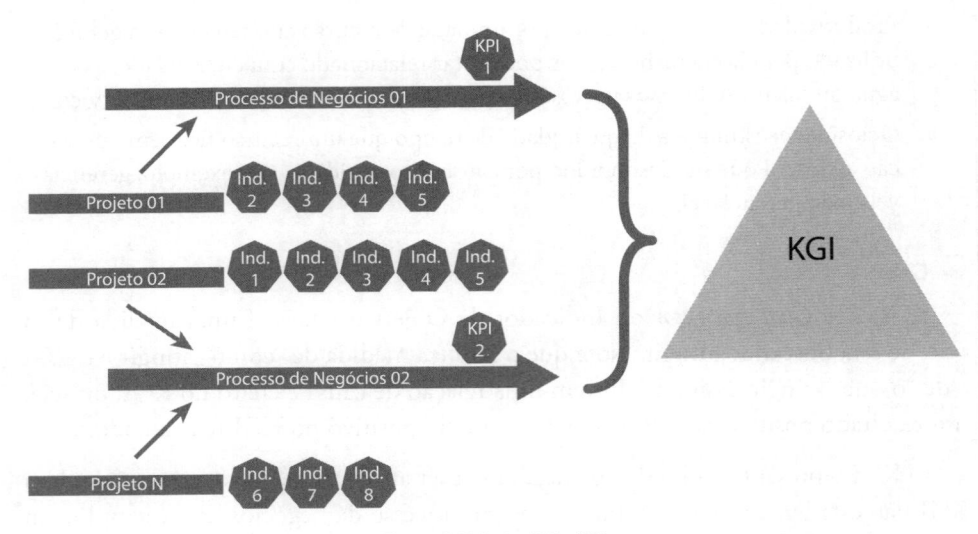

Figura 3: Relação KPI x KGI.

Classes dos Indicadores

Neste livro, apresentamos indicadores para gerenciamento de projetos focados em três diferentes categorias:

1. Indicadores de Planejamento;
2. Indicadores de Monitoramento e Controle, e;
3. Indicadores de Performance ou de Resultado.

Usualmente os indicadores focam no monitoramento e controle e no resultado do projeto propriamente dito, então por que se devem utilizar indicadores para avaliar a qualidade do planejamento do cronograma do projeto?

O motivo é simples. Como visto na figura da introdução, para os indicadores de monitoramento e controle apresentarem resultados confiáveis, os indicadores de qualidade do planejamento devem estar em limites adequados. Da mesma forma, para os indicadores de performance serem confiáveis é importante que os indicadores de monitoramento e controle também estejam dentro de margens adequadas.

Lembre-se que para construir o cronograma do projeto, conforme o PMBOK (2013), é necessária uma série de informações como escopo, processos organizacionais, lista de atividades, marcos e dos atributos das atividades tais como recursos, calendário de recursos, estimativas de duração das atividades e recursos necessários para executar as atividades. Também é recomendada uma série de processos anteriores à construção do cronograma como, por exemplo, o estabelecimento do escopo.

No grupo de processos de planejamento e no grupo de processos de monitoramento e controle recomenda-se revisitar o cronograma sempre que novas informações estiverem disponíveis, para o gerente do projeto realizar o Controle Integrado de Mudanças (PMBOK). Dessa forma, ao se avaliar o cronograma do projeto de forma cíclica e periódica, se está, indiretamente, avaliando a consistência de todos esses processos, dados e artefatos do projeto.

Além disso, existe um conjunto de boas práticas que devem ser seguidas ao se construir um cronograma e que também devem ser verificadas. Assim, o gerente do projeto poderá comunicar resultados e acompanhar a execução do projeto com mais qualidade e menos erros.

Lembre-se que um bom planejamento é meio caminho para o sucesso do projeto, já um planejamento ruim é 90% do caminho para o fracasso do projeto. Uma variação dessa máxima é que quando se planeja bem, se começa vencendo; e quando se planeja mal, se começa perdendo.

Os indicadores de monitoramento e controle avaliam se o acompanhamento do cronograma está sendo feito corretamente, na frequência apropriada e livre de erros.

Os indicadores de resultado reúnem as dimensões escopo, prazo e custo em indicadores que auxiliam o gerente do projeto a comunicar resultados claramente e permitem observar a performance do projeto.

Naturalmente, uma vez que os projetos estejam planejados de forma adequada, seu acompanhamento se torna mais fácil e rápido. Por outro lado, os indicadores de resultado se tornam confiáveis e é possível atuar sobre eles de forma mais decisiva.

Indo um pouco adiante, se a organização possui diversos projetos rodando em paralelo e possui seus processos de planejamento, acompanhamento e controle organizados, é possível obter indicadores de resultado em uma base similar, para compor indicadores agregados de portfólio e tomar decisões para o conjunto todo de forma padronizada e orientada ao atingimento dos objetivos de negócio da empresa, seus KGIs, ao cumprimento do planejamento estratégico e de negócios e, em última análise, à missão da empresa.

A figura abaixo ilustra a conexão entre planejamento, acompanhamento e resultado de um projeto com o portfólio e as metas da empresa, em seus ciclos de gestão.

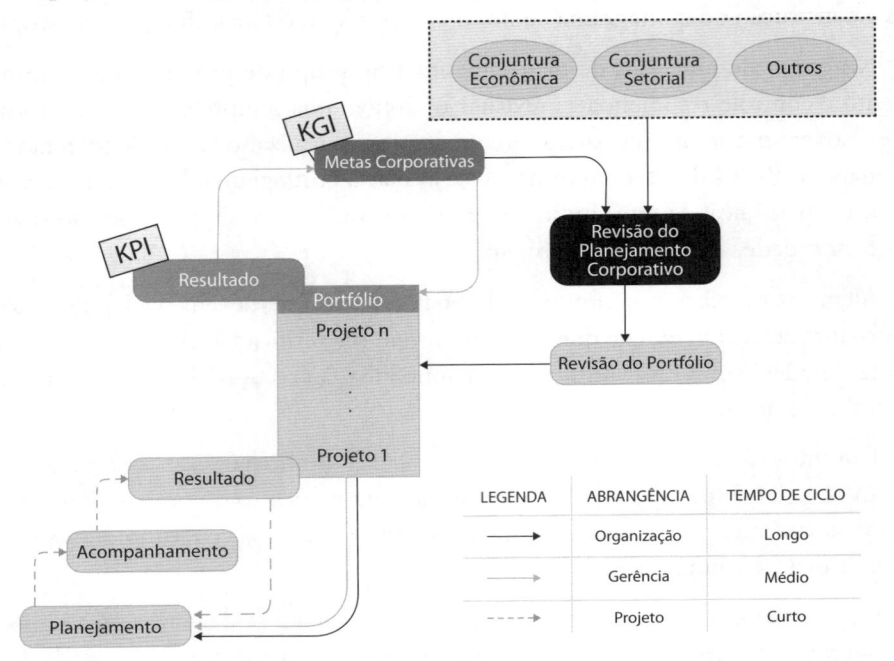

Figura 4: Relação entre indicadores e metas empresariais.

Os três ciclos de planejamento impactam os projetos desenvolvidos na empresa. Considera-se, para esse fim, que a organização em questão desenvolve suas atividades produtivas por meio de projetos, embora o mesmo modelo possa ser aplicado para empresas que combinam processos produtivos tradicionais com estruturas de condução de projetos.

Como pode-se ver na figura, a pedra fundamental da performance da empresa está em suas unidades produtivas, os projetos. Todo impacto e alteração vai se dar no planejamento do projeto. Dessa forma, justifica-se a importância que colocamos na qualidade do planejamento. Se essa etapa se der de forma inadequada, todo o processo fica prejudicado. Da mesma forma, um acompanhamento pouco frequente ou incorreto será, também, extremamente impactante. Não podemos considerar que o bom planejamento e acompanhamento são premissas, são elementos básicos, conhecidos e superados. Na maior parte das organizações, o planejamento é feito de forma apressada e sem o devido cuidado.

Evidência dessa afirmação está na pesquisa realizada pelo PM SURVEY (pmsurvey.org, 2013), que trabalhou com mais de 650 instituições ao redor do mundo e apresenta alguns resultados interessantes.

Duas questões tocam o cerne deste projeto editorial, indagando o nível de compromisso das organizações com planejamento e controle. No primeiro caso, apenas 22% dos respondentes apontaram que a organização sempre concede tempo e recursos adequados para um planejamento efetivo. Em 52% das respostas, na maioria das vezes, e em 26%, raramente são concedidos tempo e recursos. Com relação ao controle, os números são similares: 23% respondem que sempre há tempo e recursos adequados para o controle efetivo, 55% afirmam que na maioria das vezes há tempo e recursos disponíveis; e 22% respondem que apenas raramente há tempo e recursos disponíveis para controle.

Esses números são um alerta que nos evidenciam que o planejamento e controle tendem a ser não priorizados e realizados de forma não ideal para um pouco menos de 80% dos respondentes. Ou seja, o planejamento e controle podem se dar de forma incompleta ou inadequada. Se existe uma forma de avaliar a qualidade desses dois importantes elementos da gestão de projetos, é possível detectar e corrigir os problemas antes que eles redundem em falta de informação ou, o que é pior, suporte incompleto ou incorreto para a tomada de decisão.

Ainda na pesquisa citada, PM SURVEY (2013) nos informa a frequência de problemas relacionados ao cumprimento de prazos, custos, qualidade e satisfação do cliente. Os dados foram tabulados abaixo.

Dimensão x Frequência de Problemas	Sempre	Na maioria das vezes	Poucas vezes	Nunca
Prazo	14%	47%	36%	2%
Custo	8%	39%	50%	3%
Qualidade	4%	27%	62%	7%
Satisfação do Cliente	3%	23%	66%	8%

Tabela 1: Frequência de problemas encontrados no atendimento de objetivos dos projetos. Fonte: PM SURVEY (2013).

Verifica-se, examinando a tabela, que a dimensão que apresenta pior performance é o prazo, seguida de perto pelo custo. A qualidade fica em terceiro lugar e a satisfação do cliente possui a melhor situação.

Para citar um último dado, a pesquisa avalia, também, o comportamento da realização orçamentária em comparação à previsão e chega a interessantes conclusões: 6% dos respondentes apontam que os projetos se encerram com uma economia maior que 10%, 13% apontam uma economia até 10% do orçamento inicial e 23% julgam não haver desvio relevante. Pelo outro lado, 34% apontam desvios de até 10% a maior, e 22% citam estouros maiores que 10% do valor orçado do projeto.

É importante ressaltar que desvios, tanto o maior quanto o menor, são impactantes para o resultado da empresa, uma vez que comprometem e não utilizam recursos ou utilizam recursos excedentes. Mais de 75% dos respondentes julgam a ocorrência de desvios orçamentários nos projetos dignos de nota.

Acreditamos que existe uma conexão entre a importância dada ao planejamento e acompanhamento e os resultados obtidos. A gestão de projetos evidencia essa conexão, por meio, por exemplo, de PMI (2013). Trata-se, na verdade, de um conceito amadurecido em qualquer área profissional, ou seja, o planejamento e o acompanhamento periódicos contribuem na revisão dos objetivos e na conclusão a contento de qualquer iniciativa.

O Gerente do Projeto e seu Conhecimento do Negócio

O gerente de projetos é uma figura importantíssima para o sucesso do projeto. Trata-se da pessoa responsável por garantir os compromissos firmados, relacionar-se com as partes interessadas e comandar o trabalho, dentre muitos outros requisitos.

PMI (2013) nos diz que "o gerente de projetos é a pessoa designada pela organização para liderar a equipe responsável por atingir os objetivos do projeto. O papel de um gerente de projetos é distinto de um gerente funcional ou gerente de operações. Tipicamente, o gerente funcional está focado em fornecer uma visão gerencial para uma área funcional ou unidade de negócios, e gerentes de operação são responsáveis por assegurar que as operações sejam eficientes".

Em geral, os gerentes de projeto têm a responsabilidade de satisfazer necessidades: das tarefas, da equipe e dos indivíduos. Como o gerenciamento de projetos é uma disciplina crítica e estratégica, o gerente de projetos torna-se a conexão entre a estratégia e a equipe. Os projetos são essenciais para o crescimento e a sobrevivência das organizações. Criam valor por meio de melhorias nos processos de negócios e são indispensáveis no desenvolvimento de novos produtos e serviços, além de tornarem mais fácil para as companhias responderem a mudanças no ambiente, na competição e no mercado.

A função do gerente de projetos, dessa forma, se torna cada vez mais estratégica. No entanto, conhecimento e aplicação de conhecimento, ferramentas e técnicas que são reconhecidas como boas práticas, não são suficientes para o gerenciamento efetivo de projetos. Além de quaisquer capacidades específicas da área e proficiências gerais de gerenciamento necessárias para o projeto, o gerenciamento efetivo de projetos requer que o gerente de projetos possua as seguintes competências PMI (2013):

» Conhecimento: refere-se ao que o gerente de projetos sabe sobre gerenciamento de projetos;

» Desempenho: refere-se ao que o gerente de projetos é capaz de fazer ou realizar quando aplica seu conhecimento de gerenciamento de projetos;

» Pessoal: refere-se a como o gerente de projetos se comporta enquanto gerencia o projeto ou atividades correlatas. Engloba atitudes, características pessoais e liderança, que fornece a habilidade de guiar a equipe do projeto enquanto atinge os objetivos do projeto e equilibra as restrições dele.

Ou seja, considerando o esquema apresentado na seção anterior, o gestor de projetos é o responsável por se articular com a gestão do portfólio, reportar desempenho, fazer ajustes necessários, coordenar a equipe e trabalhar os dez grupos de processos de gerenciamento de projetos descritos pelo PMI (2013) nas cinco diferentes fases do projeto: iniciação, planejamento, execução, monitoramento e controle e encerramento.

Discussões sobre a gestão profissional de projetos vêm sendo colocadas desde o início da estruturação de projetos de forma mais profissional e estruturada. O papel do gerente de projetos pode, na verdade, ser distinto do que foi colocado nos parágrafos acima. No universo de projetos nem sempre o gerente do projeto é a pessoa que é responsável por manter o cronograma. Em diversos casos, existe um Escritório de Gerenciamento de Projetos (EGP ou PMO, para a expressão *Project Management Office*), que tem todo o conhecimento técnico próprio da execução do projeto. Nesse caso, que é abundantemente comum, o que pode ser feito?

Existem diversas correntes de pensamento sobre esse tema. Alguns autores afirmam que o gerente do projeto deve ter conhecimento técnico sobre o projeto, ou seja, para tocar um projeto de engenharia civil o gerente do projeto deve ser um engenheiro civil, para projetos de software o gerente do projeto deve ser um analista de sistemas, e assim por diante. Outros autores defendem que o conhecimento de gestão, técnicas de gestão e ferramentas de gestão são suficientes para que o gerente do projeto possa conduzir qualquer tipo de projeto e que o melhor engenheiro não será um bom gerente de projetos de engenharia se não possuir o conhecimento de gestão necessário. Essa segunda vertente, inclusive, em geral argumenta que o melhor local para o especialista é fora da gestão, podendo utilizar sua *expertise* para todos os projetos da companhia sem se comprometer com as questões muitas vezes vistas como burocráticas da gestão.

Os autores do livro acreditam na segunda corrente de pensamento em que o importante é o conhecimento de gestão, processos, ferramentas e metodologias que permitam que o gerente do projeto conduza-o ao sucesso, sem se esquecer dos elementos contextuais da organização e do comando efetivo da equipe.

Pense em um desenvolvimento de software; seria quase impossível encontrar um gerente de projetos que tivesse *know-how* de banco de dados, modelagem de dados, modelagem de sistemas, levantamento de requisitos, programação, técnicas de teste e domínio de ferramentas de automação de testes. Por outro lado, encontrar um gerente de projetos que tenha conhecimentos básicos desses temas é mais fácil e as áreas de conhecimento específicas podem ser executadas por especialistas, cabendo ao gerente do projeto manter a comunicação fluindo e coordenando as partes para que o todo seja harmonioso. Lembre-se que o gerente do projeto pode e deve ser suportado pelo conjunto dos conhecimentos e especialidades de cada profissional de sua equipe.

O fato comum nesse tema é que o gerente de projetos, formal ou informalmente designado, com maior ou menor abrangência de atuação, técnico ou não técnico, será o responsável pelas entregas do projeto com qualidade, no custo e no prazo devidos, seguindo o escopo, a comunicação interna e externa e o relacionamento com as partes interessadas, a gestão de riscos e o gerenciamento dos recursos humanos internos da empresa e contratações, de forma coordenada e integrada. Ou seja, é muita coisa para uma pessoa só! E assim como comentamos que o planejamento é a base para o resultado da empresa, a construção de cada projeto é essencial para esse mesmo sucesso. E, com certeza, o grande fator crítico de sucesso para o projeto é seu gestor, capacitado, com a autoridade na medida certa e motivado a fazer o melhor trabalho para a organização.

Uma Técnica para Levantamento de Informações para Elaboração do Cronograma: JAD[5]

Como o gerente do projeto pode produzir um cronograma com detalhes suficientes para que o trabalho que será desempenhado no projeto esteja refletido e possa ser acompanhado pelo cronograma?

Soltys e Crawford (1999) afirmam que "uma que considero boa por produzir bons resultados é o processo JAD (*Joint Application Development*). Tradicionalmente, esse processo é utilizado para levantamento de requisitos de software, mas pode ser utilizado para qualquer tipo de projeto. Basicamente consiste em ter uma série de reuniões de trabalho com clientes, equipe técnica e partes interessadas para a identificação de requisitos, que é algo comum a qualquer projeto, e que pode ser útil ao gerente de projetos que não tem domínio sobre todas as áreas de conhecimento que o projeto requer. Ao término de cada reunião de JAD, uma ata com os requisitos é fechada e, como o cliente participou da reunião, também já está aprovada.

O mesmo processo JAD pode ser utilizado internamente para a construção do cronograma. Cada especialista e membro da equipe dá sua contribuição para que o cronograma reflita todo o trabalho que será realizado em conjunto com o cliente. Ao término de algumas reuniões de trabalho tem-se um cronograma com estimativas consistentes, feito com a participação de todos os envolvidos, o qual contempla a opinião da equipe e que o cliente concorda.

Assim, a identificação de prioridades e marcos também é feita em conjunto com o cliente e este, ao mudar alguma prioridade ou marco ao longo do projeto, terá uma boa percepção do impacto no trabalho e no cronograma do projeto antes mesmo de o gerente do projeto apresentar essa análise de impactos. Essa participação é especialmente importante na fase de planejamento quando é necessário fazer a compressão do cronograma, elevando o paralelismo das atividades e, consequentemente, o risco do projeto, para que a data de um marco ou a data final do projeto sejam atendidas.

Dessa forma, ao término de algumas seções de planejamento usando JAD, em vez de requisitos, a saída do processo será o cronograma completo (*full resource loaded schedule*), suas premissas e estimativas definidas e aprovadas pelos envolvidos, assim como alguns riscos e outros aspectos do planejamento do projeto, conforme forem planejadas e direcionadas as seções de JAD."

---

[5] SOLTYS, Roman; CRAWFORD, Anthony (1999). JAD for business plans and designs.

A WBS ou EAP (PMBOK)

Conforme o PMBOK, Capítulo 5.3, criar a WBS (*Work Breakdown Structure*) ou Estrutura Analítica do Projeto — EAP é subdividir as entregas e o trabalho do projeto em componentes menores e gerenciáveis. Quando esses componentes menores chegam ao nível de pacotes de trabalho, a EAP está pronta.

A EAP pode ser criada de diversas maneiras, tais como:

» Usando as fases do ciclo de vida do projeto como o primeiro nível de decomposição, com os produtos e entregas definidos no segundo nível;

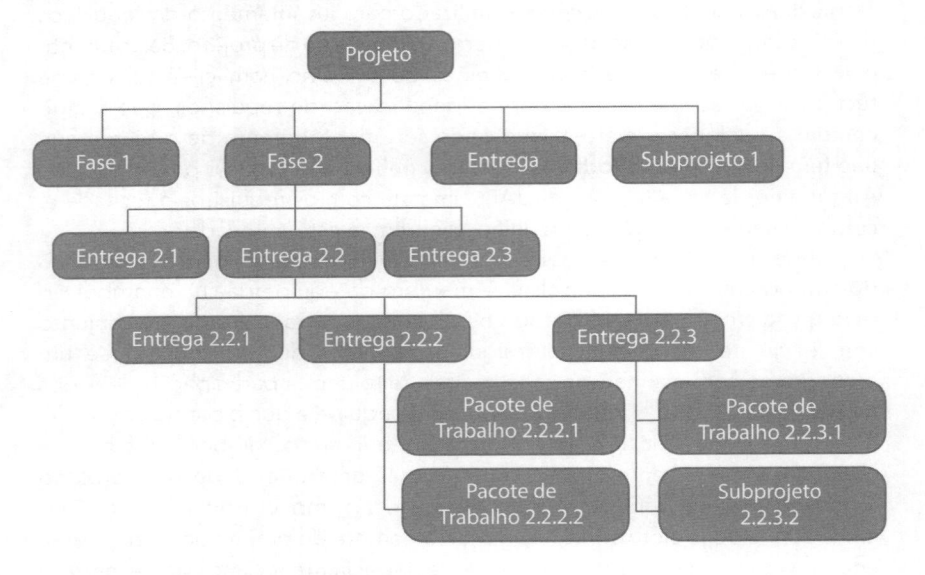

Figura 5: Exemplo de estrutura analítica do projeto com alguns ramais decompostos até o nível de pacotes de trabalho (Fonte: PMBOK, Figura 5-8).

» Usando entregas principais como o primeiro nível de decomposição;

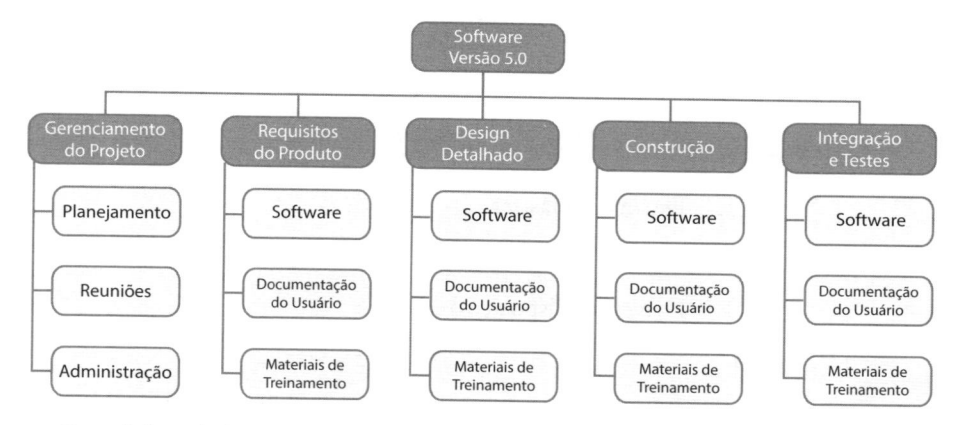

Figura 6: Exemplo de estrutura analítica de projeto organizada por fases (Fonte: PMBOK, Figura 5-9).

» Usando subprojetos que podem ser desenvolvidos por organizações externas à equipe do projeto. Esses fornecedores contratados desenvolvem partes de projeto que posteriormente são postas juntas para que o projeto seja concluído.

A EAP é uma decomposição hierárquica do trabalho que deve ser executado para que o projeto seja encerrado conforme o planejado.

Como o cronograma é o trabalho no tempo e a EAP representa o trabalho que deverá ser realizado pelo projeto, ela é a base do cronograma.

Todo o trabalho do projeto deve estar contemplado pelos pacotes de trabalho da EAP e esse trabalho deve ser parte de algum elemento da EAP de forma sucessiva até seu início. Essa regra é chamada de regra dos 100%.

No Capítulo 5 do PMBOK mais detalhes podem ser obtidos.

A EAP ou PBS (PRINCE2)

No PRINCE2 o foco da estrutura analítica não é no trabalho a ser executado, mas sim no produto final e nos entregáveis do projeto que levarão ao produto final. Desse ponto de vista, a EAP do PRINCE2 é Estrutura Analítica de Produto ou *Product Breakdown Structure* — PBS.

O PRINCE2 tem uma visão um pouco diferente. Não digo aqui que o PRINCE2 vá de encontro ao PMBOK, mas, sim, é um complemento a este. O foco é o produto final e os subprodutos (entregáveis parciais) que levam ao produto final.

Como seria a estrutura analítica de produto, por exemplo, de um computador? Seria algo como:

1. Computador

    1.1. Teclado

        1.1.1. Estrutura plástica

        1.1.2. Teclas

        1.1.3. Driver de dispositivo

    1.2. Mouse

    1.3. Monitor

        1.3.1. Tela de LCD

        1.3.2. Controles de imagem

    1.4. CPU

        1.4.1. Memória

        1.4.2. Processador

        1.4.3. Placa-mãe

    1.5. Drive de Blu-Ray

Poderíamos continuar essa decomposição indefinidamente ou até um ponto que fosse coerente dentro do projeto que se está planejando. Essa estrutura deve ser tão detalhada quanto coerente para controlar o trabalho do projeto.

Cada item que compõe o produto Computador é um item de configuração, ou seja, possui características próprias, com critérios de qualidade próprios e demanda trabalho para ser produzido ou obtido.

Uma vez que a PBS esteja pronta, é possível definir em qual fase do projeto cada um dos itens de configuração será feito. Como o planejamento detalhado de um projeto PRINCE2 é também faseado, antes do início de cada fase o planejamento detalhado é realizado e o trabalho necessário para se produzir os entregáveis é definido e, assim, se mantém a consistência entre o plano do projeto e os planos das fases.

Cronogramas Físicos sem Relação Direta com a Estrutura de Custos

Ao se construir um cronograma muitas informações são necessárias. Duas das mais importantes são a EAP e os recursos necessários.

A EAP é importante, pois tê-la implica em possuir conhecimento do escopo do projeto, etapas do trabalho e conhecimento dos entregáveis, sejam intermediários ou finais. Os recursos são fundamentais, pois alguém tem de executar as atividades e insumos materiais podem ser necessários.

Para construir o cronograma, basta detalhar os pacotes de trabalho descritos na EAP em suas atividades, estimar a duração, relacionar as atividades com os recursos, sequenciá-las e "encaixá-las" no tempo.

Como um cronograma coloca o trabalho a ser executado no tempo, é importante entender como sua organização trata os projetos. Há empresas que separam o cronograma da estrutura de custos do projeto de tal forma que uma relação direta torna-se muito difícil. Se não for possível relacionar claramente custo com trabalho, ou execução física com a execução financeira, como fazer a análise de valor agregado?

Para isso é necessário estabelecer a seguinte premissa: 1/12 avos de avanço físico corresponde a 1/12 avos do orçamento ou 8,34% de avanço físico correspondem a 8,34% do orçamento do projeto. Para os gerentes de projetos no mundo todo isso pode soar como uma heresia. E é. Mas construir um cronograma desacoplado da estrutura de custos também é e muitas empresas adotam esse formato!

Essa forma de planejamento está longe de ser o recomendado ou ideal, mas ao término de um período de tempo (como um mês, por exemplo), você saberá quanto foi gasto (avanço financeiro) e quanto de trabalho foi executado (avanço físico). Realizou mais trabalho se mantendo dentro da previsão de gastos? Maravilha! Realizou menos trabalho, porém gastou menos também? Você está atrasado. Realizou menos trabalho e gastou o previsto ou mais? Você tem uma bela oportunidade de melhoria!

Capítulo 2

Indicadores de Planejamento

Na introdução deste livro lançamos a ideia de pensar a gestão de projetos como mais um processo com seu próprio ciclo de melhoria contínua, seguindo a formulação clássica do PDCA. A figura abaixo foi a ilustração que fizemos para o problema em vista.

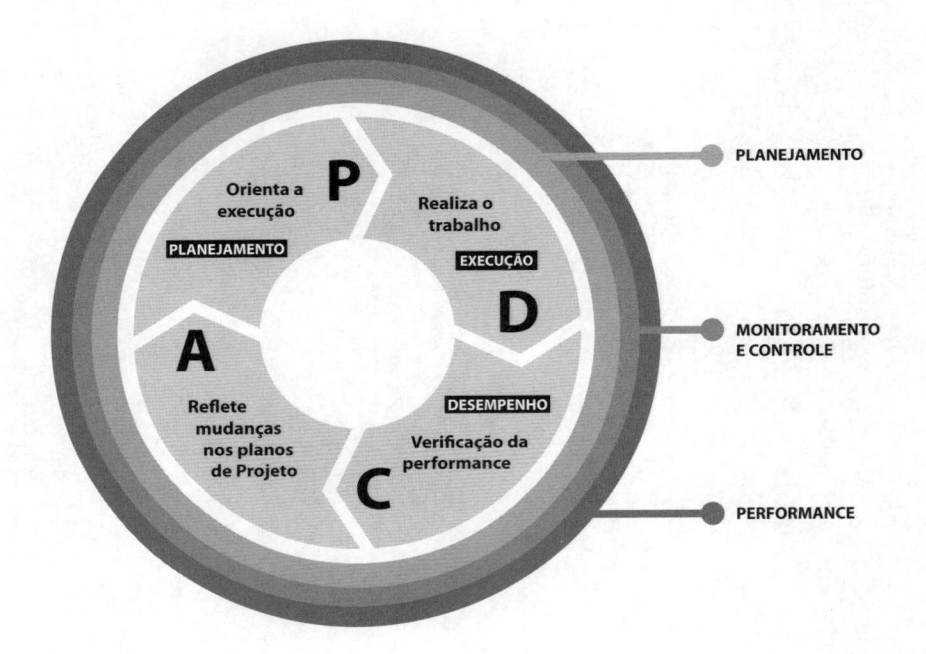

Figura 7: Níveis de indicadores para PDCA.

Verifica-se que ilustramos os processos de planejamento, monitoramento e controle como círculos que envolvem todo o ciclo de melhoria contínua e podem auxiliar no aprimoramento da gestão. Repare que o círculo mais interno ilustrado é justamente o do planejamento. Essa representação nos diz que o planejamento é uma condição necessária para que a gestão possa evoluir para o monitoramento e controle, afinal de contas, se você não souber para onde vai qualquer caminho que escolher estará correto e, nesse caso, não existem linhas de base ou planejamento para servir de referência. Em outras palavras, não adianta acompanhar de forma correta um projeto mal planejado. Uma outra forma de ver isso é: se o mapa está errado, de que adianta consultá-lo na frequência recomendada já que você não chegará, seguindo o caminho do mapa, aonde deseja?

Assim, os indicadores de planejamento, como o próprio nome sugere, têm como foco avaliar se o cronograma foi construído de forma correta, sem erros de lógica e de acordo com práticas recomendadas. Vale lembrar que os erros de lógica de que falamos aqui são erros de estrutura lógica, já que nenhum indicador poderá apontar um erro na lógica de como o trabalho foi estruturado como, por exemplo, planejar a pintura de paredes antes da construção das paredes.

É importante ressaltar que o projeto, em seu ciclo de vida, está sujeito a alterações de planejamento. Dessa forma, os indicadores aqui propostos podem ser empregados não só no início do projeto, mas também em todo momento em que ocorrer alguma mudança de planejamento. Para começar o capítulo, trazemos alguns conceitos iniciais de planejamento, que se apoiam no entendimento dos indicadores que serão apresentados posteriormente.

A avaliação do planejamento busca, como primeira parte de uma avaliação integrada, conforme ilustrado na Figura 7, ser uma qualificadora do acompanhamento. Ou seja, essa avaliação deve permitir que se responda à pergunta: esse cronograma pode ser acompanhado de forma consistente? Se eu o acompanhar extremamente bem e conforme todas as regras adequadas, conseguirei gerar indicadores de desempenho coerentes? Essas são grandes questões a serem respondidas e, como dito anteriormente, de nada adianta acompanharmos bem um projeto mal planejado.

Existem dois conceitos interessantes relacionados a indicadores que são:

» Indicadores ou critérios ganhadores de pedido; e

» Indicadores ou critérios qualificadores.

Esses conceitos são originários da Gestão de Operações e avaliam como indicadores se relacionam com o resultado do negócio da empresa. Esses dois conceitos são perfeitamente aplicáveis à gestão de projetos.

Indicadores Ganhadores de Pedidos x Indicadores Qualificadores

Hill (1993) descreve em seu texto dois fatores competitivos importantes na gestão de operações: os ganhadores de pedidos e os qualificadores. Há ainda um terceiro grupo denominado fatores menos importantes. Slack (1999) cita essa referência quando discute estratégia de operações.

Os critérios *ganhadores de pedidos* são aqueles que proporcionam uma relação direta entre seu aumento ou melhoria e o aumento no número de pedidos por um produto, por exemplo. Essa concepção nos mostra que quanto maior for o resultado de um critério, ou por comparação um indicador, melhor o benefício competitivo.

Fazendo uma analogia para o mundo da gestão de projetos, alguns indicadores podem se enquadrar nessa categoria. Por exemplo, indicadores de valor agregado como índice de desempenho de custos (IDC) e índice de desempenho de prazo (IDP) comportam-se assim. Quanto maiores os valores, melhor será a avaliação das partes interessadas na gestão e no andamento daquele determinado projeto.

Os critérios *qualificadores* são aqueles "nos quais o desempenho da produção deve estar acima de um nível determinado para ser sequer considerado pelo cliente. Abaixo desse nível "qualificador" de desempenho, a empresa provavelmente nem mesmo será considerada como fornecedora potencial por muitos consumidores. Acima do nível 'qualificador' será considerada, mas principalmente em termos de seu desempenho nos critérios ganhadores de pedidos" (SLACK, 1999).

Se um restaurante onde você poderia comer não apresenta higiene adequada, você nem o considera para uma refeição. Essa é a natureza do qualificador. Por outro lado, se ele atende as regras das autoridades sanitárias, não importa para o cliente regular se a cozinha apresenta limpeza no nível requerido por uma Unidade de Tratamento Intensivo hospitalar, ele será considerado.

Fazendo uma analogia para o mundo de projetos, podemos pensar em alguns indicadores que possuem esse tipo de relação. Considere que, em uma determinada empresa, o Escritório de Projetos avalia a frequência de atualização do cronograma como indicador do monitoramento e controle e o critério de aceitação é que os projetos devem ser atualizados a cada duas semanas. O gerente de projetos que atualiza o projeto a cada 14 dias e o que atualiza três vezes ao dia estão no mesmo prumo, ou seja, de acordo com a recomendação. E, provavelmente, o gestor das três vezes ao dia pode estar sendo um pouco exagerado em seu controle!

O mesmo raciocínio pode ser pensado no caso em que o indicador mede um efeito nocivo ao projeto. No campo do planejamento, em termos de relações de precedência, se o projeto possui 10% ou 90% das atividades sem relação de precedência, seu planejamento é extremamente ruim. Para ser considerado bom, deveria ter esse número próximo de zero. É um indicador qualificador que apresenta valor ótimo para resultados em torno do zero e logo decai para valores baixos, como uma função degrau ou de ativação.

A figura abaixo ilustra bem o comportamento dos fatores ganhadores de pedido e qualificadores com aumento no nível de desempenho.

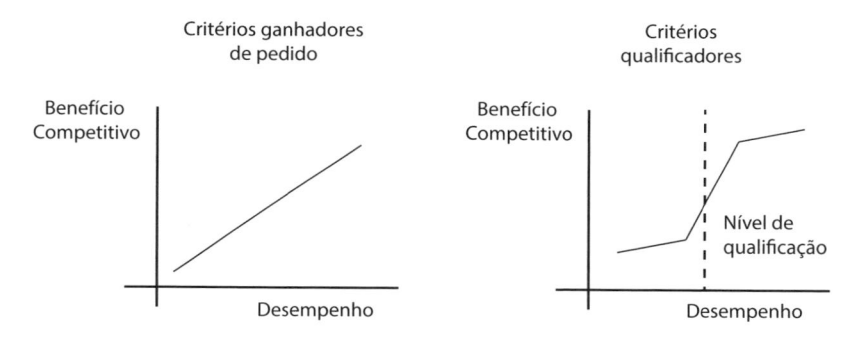

Figura 8: Critérios ganhadores de pedido x qualificadores (Hill, Terry 1993).

Veremos ao longo do texto que a maior parte dos indicadores relacionados às atividades de planejamento e monitoramento e controle serão do tipo qualificador. Isso ocorre já que o bom planejamento é um qualificador para o acompanhamento e, por sua vez, o bom acompanhamento é um qualificador para a avaliação de desempenho do projeto.

Os indicadores de desempenho, no entanto, serão em sua maior parte critérios ganhadores de pedido, ou seja, determinantes do sucesso do negócio da empresa (e do projeto).

A maioria dos indicadores aqui identificados analisa a presença de elementos que geram distorção ou erro no planejamento, e devem ser evitados ao máximo. Alguns são de extrema severidade e impacto; são os indicadores obrigatórios. Outros têm um impacto mais reduzido e são mais fáceis de serem adequados; os indicadores importantes. Por fim, um terceiro grupo mais descreve o cronograma do que qualquer outra finalidade; são os indicadores opcionais. Assim, dividiremos os indicadores nesses três grupos.

Consideramos desvios de gravidade alta os indicadores que, se ignorados, podem gerar problemas na etapa de controle do projeto e que inserem riscos que não são inerentes ao negócio, mas de gestão. Esses indicadores devem ser "tratados" o quanto antes.

Consideramos desvios de gravidade média os indicadores que a critério do gerente do projeto ou do responsável pelo cronograma podem ser deixados de lado (mas recomendamos que seja documentado o motivo), não impactam o cálculo e avaliação do caminho crítico, e com os quais o projeto pode "conviver" dentro de certos limites.

Como o mundo da gestão de projetos não é preto e branco, o cronograma também pode apresentar suas peculiaridades. Assim, alguns dos problemas apontados pelos indicadores descritos neste capítulo são de gravidade baixa e "opcionais" e, a critério do gerente do projeto ou do responsável pelo cronograma, podem ser "deixados de lado".

Severidade ou Gravidade	Ação
Alta	Tratar
Média	Tratar ou Conviver
Baixa	Conviver ou Deixar de Lado

Uma recomendação importante quando não se segue alguma recomendação ou boa prática (é redundante, mas é a verdade) é: documente o porquê da decisão. Muitos projetos pecam ao não registrar os porquês de se planejar da maneira A em vez da B, e essa falta de documentação do planejamento cobra seu preço em pouco tempo. Com justificativas e premissas bem documentadas sempre é possível, ao rever o planejamento do projeto, reavaliar se as decisões tomadas ainda são válidas e se não há, no momento da revisão, alguma técnica ou ferramenta ou forma de fazer que melhor se aplique.

Outro benefício mais imediato para a boa prática de documentação do planejamento é paz de espírito. Sim, paz de espírito, pois sempre tem alguém que não participou do planejamento para perguntar por que algo foi planejado da forma A em vez da B e a resposta estará sempre pronta. Se ganhássemos uma bala toda vez que isso acontece, estaríamos diabéticos!

Indicadores que apresentam desvios de gravidade alta ou média, quando ignorados, devem possuir os motivos de terem sido "deixados de lado" formalmente documentados. Caso se decida que o projeto pode "conviver" com desvios nesses indicadores, é importante monitorar o cronograma ao longo do tempo para verificar se a exceção não virou regra.

Os indicadores que descrevem o cronograma se referem mais à presença percentual de certos tipos de atividade no todo do cronograma. Seus desvios em geral possuem impacto pequeno, ou seja, a critério do gerente do projeto ou do responsável pelo cronograma podem ser ignorados, pois não impactam no cálculo e na avaliação do caminho crítico e representam boas práticas que vão depender da indústria, negócio da empresa e outros fatores ambientais particulares. Este último grupo de indicadores, que podem ou não ser considerados pelo gestor do cronograma, representam a proporcionalidade dos elementos que compõem o cronograma e recomendações serão discutidas posteriormente.

Um atributo de todo indicador é que deve ter significado para o projeto, ou seja, se algum indicador apresentado não tiver significado dentro do escopo de seu projeto, ele provavelmente é dispensável, porém, antes de o dispensar, reflita se é o indicador que não se aplica ao projeto ou se o projeto possui baixo nível de detalhamento e, por isso, o indicador não é aplicável por hora, mas será no futuro.

É extremamente importante que a empresa conheça os indicadores e os adapte à sua própria realidade e metodologia de gestão de projetos. Desta forma, é possível selecionar um conjunto que faça sentido. Essa visão conjunta de indicadores será apresentada no Capítulo 5 deste livro e é a linha mestra de uma boa gestão de portfólio.

Conceitos Iniciais de Planejamento

Embora possa parecer uma ferramenta simples, a princípio, o cronograma do projeto é uma representação integrada de todo o gerenciamento do projeto. Quando alguém fala em projeto, a maior parte das pessoas já pensa em cronograma mesmo antes de pensar na EAP ou no detalhamento do escopo. PM SURVEY (2013) lista o cronograma como o documento e prática mais utilizado nas Metodologias de Gerenciamento de Projetos, com mais de 86% de organizações citando esse item.

O cronograma é a representação do trabalho no tempo. Como o trabalho é executado por pessoas ou máquinas, o cronograma é, então, a representação do trabalho e recursos no tempo. Como os recursos têm um custo, então o cronograma é a representação do trabalho, recursos e custos no tempo. Como o trabalho e os recursos têm riscos associados, então o cronograma é a representação do trabalho, recursos, custo e riscos no tempo.

Seguindo essa lógica, poderemos ver, de uma forma ou de outra, que todos os elementos de todas as disciplinas do PMBOK e mais estão (ou deveriam estar) representados no cronograma de um projeto.

Tendo a visão de que o cronograma integra diversas partes do planejamento do projeto em um único documento vivo, alguns conceitos iniciais são importantes para se compreender os indicadores propostos neste livro e para se começar a construir cronogramas com qualidade.

Elementos e Insumos do Cronograma

Todo cronograma é composto por uma série de elementos e esses elementos devem ser identificados e refinados ao longo do planejamento do projeto, daí a importância do processo de planejamento ser realizado em ciclos. Dificilmente você terá todas as informações de que precisa para construir o cronograma no início do projeto.

Lembre-se: como só existem certezas no passado, você só terá todas as informações completas e corretas sobre o projeto quando ele terminar e tudo que ocorrer entre o início e o fim será baseado em estimativas que vão sendo refinadas ao longo do tempo.

Os elementos que compõem o cronograma são: atividades, recursos, prazos ou datas de início e fim, esforço e custos. Além desses dados, também se devem ter informações relacionadas a outras disciplinas tais como:

» Riscos: para que se possam identificar os impactos potenciais nos elementos que compõem cada atividade e o projeto como um todo, além do fato de que algumas mitigações dos riscos estarão presentes no cronograma, como, por exemplo, contingências;

» Capacidade produtiva de máquinas e pessoas: para que a duração e esforço das atividades seja coerente e consistente;

» Normas e regulamentos: que podem impactar o andamento do projeto tais como mudanças em legislação, legislações específicas (como legislação ambiental, por exemplo);

» Processos organizacionais: que o projeto deve seguir e que têm influência diretamente no projeto tais como processos de compras, de pagamentos, aquisição de materiais, contratações etc. Nesse item, sempre pensamos no como fazer (contratar e adquirir, por exemplo), mas é importante pensar em como desfazer as coisas em processo, tais como demitir, desmobilizar, cancelar ou encerrar contratos, descartar[1] itens etc, afinal de contas o projeto será encerrado algum dia e esse encerramento pode incorrer em custos que devem estar previstos.

Tipos de Atividades

O quadro abaixo apresenta os três tipos de atividades que existem em um cronograma e suas características.

Tipo de Atividades	Duração	Recurso	Ligações Lógicas	Esforço
Sumárias	É dada pelas atividades de trabalho e marcos que estão agrupando (ou sumarizando).	Não possuem recurso associado.	Não possuem ligações lógicas.	Não possuem esforço associado.
De Trabalho	Possuem duração, uma vez que têm início e término definidos, em que o término deve ser maior que o início.	Por representar trabalho, possuem recursos associados. Podem possuir recursos materiais e devem possuir alguma pessoa associada que será o executor ou responsável pela atividade.	Devem possuir ligações lógicas. Com exceção da primeira e da última atividade (quando estas não forem marcos). As demais devem possuir predecessor e sucessor.	Como representam trabalho, possuem esforço associado.
Marcos	Sua duração é de zero dias.	Por possuir zero dias de duração, seu esforço é zero. O recurso associado representa o responsável pelo marco.	Devem possuir ligações lógicas de predecessor e sucessor (salvo os marcos inicial e final).	Apesar de ter recurso associado, não têm esforço, pois sua duração é de zero dias.

Tabela 2: Tipos de Atividades

---

[1] Processo de descarte são comuns em indústrias, uma vez que, ao se comprar uma máquina ou insumo novo, deve-se substituir o antigo e esse deve ser descartado, mas não pode ser jogado fora uma vez que representa patrimônio ou ativo imobilizado, mesmo que 100% depreciado. Por isso muitas indústrias possuem áreas, departamentos ou setores de descarte e que são responsáveis por dar destino aos produtos que não mais têm uso para a empresa.

É importante ressaltar que:

» Atividades sumárias geralmente derivam da EAP. Como o cronograma é uma poderosa ferramenta de comunicação, também podem ser criadas atividades sumárias no cronograma para melhor agrupar o trabalho tornando o entendimento mais claro para as partes interessadas.

» Marcos representam entregas parciais, a entrega final ou eventos importantes ao longo do projeto. Uma boa prática é ter um marco destacando o início de cada pacote de trabalho e outro em seu término, assim o cronograma terá um marco que representa um pré-requisito para início do pacote de trabalho e outro para marcar a entrega do produto, seja ele intermediário ou final;

» Não existem certezas no futuro, ou seja, toda duração de uma atividade de trabalho não completa é uma estimativa e deve ser tratada como tal (vamos repetir isso algumas vezes).

Dependendo da técnica adotada para construção e acompanhamento do cronograma, podem surgir atividades "pulmão" ou de "contingência". Essas atividades não representam trabalho real, mas sim uma reserva de tempo ou financeira ou ambas dentro do cronograma do projeto.

A reserva de tempo ocorre quando uma atividade de contingência possui duração, mas não tem recursos associados, assim, ao se medir o valor agregado, essa atividade representa zero dinheiro, porém tem influência no caminho crítico do projeto. Cancelar uma atividade de contingência de tempo pode significar antecipação do término do projeto ou de alguma entrega relevante.

A reserva financeira ocorre em uma atividade de zero dias de duração, não interferindo na duração do projeto como um todo, mas com algum recurso associado (recurso "contingência financeira", por exemplo), assim essa atividade não interfere no caminho crítico, mas seu valor financeiro aparecerá na análise de valor agregado. Cancelar uma atividade de contingência financeira significa cancelar o provimento do dinheiro após certo momento do projeto.

A reserva de tempo e dinheiro é quando uma atividade de contingência possui duração e recursos com custo associado relacionados à atividade. Assim, essa atividade interferirá no caminho crítico do projeto e na análise de valor agregado. Esse tipo de contingência permite dizer, com confiança, que determinado recurso será necessário por um tempo de X até X + Contingência, e que o custo do trabalho (não confundir com atividade) pode variar de Z a Z + Contingência.

Capacidade Produtiva

A capacidade produtiva é a quantidade de horas produtivas média em um dia de trabalho ou em um dia de máquina. As máquinas, salvo problemas técnicos, apresentam tempo produtivo constante e previsível. Os problemas de previsibilidade de esforço são maiores quando tratamos de pessoas.

Geralmente um dia de trabalho possui oito horas, porém, em média, apenas seis[2] horas são produtivas. Se a equipe que trabalha no projeto for muito experiente e focada, essa média pode subir para seis horas e meia produtivas. As duas horas "perdidas" ocorrem pelas atividades cotidianas que são realizadas no ambiente de trabalho tais como cafezinho, conversas com os companheiros de equipe e com o chefe, pequenos atrasos no almoço, leitura de e-mails e resolução de problemas pessoais, festas dentro do ambiente de trabalho, um bate-papo informal com uma parte interessada menos afetuosa ou simpática, mas que pode reduzir a pressão sob a equipe, enfim, todas as coisas que uma pessoa faz em seu dia a dia que não seja o trabalho propriamente dito, mas que são importantes. Lembre-se que pessoas possuem N facetas tais como pai, mãe, funcionário, consumidor, pensador, marido etc, e que cada uma dessas facetas necessita de atenção periódica e rotineiramente.

Ter a capacidade produtiva em mente é muito importante. Por exemplo, ao se planejar uma atividade que necessite de 80 horas de esforço para ser completada, ela levará cerca de 13 dias (80/6 = 13,3) e não 10 dias para ser completada, como somos normalmente levados a crer e planejar.

Uma forma de se prevenir problemas com as horas produtivas é adicionar 33%, na duração ou no esforço, para compensar a questão das horas produtivas e considerar dias de oito horas. Os principais softwares de gestão de cronogramas podem ser configurados para dias com duração inferior a oito horas produtivas.

Você já observou ou participou de um projeto em que as coisas estavam organizadas, a equipe era dedicada e eficiente, mas o trabalho estava sempre atrasando gerando horas extras constantes? Se sim, provavelmente esse planejamento esqueceu de considerar a produtividade das pessoas, ou seja, as horas produtivas.

---

[2] Média de horas produtivas geralmente aceitas no mercado. Dependendo da indústria ou segmento de negócios, pode sofrer pequenas variações.

Duração x Esforço

Apesar de tais conceitos serem distintos, há muita confusão entre os dois. Cabe, então, esclarecer dizendo, de forma resumida, que:

» Duração é o tempo cronológico estimado para completar a atividade.

» Esforço é o número de horas de trabalho que serão necessárias para se completar uma atividade.

Outra diferença marcante é na unidade de medidas desses elementos. Enquanto a duração é dada geralmente em dias e semanas, o esforço é geralmente dado em horas. Além disso, a duração está relacionada às datas de início e fim da atividade, enquanto o esforço está relacionado à produtividade e trabalho.

Tomando como exemplo inicial o mesmo exemplo do tópico anterior, uma atividade de 80 horas de esforço (trabalho propriamente dito) pode levar 13 ou mais dias para ser completada. Assim, o esforço é a quantidade de horas de trabalho empregadas para a realização de uma tarefa, e duração é em quanto tempo essa tarefa será completada.

Por outro lado, a duração de uma atividade pode ser reduzida por meio do aumento do número de recursos alocados àquela tarefa. Colocar um programador adicional para dada atividade pode contribuir para reduzir a duração da atividade. O esforço, no entanto, permanece o mesmo, já que o dobro de trabalho está sendo realizado, reduzindo-se o tempo pela metade.

Outro exemplo comum no dia a dia: suponha que são necessárias seis horas de trabalho (esforço) para se preparar um relatório. Isso nos leva a crer que em um dia (duração) o relatório estará pronto. Porém, se o responsável também tiver outras atividades, ele continuará precisando de seis horas de esforço para terminar o relatório, mas ele não estará pronto em um dia.

Um dos grandes vilões da execução do projeto, causador de muitos atrasos e muito difícil de estimar no planejamento é a multitarefa ou *multitasking*. Duração, esforço e *multitasking* serão abordados novamente em outros capítulos.

Em muitas empresas e projetos, o cronograma representa somente a duração, ou seja, ao se criarem as atividades, considera-se somente quando elas devem começar e terminar. O esforço é levado em conta como uma variável implícita no processo de estimativa, ou seja, considera-se dedicação total a atividade.

Essa forma de pensar o cronograma não está errada se estiver claro que ela não permitirá saber qual o custo exato do trabalho incorrido de uma determinada atividade, pois não se sabe ao certo qual o esforço empregado para realização. Atividades relacionadas a contratos são mais simples de serem relacionadas a custo.

Outro efeito do cronograma por durações é que os recursos associados às atividades provavelmente apresentarão superalocação. Por exemplo, um projeto no qual a pessoa P é responsável por executar duas atividades em uma semana poderá ter seu cronograma construído de duas diferentes formas: (1) o cronograma terá duas atividades de cinco dias de duração com 20 horas de esforço cada, nesse caso a pessoa P deverá dividir seu tempo entre as duas atividades; (2) o cronograma terá duas atividades com cinco dias de duração e 40 horas de esforço cada, nesse caso fica claro que se está planejando que a pessoa P trabalhe 80 horas em cinco dias gerando a superalocação.

O segundo caso gera preocupações, uma vez que, sem controle, se pode planejar muito mais horas de esforço para uma pessoa do que é possível, além de prejudicar a análise de valor agregado. Uma pergunta importante a se fazer constantemente durante a construção do cronograma é: será que não estou sobrecarregando a equipe? Se combater a multitarefa no dia a dia do projeto é uma tarefa difícil imagina quando essa multitarefa está no planejamento.

Lembre-se que ao fazer a análise de valor agregado não se considera a duração de uma atividade e sim o esforço, uma vez que é o esforço que possui o componente de custo valor do homem-hora relacionado.

A maioria dos softwares de gestão de projetos apresentam funcionalidades de nivelamento de recursos que ajudam a identificar e resolver conflitos e superalocações, mas nada substitui o planejamento e a escolha consciente da forma de se construir o cronograma.

Data de Restrição

Como boa prática, o cronograma deve ter um marco de início do projeto. Geralmente é uma reunião de *kickoff* ou um evento que marca o início do projeto. As demais atividades do cronograma são de alguma forma sucessoras dela.

Outra boa prática é que as datas de início e fim de uma atividade são o resultado das relações lógicas entre essa e as demais atividades e da duração estimada. A primeira atividade do cronograma, naturalmente, possui uma data precisa e não calculada para seu início, que é a data de início do projeto.

Uma data de restrição é uma data fixa no cronograma, seja de início ou fim de uma atividade, ou seja, é uma data que não é consequência da relação lógica entre as atividades. O uso de datas de restrição, embora sejam úteis em algumas situações e lógicas de cronograma, deve ser evitado ao máximo, uma vez que elas comprometem a avaliação do caminho crítico e do reagendamento do trabalho.

É importante destacar que se sua data de restrição for o término do projeto, então seu cronograma está sendo pensado e construído de trás para frente, com o objetivo de saber quando o projeto deve ser iniciado para permitir que a data alvo seja atingida e, assim, dentro da lógica desse cronograma (e do projeto), a data de restrição deve ser usada. Esse tipo de situação é comum em projetos ligados a eventos temporais (Dia das Mães, Natal, Copa do Mundo etc).

Caminho Crítico

O caminho crítico de um projeto é dado pela sequência de atividades sem folgas e, geralmente, é o mais longo em termos de duração entre o início e o fim do projeto. Se alguma das atividades que estão no caminho crítico atrasar, a data de término do projeto ou de algum entregável estará em risco.

Como as atividades do caminho crítico podem comprometer o projeto por não possuírem folgas, essas são as mais observadas tanto pelo gerente do projeto como pelo cliente e demais interessados. Também devem ter uma análise de risco mais apurada com contingências, uma vez que qualquer atraso nessas atividades impacta diretamente na data de término do projeto.

O caminho crítico e as técnicas para seu monitoramento e controle serão discutidos mais adiante no capítulo "Caminho Crítico e Corrente Crítica".

Marcos Críticos

Marcos são, como dito, atividades de zero dias de duração, com esforço também igual a zero e que representam algo de importante no projeto; assim marcos críticos geralmente são:

» Marcos que estão no caminho crítico do projeto;

» Entrega do produto final do projeto ou de uma fase.

Também podem ser considerados marcos críticos, dependendo do projeto, do negócio do cliente, da visão do gerente do projeto e das partes interessadas:

» Entregas de subprodutos do projeto;

» Entregas combinadas com alguma parte interessada que não seja o produto final do projeto;

» Indicadores de barreiras para o projeto como, por exemplo, ter um marco no cronograma indicando o início de um Período de Bloqueio[3];

» Indicação de uma restrição importante, como a chegada de um insumo essencial para a realização de alguma atividade ou pacote de trabalho.

Recursos Críticos

São pessoas e equipamentos necessários para a execução das atividades que estão no caminho crítico do projeto, que possuem pouca disponibilidade ou alto custo e que devem ser usados somente quando necessários.

Apesar de tal elemento não aparecer explicitamente no cronograma como a duração, esforço, datas de início e fim etc., ter os recursos críticos identificados é importantíssimo. Toda atividade que depender de um recurso crítico, mesmo que fora do caminho crítico, deve ser acompanhada de perto.

As atividades com recursos críticos também compõem o caminho crítico de risco tratado a seguir.

Caminho Crítico de Risco

O caminho crítico tradicional, como mencionado anteriormente, é representado pela sequência de atividades mais longa entre o início e o fim do projeto que tenha folga igual a zero. Já o caminho crítico de risco é a sequência de atividades com maior risco associado que leva ao término do projeto.

Essa análise pode ser construída por meio dos processos de gerenciamento de risco, culminando na quantificação do risco e na inserção dos possíveis efeitos no cronograma. Esses efeitos podem fazer com que o caminho crítico se altere. Assim sendo, o caminho crítico de risco e o caminho crítico passam a ser o mesmo.

---

3 Períodos de bloqueio são muito comuns em diversos segmentos de negócios representando que, durante um certo período do ano, nenhuma alteração no ambiente da empresa (softwares, máquinas etc.) será permitida para que seja reduzido o risco do negócio. Um exemplo comum são as lojas de varejo que proíbem alterações nos softwares no período de setembro a janeiro para que não haja risco para as vendas de Natal.

Outra forma de se estimar o caminho crítico de risco é atribuir incertezas às atividades e simular o cronograma, calculando os percentuais de criticidade de cada tarefa, permitindo ações de mitigação mais específicas para os riscos identificados.

Geralmente o caminho crítico de risco é diferente do caminho crítico tradicional. Como as ferramentas disponíveis no mercado não calculam o caminho crítico de risco, ele deve ser avaliado manualmente pelo gerente do projeto ou responsável pelo cronograma. Ferramentas de análise de risco em cronogramas usam Monte Carlo e distribuições de probabilidade associadas às tarefas para indicar o caminho crítico de risco.

Tanto o caminho crítico como o caminho crítico de risco devem ser constantemente reavaliados, já que variações (atrasos ou adiantamentos) na execução das tarefas e mudanças nos riscos relacionados a cada atividade podem "deslocar" esses caminhos críticos e, consequentemente, mudar as prioridades do gestor do projeto, gerando a necessidade de comunicar às partes interessadas as novas prioridades e como elas serão tratadas.

Lembre-se: o caminho crítico tende a ser "deslocado" quando ocorrem atrasos na execução das atividades ou mudanças nas análises de risco, em outras palavras, o caminho crítico "gosta" de atrasos e se desloca para ficar mais próximo deles.

Atualização do Cronograma x Revisão do Cronograma

Pode parecer óbvio para uns, mas já nos deparamos com problemas de entendimento e, consequentemente, de comunicação com os conceitos de atualização e revisão de um cronograma.

Atualizar o cronograma significa registrar o percentual de completude das atividades, início e término reais e a data de *status* do cronograma.

Revisão do cronograma, por sua vez, é a ação de revisar recursos, durações, atividades e relações lógicas com vistas a uma mudança na linha de base.

Atualizar o cronograma é parte do dia a dia do gerente do projeto e revisar o cronograma é algo eventual, complexo e que deve ser acordado com as partes interessadas.

Esse tipo de variação de significado ocorre porque as empresas desenvolvem sua própria cultura e jargões. Alguns jargões têm significados comuns à maioria das empresas, outros não. É como a tangerina e a bergamota, as duas palavras designam o mesmo conceito (que é a mesma fruta), mas são usadas em regiões diferentes do Brasil.

Já vimos empresas nas quais a expressão "dar avanço no cronograma" significava registrar o percentual de completude das atividades, início e término reais e a data de *status* do cronograma. Já atualização do cronograma era a ação de revisar recursos, durações, atividades e relações lógicas, com vistas a uma mudança na linha de base.

É sempre importante que, ao perceber que existe um jargão ou termo comum que os funcionários da empresa atribuem significado diferente do comum ao mercado, o gerente do projeto defina um glossário de termos do projeto. Isso evitará erros de interpretação, uma vez que nem todas as partes interessadas fazem parte do corpo de funcionários da empresa.

Periodicidade de Revisão do Cronograma

Revisar o cronograma do projeto também significa revisar o planejamento, passando por todos os processos recomendados pelo PMBOK. Lembre-se da visão de integração! Atenção especial deve ser dada às premissas adotadas e documentadas. Essas premissas ajudarão a lembrar do porquê o planejamento ter sido feito como foi feito. As premissas documentadas também servem como um bom ponto de partida para a revisão do planejamento, uma vez que premissas tendem a mudar mais rapidamente que políticas corporativas, por exemplo.

Como não existem fatos no futuro, todo cronograma é uma estimativa e sua qualidade está diretamente ligada à qualidade das informações iniciais, premissas adotadas e métricas disponíveis. Dessa forma, é importante estabelecer com que periodicidade o cronograma será revisado. Diversos critérios podem ser utilizados para se identificar o momento de revisão do cronograma. Os mais comuns são:

» Estabelecer uma periodicidade fixa como, por exemplo, a cada três ou seis meses;

» Planejar a revisão do cronograma quando uma fase se encerrar e outra for iniciada;

» Definir um gatilho para identificar a necessidade de revisão como, por exemplo, quando houver um desvio superior a 5%, ou seja, se o avanço físico do projeto estiver fora dos limites –5%/+5%, uma revisão do cronograma será realizada.

A definição de gatilhos em indicadores é uma estratégia de monitoramento e controle que pode ser adotada para todos os indicadores que são apresentados neste livro. Cabe ao gestor do projeto ou responsável pelo cronograma identificar quais indicadores são relevantes para o projeto, definir os limites e com que periodicidade esses indicadores serão monitorados e controlados.

Data de Status

Para o projeto, a data de *status* é a data em que ocorre a comunicação do gerente do projeto com as partes interessadas informando a evolução do projeto, riscos, resultados e eventuais planos de recuperação.

Para o cronograma, essa data é importante por ser um "divisor de águas", ou seja, nesse momento, todas as atividades que deveriam ter sido completadas ou iniciadas e não o foram são, com certeza, atrasos. Em outras palavras, a data de *status* é a data da formalização de atrasos ou adiantamentos.

Essa também é a data de referência que deve ser utilizada no momento de se realizar o reagendamento do trabalho não completado ou não iniciado. Os principais softwares disponíveis no mercado possuem ferramentas para realização do reagendamento do trabalho não realizado ou não iniciado de forma automática.

Ligações Lógicas e Estrutura Lógica

Ligações lógicas são as relações de predecessão e sucessão das atividades. Essas relações representam a sequência em que as atividades devem ser executadas e a relação de dependência entre elas.

Essas relações de dependência, predecessão e sucessão entre as atividades e marcos mais as datas de restrição, calendários de recursos e técnica de construção do cronograma como corrente crítica e contingências compõem a Estrutura Lógica do cronograma.

As ligações lógicas podem ser:

» Término para início (*finish to start*): é a sequência comum das atividades em que após o término de uma atividade vem o início de outra. No exemplo abaixo, o MS Project não exibe nenhum código, pode ser essa a ligação lógica padrão do programa.

	❶	Task Name	Duration	Start	Finish	Predecessors	F	27 Apr '14 S S M T W T F	04 May '14 S S M T W T F
1		▤ T	4 days	Tue 29/04/14	Fri 02/05/14				
2		a	1 day	Tue 29/04/14	Tue 29/04/14				
3		b	1 day	Wed 30/04/14	Wed 30/04/14	2			
4		c	1 day	Thu 01/05/14	Thu 01/05/14	3			
5		d	1 day	Fri 02/05/14	Fri 02/05/14	4			

Figura 9: Exemplo de relação término para início (*finish to start*).

» Início para início (*start to start*): nessa relação, duas atividades devem começar juntas. No exemplo abaixo a atividade "c" se inicia junto (SS = *start to start*) com a atividade "a".

	O	Task Name	Duration	Start	Finish	Predecessors	F	27 Apr '14
								S S M T W T F
1		⊟ T	2 days	Tue 29/04/14	Wed 30/04/14			
2		a	1 day	Tue 29/04/14	Tue 29/04/14			
3		b	1 day	Wed 30/04/14	Wed 30/04/14	2		
4		c	1 day	Tue 29/04/14	Tue 29/04/14	2SS		
5		d	1 day	Wed 30/04/14	Wed 30/04/14	4		

Figura 10: Exemplo de relação início para início (*start to start*).

» Término para término (*finish to finish*): na relação de término para término, duas atividades devem ser terminadas ao mesmo tempo.

	O	Task Name	Duration	Start	Finish	Predecessors	F	27 Apr '14
								S S M T W T F
1		⊟ T	3 days	Tue 29/04/14	Thu 01/05/14			
2		a	1 day	Tue 29/04/14	Tue 29/04/14			
3		b	1 day	Wed 30/04/14	Wed 30/04/14	2		
4		c	1 day	Thu 01/05/14	Thu 01/05/14	3		
5		d	1 day	Thu 01/05/14	Thu 01/05/14	4FF		

Figura 11: Exemplo de relação término para término (*finish to finish*).

» Início para término (*start to finish*): nessa relação, a atividade anterior deve se iniciar para a seguinte se encerrar. É muito mais uma relação lógica do que efetivamente prática. Suponha um plantão médico, no qual o titular só pode sair quando o substituto chegar. O término do plantão do médico 1 está ditado pelo início do plantão do médico 2. Naturalmente, o uso de uma relação Término–Início entre as atividades teria a mesma implicação prática e é muito mais simples de se entender. Como essa é uma relação contraintuitiva, não é recomendado que ela seja usada em momento algum.

	O	Task Name	Duration	Start	Finish	Predecessors	F	27 Apr '14
								S S M T W T F
1		⊟ T	3 days	Tue 29/04/14	Thu 01/05/14			
2		a	1 day	Tue 29/04/14	Tue 29/04/14			
3		b	1 day	Wed 30/04/14	Wed 30/04/14	2		
4		c	1 day	Thu 01/05/14	Thu 01/05/14	3		
5		d	1 day	Wed 30/04/14	Thu 01/05/14	4SF		

Figura 12: Exemplo de relação início para término (*start to finish*).

Defasagem (Leads e Lags)

Algumas vezes em planejamento de projetos, faz-se uso do recurso de defasagem. Esse tipo de recurso, denominado por alguns softwares de gerenciamento de projetos como latência, estabelece um tempo a partir do qual se dá a relação lógica. As defasagens podem ser positivas (tempo de espera) ou negativas (antecipação de atividades).

Imagine que a parede foi pintada e que agora deve ser realizada a limpeza do pavimento que está sendo construído. Para tal, é interessante aguardar que a pintura seque. Esse tempo, argumentariam alguns teóricos, não constitui atividade e, portanto, não possui recursos associados e não deveria ser inserido na programação. A solução é definir uma relação Término–Início (TI) e adicionar uma espera de algumas horas ou dias para a tinta secar. Esse recurso é amplamente utilizado, mas sua prática mascara o tamanho da atividade e o caminho crítico do projeto, entre outros problemas de planejamento. Sugerimos não utilizar tal recurso de forma generalizada, mas com muita parcimônia. Tal defasagem positiva é chamada em inglês de *lag*.

A defasagem pode ser negativa, também. Imagine que você programe a mobilização da equipe para treinamento para dois meses antes da licença ambiental ser emitida para a obra. Fica uma ligação TI–60 dias úteis. O problema com esse tipo de ligação é que não podemos ter certeza quando a atividade predecessora vai se encerrar, ou seja, esse planejamento foge à lógica e deve ser evitado, ainda mais que o anterior. Folgas negativas são chamadas de *leads*, em inglês.

É importante frisar que a defasagem positiva introduz ociosidade no cronograma e deve ser documentada. Já a defasagem negativa é a principal técnica de compressão do cronograma, forçando um maior paralelismo entre as atividades e podendo gerar retrabalho ao se iniciar uma atividade sucessora sem que a predecessora esteja totalmente completa. De toda forma, o uso de ambas deve ser consciente e comedido.

Linha de Base

A linha de base de um cronograma é uma fotografia desse cronograma em um dado momento no tempo e deve refletir o que foi aprovado pelas partes interessadas. Quando o gerente do projeto ouve a pergunta "estamos atrasados ou dentro do prazo?", ele deverá responder como está o projeto em relação ao planejamento aprovado pelas partes interessadas, ou seja, em relação a sua linha de base.

À medida que o projeto segue seu curso, a linha de base pode ser alterada, desde que as partes interessadas aprovem. Recomendamos que, mesmo gerando uma nova linha de base (ou linha de base revisada), a primeira linha de base, a qual representa o planejamento inicial do projeto, deve ser sempre preservada para que se possam extrair lições aprendidas de valor ao término do projeto.

Muitas empresas não têm rigor ao controlar as mudanças na linha de base. Isso é um erro. Ao se mudar o cronograma constantemente (sem preservar a linha de base original), perde-se a medida real dos atrasos ou adiantamentos, e essas medidas possuem grande valor para a empresa, uma vez que se torna possível comparar os tempos planejados com os realizados e, assim, gerar métricas mais apuradas para serem utilizadas nos projetos futuros. Essas métricas mais apuradas, que são as lições aprendidas do projeto atual, provavelmente se tornarão as premissas dos projetos futuros e, quanto melhor forem suas premissas, melhor será seu planejamento.

Neste livro o foco está no cronograma, então a de linha de base em questão é a dele, mas tal linha não se limita a essa dimensão de prazo e sim a todo artefato do projeto. Assim, ao término do primeiro ciclo de planejamento, todos os documentos que compõem o planejamento: cronograma, escopo, contratos, plano de recursos humanos, plano de qualidade etc. farão parte da linha de base da documentação do projeto.

É importante ter essa visão da linha de base da documentação do projeto, pois se o cronograma necessitar ser alterado para gerar uma nova linha de base é porque algum documento do projeto foi atualizado como, por exemplo, a declaração de escopo, os critérios de qualidade ou as premissas de tempo e recurso que foram a base para a construção do cronograma. Então, fique atento, se você necessitar gerar uma nova linha de base do cronograma, provavelmente outros documentos do projeto também precisarão ser revisados, gerando, assim, uma nova linha de base do planejamento do projeto.

Atividades do Tipo *Hammock*

Esse item não é exatamente um conceito inicial. Na verdade, é um recurso avançado que ferramentas como MS Project e Primavera disponibilizam, mas, como não é comum vermos essa técnica/recurso em uso com frequência, resolvemos colocar em um lugar o qual imaginamos que seria um dos primeiros a ser lido. As atividades do tipo *hammock* são atividades nas quais seu início ou término (ou os dois) dependem de outras atividades, assim a duração da tarefa será variável.

Uma vez que a tradução literal da palavra *hammock* é "rede para dormir", não fica claro para nós a relação tradução do nome *versus* o que uma tarefa *hammock* faz. Logo, isso pode ficar apenas como um conhecimento de cultura geral mesmo.

No exemplo abaixo, a atividade "Gerenciamento do Projeto" inicia-se com o projeto e encerra-se com o projeto. Se as datas de início e término do projeto variarem ao longo da execução do projeto, a atividade "Gerenciamento do Projeto" terá sua duração reduzida ou estendida, de forma a acompanhar essa variação.

O Guia PMI® Practice Standard of Scheduling recomenda que: a tarefa do tipo *hammock* seja transformada em uma tarefa tipo sumária, assim, dentro da tarefa sumário "Gerenciamento do Projeto" haverá um marco de início ligado ao início do projeto e outro marco de término ligado ao término do projeto; dessa forma a tarefa sumária terá a duração do projeto.

	❶	Nome da tarefa	Duração	/Abr/14 S T Q Q S S	13/Abr/14 D S T Q Q S S	20/Abr/14 D S T Q Q S S	
1		⊟ Gerenciamento do Projeto	10 dias				
2		Início do Projeto	0 dias	09/04			
3		Término do Projeto	0 dias			22/04	
4		⊟ Execução do projeto	10 dias				
5		Atividade 01	5 dias				
6		Atividade 02	5 dias				

Figura 13: Atividade Hammock — Recomendação 1.

Essa solução não parece ser ideal, uma vez que:

a. Tarefas sumárias representam pacotes de trabalho ou um grupo de atividades e seu custo é o resultado de seus componentes. Como nesse caso a atividade sumária vai ter trabalho e custo, seria necessário associar um recurso diretamente a essa tarefa sumária. Essa associação não é uma boa prática;

b. Como o cronograma é uma ferramenta de trabalho do gerente do projeto e também uma ferramenta de comunicação com as partes interessadas, todos deverão lembrar que uma (ou algumas) atividade sumária do cronograma não representa um pacote de trabalho, mas sim uma atividade de trabalho disfarçada.

Uma forma de representar no cronograma esse tipo de atividade é muito semelhante a sugestão anterior, mas sem ferir nenhuma prática recomendada. Para isso serão realizadas as etapas:

a. Criar um marco "Início do Gerenciamento do Projeto". Seu predecessor será a atividade "Início do Projeto";

b. Criar um marco "Término do Gerenciamento do Projeto". Seu predecessor será a atividade "Término do Projeto";

c. Criar a atividade "Gerenciamento do Projeto" e colocar como predecessor (tipo início para início) o marco "Início do Gerenciamento do Projeto" e sucessor (tipo término para término) o marco "Término do Gerenciamento do Projeto".

Assim, o cronograma será semelhante ao abaixo:

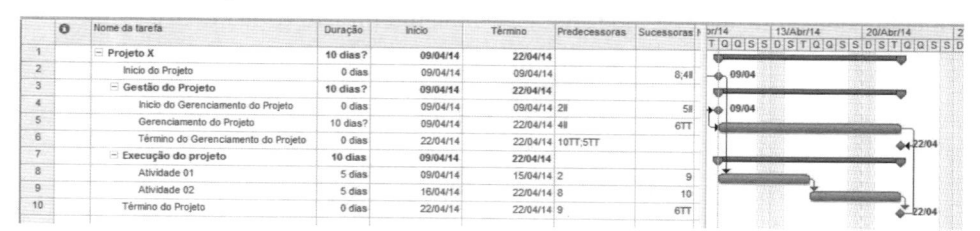

Note que, no caso do exemplo acima em MS Project, a atividade do tipo *hammock* (linha 5) não tem distinção das demais, a não ser pela interrogação na duração que indica que a data é estimada, por isso é recomendado colocar um comentário nessa atividade informando sobre suas ligações *hammock*.

Observe também que os marcos "Início do Gerenciamento do Projeto" e "Término do Gerenciamento do Projeto" são utilizados somente para permitir a variação da duração da atividade *hammock* "Gerenciamento do Projeto". Assim, o gerente do projeto poderá associar recursos e custos sem ferir boas práticas e manterá a comunicação com as partes interessadas clara.

Indicadores de Planejamento de Projetos

Em termos do planejamento do projeto, entende-se que o ponto inicial de um bom cronograma é a decomposição do escopo nas atividades do projeto. A primeira atividade de construção do cronograma, segundo PMI (2013) é "Definir Atividades", com base nos processos "Planejar Gerenciamento de Tempo" e "Criar a Estrutura Analítica do Projeto (EAP)", além de utilizar as diretrizes da empresa (normas, padrões e processos).

A EAP deve ter um nível de detalhe suficiente para se observar os pacotes de trabalho a serem realizados junto com as grandes entregas do projeto, mas não deve ser detalhada demais ao ponto de se parecer com um cronograma. A ideia é que a EAP não tenha volatilidade ou tenha uma volatilidade muito baixa, ou seja, ela não deve mudar com frequência. Já o cronograma, por tratar de detalhes, tem volatilidade muito maior.

Listamos dois indicadores que podem ser empregados nesse momento. O primeiro refere-se a contar atividades fora da EAP, ou seja, avaliar atividades que estão presentes no cronograma, mas fora da Estrutura Analítica do Projeto. O estilo de modelagem adotado pode influenciar tal indicador. Suponha um projeto com a EAP a seguir:

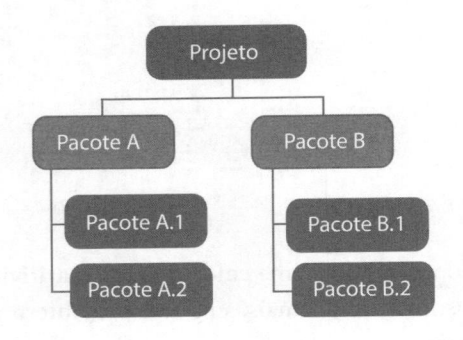

Figura 15: EAP exemplo para indicadores de planejamento.

Em alguns casos, a opção de definição das tarefas segue o estilo da figura abaixo:

Id	Nome da tarefa	
0	**Projeto 1**	
1	**Pacote A**	
2	Ativ 1	Atividades no nível 2
3	Ativ 2	
4	**Pacote A.1**	
5	Ativ 3	Atividades no nível 3
6	Ativ 4	
7	Ativ 5	
8	**Pacote A.2**	
9	Ativ 6	
10	Ativ 7	
11	**Pacote B**	
12	Ativ 8	
13	**Pacote B.1**	
14	Ativ 9	
15	**Pacote B.2**	
16	Ativ 10	
17	Ativ 11	

Figura 16: Visão dos pacotes de trabalho da EAP.

Nesse caso, temos a presença de atividades no nível 2 e nível 3 da EAP. Como boa prática geral de planejamento, sugere-se que todas as atividades estejam nos níveis mais baixos da EAP naquele pacote. Ou seja, todas as atividades do pacote A deveriam estar em seus subpacotes. Dessa forma, podemos dizer que, quando os subpacotes forem entregues, encerra-se o pacote como um todo.

A presença das atividades "soltas" no pacote A pode representar um detalhamento menor que o necessário para esse pacote, ou seja, um subpacote está faltando. Como alternativa à modelagem anterior, podemos fazer da seguinte forma:

Id	Nome da tarefa
0	**Projeto 1**
1	**Pacote A**
2	**Pacote A.0**
3	Ativ 1
4	Ativ 2
5	**Pacote A.1**
6	Ativ 3
7	Ativ 4
8	Ativ 5
9	**Pacote A.2**
10	Ativ 6
11	Ativ 7
12	**Pacote B**
13	**Pacote B.0**
14	Ativ 8
15	**Pacote B.1**
16	Ativ 9
17	**Pacote B.2**
18	Ativ 10
19	Ativ 11

Figura 17: Visão dos pacotes de trabalho da EAP com tarefas no nível 3.

A criação dos pacotes A.0 e B.0 garante que todas as atividades estejam no nível 3, dentro dos pacotes da EAP.

O segundo indicador refere-se ao desdobramento da EAP nas atividades, ou seja, avalia se algum pacote de trabalho foi excluído do cronograma ou não detalhado de forma adequada. Para fazer essa avaliação, o ponto de partida é a EAP, e não o cronograma.

Indicador	Tarefas fora da EAP
Descrição	Conta as atividades que estão presentes no cronograma, porém não estão em nenhum pacote de trabalho definido na EAP do projeto.
Fórmula	Contagem das atividades fora da EAP / Total de atividades do cronograma
Classe do Indicador	Planejamento
Gravidade	Alta
Processo Relacionado	Criar EAP (PMBOK 5.4) Definir Atividades (PMBOK 6.2)
Interpretação/Ação Corretiva	Todo cronograma, não importa a técnica utilizada para sua elaboração, deriva da Estrutura Analítica do Projeto — EAP. Nela estão definidas as grandes entregas e os pacotes de trabalho necessários para que todo trabalho realizado no projeto esteja conforme o planejado e que nenhuma atividade extra seja inserida. Se tal indicador for maior que zero, deve-se: • Avaliar a atividade "solta" para se ter certeza de que ela faz parte do projeto e que realmente deve ser executada; • Revisar a EAP do projeto para assegurar que nenhum pacote de trabalho foi esquecido; • Se uma atividade não possuir um elemento da EAP associado, ela estará "solta" no cronograma, cabendo aí avaliar a EAP e o cronograma para encaixar a entrega em seu pacote de trabalho. Nota: o MS Project gera automaticamente um código de EAP (*WBS* ou *Work Breakdown Structure*) para o cronograma. Recomenda-se utilizar uma coluna genérica para registrar o código da EAP conforme a documentação do projeto em vez de usar a coluna gerada automaticamente. Uma das avaliações que também deve ser feita é a presença de pacotes de trabalho da EAP com muito poucas atividades ou atividades muito longas pois: • Possivelmente esse pacote apresenta um baixo nível de detalhamento; • Pode representar um pacote de trabalho desnecessário; • Pode representar que a EAP está muito detalhada.

Indicador	Pacotes de trabalho fora do cronograma
Descrição	Conta os pacotes de trabalho da EAP que não estão no cronograma.
Fórmula	Contagem de pacotes de trabalho excluídos do cronograma / Total de pacotes de trabalho da EAP
Classe do Indicador	Planejamento
Gravidade	Alta
Processo Relacionado	Criar EAP (PMBOK 5.4) Definir Atividades (PMBOK 6.2)
Interpretação/Ação Corretiva	Todo pacote de trabalho da EAP descreve uma parte importante do projeto. A decomposição do trabalho do projeto em seus pacotes deve garantir que o escopo do projeto esteja totalmente representado nos pacotes, sem adicionais ou ausências. A presença de pacotes de trabalho na EAP não detalhados no cronograma é uma falha grave e deve ser corrigida. Se esse indicador for maior que zero, deve-se: • Avaliar se o pacote de trabalho excluído é necessário ao projeto ou se pode ser realmente excluído; • Se for o caso de haver um pacote de trabalho desnecessário na EAP, ela deverá ser revista e validada novamente com o patrocinador e partes interessadas cabíveis; • Se o pacote de trabalho for necessário, então ele deverá ser devidamente detalhado no cronograma.

Ainda dentro de "Definir Atividades", há um conjunto de indicadores considerados de gravidade baixa. Eles avaliam o percentual de atividades sumárias, marcos e de atividades de esforço no cronograma. De acordo com a padronização adotada nos projetos que uma empresa executa, esses números podem ser bastante precisos.

Imagina-se que, dentro de um cronograma, a presença maior de atividades vai se referir às chamadas atividades de esforço, ou seja, aquelas que empregam recursos para efetuar trabalho. Os marcos representam a conclusão ou início de pacotes de trabalho, bem como qualquer entrega que se deseje sinalizar no cronograma. Por fim, as atividades sumárias representam os elementos da EAP e ajudam a agrupar o trabalho. A presença desses dois grupos deve ser menor que as atividades de esforço, que são o coração do projeto. Os percentuais admitidos devem variar conforme orientações corporativas e características do projeto.

Dê uma olhada no tópico sobre proporcionalidade de cronograma ainda neste capítulo para complementar esse conceito.

Indicador	Percentual de atividades sumárias
Descrição	Porcentagem de atividades sumárias.
Fórmula	(Soma das atividades sumárias / Soma do total de atividades do projeto) x 100
Classe do Indicador	Planejamento
Gravidade	Baixa
Processo Relacionado	Definir Atividades (PMBOK 6.2)
Interpretação/Ação Corretiva	Esse indicador é bastante relativo, mas essencialmente traz a questão de que é necessário que a maior parte das atividades no cronograma não seja sumária e sim de trabalho. Cronogramas com baixíssima quantidade de atividades sumárias podem indicar uma EAP pouco definida. Para melhor organizar o cronograma, os pacotes de trabalho da EAP deverão ser atividades sumárias no cronograma. Em projetos que contenham cronogramas muito pequenos, é provável que o percentual de atividades sumárias frente ao todo seja grande. Nesse caso, é importante o responsável pelo cronograma ter certeza de que os pacotes de trabalho estão em um nível de detalhe o qual permita o registro do avanço e o acompanhamento do projeto de forma adequada. O percentual ideal de tarefas sumárias é relativo e será debatido futuramente.

Indicador	Percentual de atividades de esforço
Descrição	Um cronograma deve ser composto, principalmente, por atividades de esforço. Marcos e atividades sumárias são para controle e organização.
Fórmula	(Soma das atividades de esforço / Soma do total de atividades do projeto) x 100
Classe do Indicador	Planejamento
Gravidade	Baixa
Processo Relacionado	Definir as Atividades (PMBOK 6.2) ou Desenvolver o Cronograma (PMBOK 6.6)
Interpretação/Ação Corretiva	Se esse percentual for muito baixo, pode indicar que o cronograma não tem o nível de detalhamento adequado ou que atividades não foram incluídas. Caso a duração das poucas atividades seja muito longa, é certo que o nível de detalhamento não está adequado.

Interpretação/Ação Corretiva	Pergunte-se: • O cronograma é muito pequeno? Em cronogramas muito pequenos, mesmo poucos marcos e atividades sumárias podem representar, estatisticamente, muita coisa. Nesses casos, tal indicador pode ser distorcido; • Existem muitas atividades sumárias? Nesse caso, o cronograma pode estar "superorganizado" e as atividades podem ser agrupadas em atividades sumárias mais consolidadas. O percentual ideal de atividades de esforço é relativo e será debatido futuramente.

Indicador	Percentual de marcos no projeto
Descrição	O cronograma deve ser composto por atividades que tenham trabalho associado. Marcos e atividades sumárias são importantes para organização e acompanhamento de entregas e eventos relevantes dentro do projeto, porém não devem representar uma grande quantidade no cronograma.
Fórmula	(Soma dos marcos do projeto / Soma do total de atividades do projeto) x 100
Classe do Indicador	Planejamento
Gravidade	Baixa
Processo Relacionado	Definir as Atividades (PMBOK 6.2)
Interpretação/Ação Corretiva	No caso de o cronograma ter tantos marcos e atividades sumárias quanto atividades de trabalho, deve-se investigar a causa. Provavelmente as atividades de trabalho não foram detalhadas de forma adequada. Em projetos curtos, mesmo uma pequena quantidade de marcos pode ser considerada estatisticamente excessiva e, nesses casos, pode-se desconsiderar o resultado de tal indicador. É importante verificar, caso a quantidade de marcos seja grande, se eles são realmente significativos para o projeto e para as partes interessadas. A maior parte das atividades no cronograma devem ser tarefas de esforço que representam trabalho, ou seja, atividades que possuam recursos e trabalho associados. No entanto, a presença de marcos dentro do cronograma é muito importante, pois sedimenta as entregas parciais ou finais das fases do projeto. A presença de marcos de maneira moderada é, então, essencial para o controle. As previsões de entrega com relação a seu planejamento podem compor uma excelente forma de acompanhamento do projeto na dimensão escopo e tempo por seus clientes. O percentual ideal de marcos é relativo e será debatido futuramente.

Com relação ao processo "Sequenciar Atividades" há uma série de indica-dores de verificação, a maioria referente à presença de elementos danosos ao cálculo do caminho crítico e visão lógica da estrutura de trabalho proposta pelo cronograma.

As atividades de um cronograma devem possuir ligação lógica entre si, ou seja, devem estar conectadas por alguma das relações descritas nos conceitos iniciais. Por outro lado, as atividades sumárias não devem possuir ligações lógicas, uma vez que não são elementos de trabalho do cronograma, mas agregadores das atividades em seus devidos pacotes de trabalho. Cabe ressaltar que a presença de ligações lógicas nas sumárias inviabiliza a correta determinação do caminho crítico.

Nos softwares de gerenciamento de projeto, é possível estabelecer restrições de datas para as atividades. Essas podem ser restrições severas (*hard*) ou leves (*soft*). As restrições *hard* estabelecem restrições de como a tarefa deve começar ou terminar em determinada data. As restrições *soft* incluem "Não iniciar antes de" ou "Não terminar antes de" determinada data, entre outras. A presença dessas restrições prejudica o cálculo de caminhos críticos, a alocação de recursos e pode tornar o cronograma inviável, pelos diversos conflitos causados pelas restrições. O uso dessas restrições deve ser evitado, salvo alguma situação muito específica e particular do projeto.

Outros indicadores possuem menor severidade, mas são igualmente impor-tantes, como o percentual de ligações lógicas do tipo TI (término para início), que determina o quanto o cronograma do projeto se parece como uma cascata de atividades (modelo *waterfall*), em que uma atividade sucede a outra. O índice de conexões lógicas ajuda a encontrar os potenciais pontos de gargalo do cronogra-ma, em que várias atividades independentes convergem para um sumidouro ou saem de um nascedouro. Esses pontos devem ser monitorados com atenção.

Indicador	Atividades sem ligação lógica
Descrição	Avalia a sequência lógica das atividades verificando se elas possuem sucessores e predecessores.
Fórmula	Conta as atividades sem predecessor e/ou sem sucessor. Nota: se uma atividade não tiver predecessor e sucessor deve ser contada duas vezes.
Classe do Indicador	Planejamento
Gravidade	Alta
Processo Relacionado	Sequenciar as Atividades (PMBOK 6.3)
Interpretação/Ação Corretiva	Uma boa prática é que toda atividade deve ter ao menos um predecessor e um sucessor. As exceções são a primeira atividade do cronograma, que pode ser uma reunião de *kick-off* ou a assinatura do termo de abertura do projeto e a última atividade do projeto, que marca seu encerramento formal. Atividades sem predecessor ou sucessor comprometem a análise do caminho crítico e dos caminhos quase críticos. Se, ao construir o cronograma do projeto alguma atividade não tiver predecessor ou sucessor identificado, pergunte-se: • Essa atividade deve pertencer ao projeto? • Quem deve executar essa atividade? • Qual o produto dessa atividade? • Esse produto tem uso no projeto? Também pode ser o sintoma de um problema no sequenciamento ou no nível de detalhamento das atividades indicando que o responsável pelo cronograma não dispõe de todas as informações necessárias para o correto encadeamento lógico das atividades. Nesse caso, revise premissas, escopo, EAP e demais informações do projeto para identificar o que está faltando. Conversar com um especialista também ajudará bastante a identificar atividades que estejam faltando. Algumas atividades podem alocar recursos muito custosos ao projeto e seu aumento em duração pode ser extremamente prejudicial nos fatores custo e tempo. Além disso, se não estiverem corretamente nivelados, esses recursos poderão ser superalocados, nesse caso: • Verifique se há a superalocação de recurso, ou seja, se uma pessoa tem previsão de esforço superior ao limite produtivo diário. • Verifique se um recurso está sendo alocado em diversas tarefas simultâneas. A troca constante de tarefas ou *multitasking* gera perda de produtividade.

Indicador	Tarefas sumárias com ligações lógicas
Descrição	Atividades sumárias, ou seja, os pacotes de trabalho da EAP com ligações lógicas de predecessor ou sucessor.
Fórmula	Contagem das atividades sumárias com predecessor ou sucessor
Classe do Indicador	Planejamento
Gravidade	Alta
Processo Relacionado	Sequenciar Atividade (PMBOK 6.3)
Interpretação/Ação Corretiva	As tarefas sumárias representam os pacotes de trabalho da EAP ou são utilizadas para agrupar as atividades, dando um sentido lógico a um conjunto de atividades de trabalho. Dessa forma, ao se construir o cronograma, esses pacotes não são ligados por relações de predecessor ou sucessor. O sequenciamento dos pacotes deve ser feito pela relação lógica entre suas tarefas componentes. Como prática recomendada, as atividades sumárias não devem possuir predecessores ou sucessores. Ao término das atividades de um pacote de trabalho, algum produto ou subproduto do projeto deve ser concluído. Sendo assim, ao término dos pacotes de trabalho deve existir um marco destacando essa entrega. Quando vir a necessidade de que um pacote de trabalho tenha uma ligação de predecessor ou sucessor, pergunte-se: • Está faltando algum marco que destaque o início do pacote de trabalho? • Está faltando algum marco que destaque a entrega do produto resultante do pacote de trabalho? • Está faltando alguma atividade no pacote de trabalho anterior ou posterior ao que se está sendo analisado para permitir a ligação entre atividades em vez de entre pacotes? Lembre-se que, ao se utilizarem ligações lógicas diretamente nas atividades sumárias, o cálculo do caminho crítico será comprometido.

Indicador	Atividades com restrições de data
Descrição	Contagem da quantidade de datas com restrição.
Fórmula	Contagem de atividades com restrições rígidas de data (*hard constraints*): Deve começar em (*Must Start On*); Deve terminar em (*Must Finish On*).
Classe do Indicador	Planejamento
Gravidade	Alta
Processo Relacionado	Sequenciar Atividades (PMBOK 6.3) Desenvolver o Cronograma (PMBOK 6.6)
Interpretação/Ação Corretiva	Datas de restrição rígidas são limites de início ou término das atividades e devem ser utilizadas com cuidado. As atividades do cronograma não deveriam ser artificialmente limitadas por datas. O resultado da combinação da lista de atividades, duração estimada, recursos necessários, lógica do cronograma e calendário de trabalho/recursos é que deve indicar as datas de início e fim das atividades. Resumidamente, as datas de início e término de uma atividade devem ser calculadas e não fixas. Essas restrições devem ser evitadas, na medida do possível, pois comprometem o cálculo do caminho crítico e dos caminhos quase críticos do projeto. Quando uma atividade no caminho crítico do cronograma atrasa e está antes de uma atividade com uma restrição de data, o gestor pode não conseguir ver o real impacto no cronograma com facilidade. Restrições leves (soft constraints) também podem ser utilizadas de forma indevida e devem ser evitadas. Elas são: • Não iniciar antes de (*start no earlier than*). • Não iniciar depois de (*start no later than*). • Não terminar antes de (*finish no earlier than*). • Não terminar depois de (*finish no later than*). Em cronogramas planejados do início para o final (forma mais comum), a opção "Iniciar o mais tarde possível" pode ser considerada uma restrição *soft*. Se o cronograma for planejado do final para o início (menos usual), ou seja, a partir de seu término, a opção "Iniciar o mais breve possível" mostra-se para esse caso também como uma restrição.

(continua)

(continuação)

Interpretação/Ação Corretiva	Quando uma atividade possuir uma restrição de data você deve verificar: • Por que a restrição foi inserida no cronograma? • Existe uma razão real para a restrição? • O que ocorreria com o cronograma se a restrição fosse removida? Recomenda-se que a única data de restrição adotada no cronograma seja a da primeira atividade, ou seja, a data quando o projeto foi formalmente iniciado. Pode ser a data da reunião de kickoff ou a data da assinatura do Termo de Abertura do Projeto ou outra acordada com as partes interessadas. Em algumas indústrias/áreas de negócios, a data de restrição importante é o término do projeto e, assim, deverá ser planejado de trás para frente, ou seja, o cronograma deverá responder à seguinte pergunta "quando devo começar o projeto para terminá-lo na data de restrição indicada?". Por exemplo, imagine a produção de um evento marcado para o dia das mães. Se o projeto atrasar um dia, perde seu sentido. Nesse caso, o cronograma é planejado de trás para frente, para se saber quando se deve iniciar o projeto a fim de o concluir na data esperada. Em outras indústrias o projeto deve "acertar" um trimestre ou semestre específicos para o lançamento de um produto ou serviço, o que deixa mais margem para administrar problemas de tempo.

Indicador	Índice de tarefas sem relação Término–Início (TI)
Descrição	Atividades que não possuem a lógica de começar apenas depois que a atividade predecessora estiver terminada.
Fórmula	(Soma das atividades com relação TI + Soma dos marcos com relação TI) / (Soma dos marcos + Soma das atividades)
Classe do Indicador	Planejamento
Gravidade	Média
Processo Relacionado	Sequenciar as Atividades (PMBOK 6.3)
Interpretação/Ação Corretiva	Geralmente, para se atingir os objetivos do projeto, uma série de atividades são executadas em sequência, pois o produto de uma atividade é insumo para a seguinte. Tendo essa ideia em mente, a maior parte das atividades deveria ter relação Término–para–Início pois, em geral, geram um produto que será entrada para uma ou mais atividades no cronograma. Esse indicador: • Quando se aproxima de 1.0, representa o que é chamado de projeto em cascata (waterfall); • Ao se aproximar de 0.0, representa que a maioria das atividades estão em paralelo.

Interpretação/Ação Corretiva	Como a vida e os projetos não são uma sequência perfeita de passos nem um conjunto de muitas coisas sendo realizadas simultaneamente, podemos assumir que nenhum desses casos (waterfall puro e paralelismo total) é bom para o projeto ou reflete a realidade. O interessante é, então, que a maioria das atividades seja planejada com a relação Término–para–Início e que um percentual reduzido (mas não zero) tenha as demais relações. Quando poucos relacionamentos Término–para–Início são utilizados, por consequência, muitas atividades estão sendo planejadas para serem executadas em paralelo, sendo importante observar que: • Muitas atividades em paralelo significam que muitas coisas estão acontecendo ao mesmo tempo no projeto, então é preciso ter certeza que os recursos necessários estão disponíveis. • O esforço de gestão para monitorar um grande número de atividades simultâneas é muito grande e custoso. • Muitas atividades em paralelo embutem risco no cronograma, tanto pela competição por recursos quanto pelo eventual multitasking ou pela dificuldade de controle.

Indicador	Índice de conexões lógicas (*Logic links index*)
Descrição	Indica quantas atividades estão ligadas a cada atividade.
Fórmula	Contagem de atividades ou marcos com grande número de predecessoras e/ou sucessoras. Nota: o que representa um grande número pode variar de projeto para projeto e conforme a granularidade do cronograma. Se você não tiver uma referência em sua indústria, considere genericamente cinco ou mais dependências lógicas com um número grande.
Classe do Indicador	Planejamento
Gravidade	Média
Processo Relacionado	Sequenciar as Atividades (PMBOK 6.3)
Interpretação/Ação Corretiva	Esse indicador verifica a quantidade de ligações lógicas de cada atividade. Por meio de uma tabela é possível ver se existe uma ou mais atividades que são chave para a conclusão do projeto, podendo ser: • Uma fonte ou nascedouro: várias atividades partem dela; • Um destino ou sumidouro: várias atividades convergem nela e; • Uma encruzilhada: várias atividades chegam e várias outras partem dela.

(continua)

(continuação)

Interpretação/Ação Corretiva	Quando uma atividade possui muitos predecessores ou muitos sucessores ela se torna um possível ponto de estrangulamento do cronograma. Mesmo que essas atividades não estejam no caminho crítico representam pontos de risco que devem ser acompanhados, pois, como estão relacionadas a muitas atividades, seu atraso também pode gerar impactos em muitas atividades.
	Essas atividades devem ser monitoradas de perto para que ocorram no prazo planejado e, caso apresentem folgas, é interessante monitorar ativamente a possibilidade de as mesmas se esgotarem, ou seja, a atividade entrar no caminho crítico do projeto.
	Também podem resultar de falhas de planejamento e, portanto, retornar ao processo "Sequenciar Atividades" pode auxiliar na mitigação do risco que essa atividade representa. Lembre-se que, uma vez refeito o sequenciamento das atividades do cronograma, é preciso também refazer o nivelamento de recursos e reavaliar as durações.
	Se o projeto foi planejado em fases ou com a presença de portais de decisão, a lógica de gargalo com fontes, destino e encruzilhadas foi adotada e, assim, considere o uso de tal indicador apenas para analisar as atividades que não são os próprios portões de decisão.

NASCEDOURO

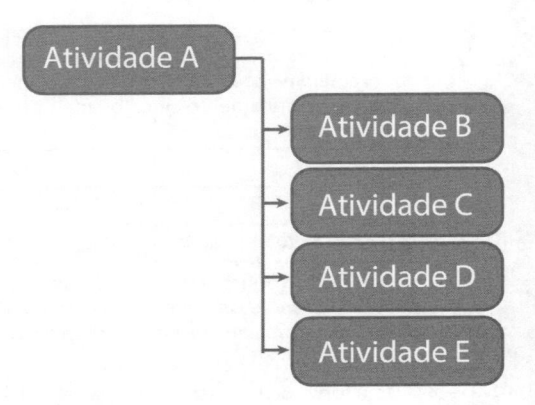

Figura 18: Exemplo de nascedouro de atividades.

SUMIDOURO

Figura 19: Exemplo de "sumidouro" de atividades.

ENCRUZILHADA

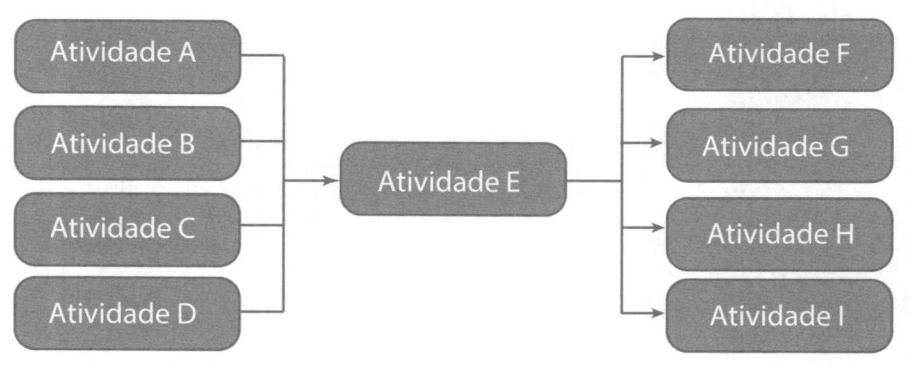

Figura 20: Exemplo de encruzilhada de atividades.

Com relação ao processo "Estimar Recursos das Atividades", os indicadores referem-se à presença ou ausência desses elementos.

O ideal é que todas as atividades de esforço possuam recursos associados. Antes de tudo, porque atividades de esforço não serão realizadas sem o emprego de mão de obra e/ou material e porque sem a alocação de recursos nas tarefas é impossível dimensionar e controlar os recursos para o projeto. Sem essa informação, não é possível saber, por exemplo, se existe superalocação dentro do projeto ou até no portfólio da companhia. Saber se recursos adquiridos estão ociosos na empresa se torna algo difícil de avaliar.

Com o mesmo conceito em mente, as atividades sumárias não devem possuir recursos associados. Elas existem para organizar o trabalho que está detalhado nas atividades de esforço.

Marcos também devem ter recursos associados, não por realizarem algum trabalho, uma vez que eles têm zero dias de duração e esforço também igual a zero, mas para identificar o responsável pelo atingimento dos mesmos. Tal responsável pode ser uma pessoa do projeto ou departamento da empresa ou mesmo um fornecedor contratado.

Indicador	Tarefas sem recurso associado
Descrição	Quantidade de tarefas no cronograma que não são sumárias e que não possuem recursos alocados.
Fórmula	Soma das atividades sem recurso associado
Classe do Indicador	Qualidade do planejamento
Gravidade	Alta
Processo Relacionado	Estimar os Recursos da Atividade (PMBOK 6.4)
Interpretação/Ação Corretiva	Para uma correta avaliação da necessidade de recursos e para o nivelamento adequado dos mesmos é necessário que as atividades de trabalho possuam recursos alocados, sejam eles materiais ou pessoas ou ambos. A ausência de recursos facilmente leva à: • Paralelização de atividades que não poderão ser feitas dessa forma, uma vez que o mesmo recurso só poderá executar uma tarefa a cada vez. Esse paralelismo de atividades de uma única pessoa, uma vez que seja implementado, pode acarretar os problemas de superalocação e *multitasking*. • Estimativas de custo erradas. • Estimativas de prazo erradas. • Distorções nos indicadores de valor agregado. Lembre-se que, mesmo os marcos do projeto, os quais não possuem esforço associado, devem possuir um responsável e, assim, devem ter um recurso associado. Esse recurso pode ser um membro da equipe de projeto, um departamento da empresa ou mesmo um fornecedor. A sugestão, caso o indicador aponte tarefas sem recursos, é, obviamente, inserir os recursos e reavaliar o cronograma. Se, após o nivelamento, ocorrer aumento na duração do projeto é interessante pensar em expandir a equipe, para atender o prazo, ou renegociar os prazos firmados com o cliente, para garantir a conclusão conforme as expectativas das partes interessadas. Lembre-se que a contratação de mais recursos ao projeto deve afetar o custo, mais uma variável a ser negociada. Boa sorte.

Indicador	Tarefas sumárias com recursos associados
Descrição	Atividades sumárias, ou seja, os pacotes de trabalho da EAP com recursos associados.
Fórmula	Contagem da quantidade de atividades sumárias com recursos associados
Classe do Indicador	Planejamento
Gravidade	Alta
Processo Relacionado	Estimar Recurso da Atividade (PMBOK 6.4)
Interpretação/Ação Corretiva	As tarefas sumárias ou representam os pacotes de trabalho da EAP ou são utilizadas para agrupar as atividades para dar sentido lógico a um conjunto de atividades. Em ambos os casos, um pacote de trabalho deverá ser composto por tarefas que serão executadas por diversas pessoas e/ou entidades e/ou departamentos. Dessa forma, ao se construir o cronograma, os pacotes não devem ter recursos associados, as atividades de trabalho que o compõe, sim.

Com relação ao processo de "Estimativa de Duração das Atividades", considera-se importante a avaliação da distribuição das atividades no projeto com relação a seu tempo proposto. Cronogramas mais detalhados tendem a ter atividades mais curtas, enquanto cronogramas mais resumidos podem priorizar a presença de marcos de entregas e atividades longas.

Esse tipo de avaliação é importante, mas será muito dependente de um referencial de cronograma colocado pelo PMO da empresa ou sugerido por alguma outra referência. Podemos citar o referencial do DoD/DCMA[4], denominado *14 Point Assessment*, que considera que uma atividade longa possui mais de dois meses de duração. Outro referencial de duração é o PMI que descreve que uma atividade deveria ter não menos que oito e não mais que 80 horas, mesma recomendação do CDC[5]. Já a área de projetos do Estado de Michigan[6] considera que uma atividade deveria ter duração próxima a 2% da duração do projeto como um todo, e que, caso esse valor seja muito grande e difícil de gerenciar, a atividade deveria ter no máximo duas semanas de duração ou 80 horas. Fica claro que muitas organizações diferentes tendem aos valores de referência adotados pelo PMI 8-80.

---

[4] DoD/DCMA — Department of Defense/Defense Contract Management Agency EUA, 14-Point Schedule Assessment, 10/07/2012.

[5] CDC — Center for Disease Control, CDC UNIFIED PROCESS PRACTICES GUIDE, PROJECT SCHEDULING, 30/06/2007.

[6] Project Management Resource Center, Michigan Department of Information Technology (www.michigan.gov/projectmanagement), 12/2004.

Por outro lado, um projeto de manutenção de unidade industrial (usinas nucleares, refinarias etc.) tem seu planejamento feito em horas ou minutos em vez de dias. Assim, nesse contexto, uma atividade pode ser considerada longa se levar uma hora.

O importante é estabelecer esse referencial de como considerar uma atividade curta ou longa. Para mais informações sobre métodos para estimativa de duração de atividades, veja a seção relacionada ainda neste capítulo.

Indicador	Percentual de atividades longas
Descrição	Percentual de atividades com duração muito extensa no cronograma.
Fórmula	Número de atividades longas (maiores que N dias) / Número total de atividades de esforço
Classe do Indicador	Planejamento
Gravidade	Alta
Processo Relacionado	Estimar Duração da Atividade (PMBOK 6.5)
Interpretação/Ação Corretiva	Atividades longas devem ser evitadas no projeto. Sua presença dificulta tremendamente o acompanhamento do projeto e gera problemas que serão mencionados posteriormente, como a Síndrome dos 90%. Quando atividades muito longas forem identificadas, é importante fazer uma avaliação e tentar decompô-las em atividades e marcos intermediários. Muitas vezes atividades longas são, na verdade, pacotes ou subpacotes de trabalho não detalhados. Quando o projeto estiver sendo planejado em fases, o gestor deve ter clareza dos detalhes da fase atual e alguma ideia das atividades da próxima fase. Nesse cenário, não há problema em ter atividades previstas para as próximas fases com durações longas e com pouco detalhamento, pois, ao término da fase atual ou quando for necessário orçar a próxima fase, esse detalhamento será realizado.

No processo de desenvolvimento do cronograma que encerra a fase de planejamento foram identificados dois principais indicadores. O primeiro tem a ver com a consistência entre as datas sumárias e seus componentes, ou seja, a menor data das atividades que compõe o pacote de trabalho deve ser a data de início do pacote de trabalho. O mesmo raciocínio pode ser usado para a maior data. O outro indicador avalia a ausência de atividades na linha de base do projeto, o que pode ocorrer principalmente quando o projeto é replanejado com a inserção de novas atividades e não é salva uma nova linha de base. Esse tipo de problema é fácil de ser verificado em softwares de gestão de cronogramas modernos, mas quando realizado manualmente pode ser trabalhoso.

Para mais informações sobre a linha de base e como lidar com atualizações de maneira que esse documento não seja mexido por qualquer razão nem se mostre um precioso artefato intocável leia o item "Linha de base: não escreva na pedra nem escreva com lápis".

Indicador	Verificação de consistência das datas das tarefas sumárias
Descrição	Verifica a consistência das datas de início e fim planejado das atividades sumárias do cronograma.
Fórmula	Verificar, dentre as atividades filhas de uma atividade sumária, se o início planejado da mesma é igual ao menor início planejado dentre as atividades que a compõem e se o término planejado dela é igual ao maior término planejado dentre as atividades que a compõem.
Classe do Indicador	Planejamento
Gravidade	Alta
Processo Relacionado	Desenvolver o Cronograma (PMBOK 6.6)
Interpretação/Ação Corretiva	Softwares de gestão de cronogramas, como o MS Project e Primavera, evitam esse tipo de erro calculando automaticamente o início planejado e término planejado das atividades sumárias. Se for encontrada uma inconsistência desse tipo, verificar se o responsável pelo cronograma está alterando manualmente as datas das atividades sumárias. Caso afirmativo, essa prática deve ser evitada.

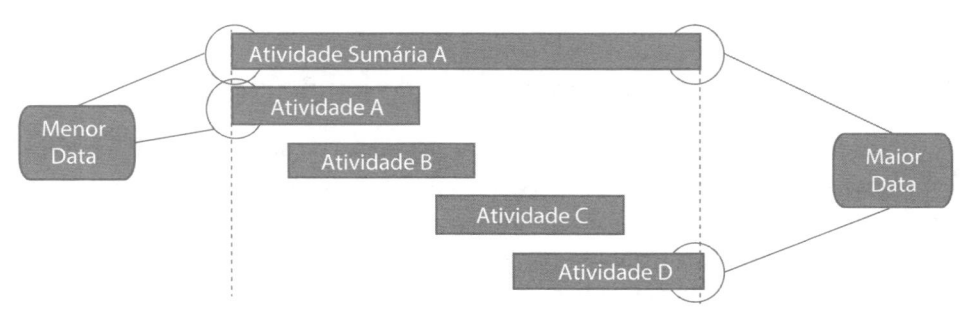

Figura 21: Exemplo de consistência das datas das tarefas sumárias.

Indicador	Percentual de tarefas sem linha de base
Descrição	Atividades que não possuem referência na linha de base do projeto.
Fórmula	Soma das atividades sem registro na linha de base / Soma das tarefas do projeto.
Classe do Indicador	Planejamento
Gravidade	Alta
Processo Relacionado	Desenvolver o Cronograma (PMBOK 6.6)
Interpretação/Ação Corretiva	Todo projeto deve ter uma linha de base corrente e pode ter mais de uma linha histórica. A linha de base corrente representa uma fotografia do cronograma conforme aprovado pelas partes interessadas. As linhas de base históricas representam essa mesma situação no passado. Recomendamos sempre preservar a primeira linha de base do cronograma, pois o desvio entre essa e a utilizada na ocasião do término do projeto (independentemente de quantas linhas de base existam) permitirá visualizar os desvios totais e refinar muitas informações adotadas como premissas, assim os próximos projetos terão premissas melhores à disposição. Lembrando: todo replanejamento que leve a uma mudança no cronograma do projeto deve ser aprovado pelas partes interessadas. Quando esse indicador for maior que zero, deve-se observar: • Se uma nova linha de base foi gerada por acidente ao se utilizar um software de gestão de cronograma; • Se a requisição de mudança foi aprovada pelas partes interessadas e, caso afirmativo, gerar uma nova linha de base; • Se, ao atualizar o cronograma inadvertidamente, alguma atividade foi inserida.

Estimando a Duração das Atividades

Quando se planeja um processo fabril, as máquinas possuem operação previsível e o planejamento foca no controle dos riscos que podem ocasionar a interrupção da produção. Porém, quando as atividades são executadas por pessoas, a dificuldade reside na produtividade irregular, que leva a durações variáveis das atividades, e na grande quantidade de variáveis não controláveis existentes que também impactam a produtividade. Quando se trata de pessoas, a probabilidade de *Unforeseen Events* (eventos de risco imprevistos) é muito grande.

Como não vamos explorar as possibilidades e técnicas motivacionais que podem ser utilizadas para que as pessoas sejam mais produtivas, vamos nos concentrar somente nas formas de estimar a duração das atividades.

Estimar a duração das atividades de um cronograma é, com certeza, uma das tarefas mais difíceis, mesmo lembrando-se da Lei de Hofstadter[7]. Existem diversas formas de se estimar a duração das atividades. As mais comuns são:

» **Opinião de especialistas**

Especialistas dão sua opinião sobre a duração das atividades. Diversas técnicas de entrevista podem ser empregadas para essa coleta e consolidação.

» **Estimativa paramétrica**

São utilizados dados históricos de desempenho, tais como metro quadrado construído por dia, linhas de código ou pontos de função por dia etc. Quanto maior a tradição da empresa em projetos, melhor sua organização e padronização de processos, maior a qualidade e confiança na estimativa paramétrica.

» **Estimativa análoga**

Utilizam-se resultados de projetos semelhantes em custo, escopo e prazo como base para a estimativa do novo projeto.

» **Estimativa *bottom-up***

Estima-se a duração ou custo de cada subpacote e pacote de trabalho da EAP até que se tenha a duração ou custo total do projeto.

» **Estimativas de três pontos ou PERT (*Program Evaluation and Review Technique*)**

As estimativas de três pontos baseiam-se na determinação de três tipos de estimativas: mais provável, otimista, pessimista, aplicando-se uma média ponderada.

Como essa é uma técnica muito útil e interessante, há uma explicação detalhada no final do capítulo.

» **Técnica de Delphi**

Um questionário é desenvolvido e distribuído para uma série de especialistas responderem. Esses especialistas não sabem quem mais está sendo consultado. Um mediador organiza as respostas e distribui novamente para os especialistas verificarem

---

7 A Lei de Hofstadter é parte do livro de Douglas Hofstadter, *An Eternal Golden Brain*, de 1979, em conjunto com Gödel, Escher e Bach. Segundo a lei: "o trabalho sempre demora mais tempo que o esperado, mesmo quando se considera a Lei de Hofstadter".

se mantêm sua opinião ou se mudam. Geralmente essa técnica para ao se atingir o consenso ou após um determinado número de rodadas. Esse método é útil, pois os consultados podem dar suas opiniões de forma isenta e sem influências.

» **Técnica de Wide-Band Delphi**

Quando é necessário estimar a duração de atividades sem dados históricos e com um conjunto interdisciplinar de especialistas essa técnica pode ser empregada. Ela difere da Delphi pela necessidade de interação entre o grupo que participa das estimativas. Essa variante do método foi proposta por Barry Boehm e John A. Far-quhar. Outra variante foi proposta por Neil Potter e Mary Sakry. Nessa variação, o gerente do projeto seleciona um moderador e um time que fará as estimativas.

O processo consiste de duas reuniões. A primeira é o *kickoff* em que o grupo de estimativa criará a WBS e discutirá premissas. Após a definição da WBS e das premissas, cada membro do time de estimativa dará suas estimativas para as atividades identificadas. Na segunda reunião o time revisa as estimativas e busca o consenso.

Após as duas reuniões de estimativa, o gerente do projeto sumariza os resultados e revisa as estimativas com o time que trabalhará no projeto. Nesse ponto, o gerente do projeto está pronto para utilizar as estimativas como base para o planejamento.

» **Planning poker**

Essa técnica foi descrita pela primeira vez por James Grenning em 2002 e populariza da por Mike Cohn em seu livro *Agile Estimating and Planning*. É muito utilizada em projetos de desenvolvimento de software que seguem o manifesto ágil, mas também pode ser utilizada em outros tipos de projeto.

Essa técnica é uma variante da Wide-Band Delphi e consiste dos seguintes passos:

» Uma pessoa apresenta uma estória (requisito funcional + requisito não funcional);

» O grupo do projeto discute e tira dúvidas com quem apresentou a estória;

» O grupo utiliza cartas de baralho (com simbologia e valores próprios) para estimar quanto trabalho será necessário para implementar o requisito (pontos de complexidade);

» As estimativas muito divergentes são debatidas e uma nova rodada é realizada;

» Ao se chegar ao consenso sobre quanto trabalho será necessário para realizar a estória (requisito) passa-se para o próximo.

Com esse método de estimativa não se chega a quantas horas de trabalho serão necessárias para se executar o trabalho, mas sim ao quão complexo o trabalho é. A equipe do projeto também tem um *feeling* de quantos pontos de complexidade podem ser realizados em um determinado período de tempo ou *time box* (um mês por exemplo).

Com a aplicação do método repetidas vezes pela mesma equipe será possível ver a relação entre pontos de complexidade e taxa de entrega do trabalho por período de tempo (no caso do Scrumm, pontos de complexidade por *sprint*) e se chega a uma métrica para a produtividade do grupo no projeto.

Para projetos que não são de software (origem do Scrumm e do *planning poker*) podem-se realizar os mesmos passos para estimar o trabalho, porém a estimativa será feita com base em algo conhecido. Um exemplo bem simples pode ser a construção de uma parede com um material novo para o grupo de trabalhadores; agora imagine que o gestor do projeto deseja construir uma parede com esse material alternativo e que sua equipe conheça pouco. Como a equipe sabe construir paredes de tijolos, esse será seu referencial. Ao estimar a atividade de construção da parede com um material alternativo a equipe pode utilizar as cartas do *planning poker* para avaliar quão mais complexo o grupo acha a construção da parede e seus aspectos, assim será possível gerar uma estimativa para algo novo.

No processo de estimativa de duração das atividades, algumas informações são importantes para que o gerente do projeto não tenha surpresas, e para evitar que riscos e problemas sejam inseridos no cronograma por acidente. Elas são:

1. Estimativa de horas produtivas por dia

Regra de ouro: considere de 6 a 6,5 horas produtivas por dia. As demais horas do dia são o cafezinho, a conversa com os amigos e chefe no corredor, a leitura de e-mails diversos da empresa etc. Se o responsável pelo cronograma considerar oito horas de trabalho produtivo por dia um erro entre 20% e 25% será embutido no cronograma.

2. *Multi-tasking*

Se algum recurso estiver trabalhando em seu projeto e em outro ou se ele tem de executar mais de uma tarefa ao mesmo tempo, considere que ele não estará 100% disponível para nenhuma atividade ou para seu projeto. Se algum dos membros da equipe de projeto está alternando entre uma série de tarefas (*multi-tasking*), considere repensar o planejamento para que a duração das atividades contemple a redução de produtividade. Tente adotar algum método de gestão do tempo.

3. Determine quantas pessoas trabalharão em cada tarefa ao mesmo tempo

De uma forma geral, duas pessoas terminam o trabalho mais rápido, porém não necessariamente na metade do tempo! Lembre-se do paradoxo da mulher grávida: uma mulher grávida produz um bebê em nove meses, porém nove mulheres grávidas não produzem um bebê em um mês[8]. Lembre-se também da Lei de Brooks[9], pois em alguns casos colocar mais recursos para trabalhar em uma atividade atrasada só aumenta o atraso.

A Lei de Brooks é comprovada empiricamente. Quando um projeto está atrasado e se adicionam outras pessoas à equipe para acelerar o trabalho, na verdade, essa ajuda extra atrasa ainda mais o trabalho, uma vez que essa nova pessoa terá uma curva de aprendizagem até se tornar 100% produtiva dentro do escopo do projeto. É importante destacar que, ao longo dessa curva de aprendizagem, algum membro da equipe deverá dedicar tempo para atualizar e preparar o novo membro da equipe e, assim, além de ganhar um membro pouco produtivo, a equipe perde um percentual de um produtivo piorando o atraso existente.

Outro aspecto a considerar é comunicação. O *overhead* de comunicação e a quantidade de canais de comunicação aumentam muito com o aumento de pessoal. Além disso, uma equipe maior necessitará de mais tempo para acompanhar o que todos estão fazendo. Assim, mais pessoas significam mais esforço e mais tempo consumido em gestão.

4. Lembre-se de considerar feriados e dias não produtivos

Não se esqueça de considerar, ao estimar a duração das atividades, as férias, feriados, dias santos, treinamentos, dias enforcados, etc. Esse item é especialmente importante quando se trata de recursos *offshore* (que estão em outro país), então antes de planejar verifique se existem atividades para um recurso *offshore* durante os feriados de outros países também!

5. Leve em consideração as pessoas que não trabalham 100% no projeto

Lembre-se de verificar os recursos que não estarão 100% dedicados ao projeto. Geralmente pessoas que não estão 100% dedicadas a seu projeto têm mais de um chefe, você e mais alguém!

---

[8] Atribuído a Fred Brooks, diz que "nove mulheres grávidas não fazem um bebê em um mês".

[9] A Lei de Brooks é um princípio de desenvolvimento de software e diz que "adicionar pessoal em um projeto atrasado o atrasa ainda mais". Esta afirmativa foi publicada por Fred Brooks em seu livro *The Mythical Man-Month* (1975).

6. Considere folgas e atrasos

Lembre-se que algumas atividades exigem pouco esforço para serem realizadas, mas consomem muito tempo. Por exemplo, pode-se estimar o tempo para se obter uma aprovação em poucas horas, mas o tempo real para se obter a aprovação pode levar dias ou semanas até que se consiga a agenda do cliente ou de um executivo a empresa.

7. Identifique as restrições dos recursos

Quando a versão inicial do cronograma está pronta, e antes da alocação dos recursos, cuidado com a duração total do projeto. Muitas vezes, atividades que foram planejadas para serem executadas em paralelo ao longo da execução do projeto são impactadas por indisponibilidade de algum dos recursos. Assim, o projeto tende a durar mais que a estimativa inicial.

8. Documente todas as premissas

Nenhum gerente de projetos tem todas as informações necessárias para a criação do plano de projeto, tampouco para a construção do cronograma, assim muitas premissas são assumidas. Em poucas semanas você não se lembrará de todas as premissas que assumiu ao construir o cronograma, porém explicações serão solicitadas ao longo de todo o projeto. Além disso, ao rever o planejamento do projeto é importante também rever as premissas e ver se elas ainda são válidas; caso não sejam mais, é necessário rever o planejamento do projeto e fazer os ajustes necessários documentando as novas premissas. Caso o projeto apresente algum problema, explicações serão solicitadas por muito tempo após o projeto se encerrar e as premissas ajudarão bastante na análise do que deu errado no projeto e no registro de lições aprendidas.

Algumas práticas são propostas por diversas instituições com notória experiência em projetos.

» **O PMI**

Recomenda que uma atividade não tenha menos de oito horas (um dia de trabalho) ou mais de 80 horas (duas semanas de trabalho). Essa recomendação é importante, já que permite ao gerente do projeto identificar desvios e tomar ações corretivas com mais precisão. Imagine se o cronograma do projeto contivesse dezenas de atividades com mais de 160 horas (ou um mês). Atividades com duas semanas de duração permitem que desvios sejam identificados e tratados antes da próxima data de *status*, que geralmente é mensal. O tratamento de um desvio o quanto antes reduz o prejuízo para o projeto.

» **CDC (*Center of Disease Control* — Estados Unidos)**

Recomenda em seu "Documento de Recomendações de Construção de Crono-gramas"[10] que as atividades do cronograma não devem ter menos de oito horas ou mais que dez dias úteis de duração. De uma forma geral, o CDC chegou a mesma conclusão do PMI e fornece mesma recomendação.

» **Guia de gerenciamento de projetos do Estado de Michigan[11]**

Esse guia não define limites de duração em dias ou horas, preferindo fornecer as seguintes recomendações/orientações para a construção do cronograma:

» Decomponha os pacotes de trabalho (EAP) até que estimativas de custo e recursos para execução das atividades sejam possíveis;

» Certifique-se de que cada atividade tenha início e fim identificados. O início ou fim pode ser algum entregável ou a ocorrência de algum evento;

» Certifique-se de que as tarefas podem ser executadas em um período razoável de tempo, ou seja, a duração das atividades deve ficar próxima à faixa de 2% da duração total do projeto. Por exemplo, em um projeto com um ano de du-ração, as atividades devem ter entre um dia e uma semana de duração;

» Se a duração para completar uma atividade for muito longa pode comprome-ter a fase de execução. Assim sendo, deve-se considerar o padrão de mercado que estabelece que uma atividade deve ser completada dentro de duas semanas ou 80 horas de trabalho;

» Garanta que todas as pessoas que trabalharão no projeto estejam relacionadas a uma tarefa da EAP. Tenha a seguinte regra: tarefas que não estão na EAP não são executadas.

Note que as recomendações de diversas fontes que formalizaram guias de boas práticas são semelhantes.

Lembre-se que todo cronograma é uma estimativa. Pode ser uma estimativa boa ou ruim dependendo de uma gama de fatores, mas sempre será uma estimativa. Como não existe fato no futuro, errar as estimativas é algo normal, o que se busca é errar pouco.

---

[10] http://www2a.cdc.gov/cdcup/library/practices_guides/CDC_UP_Project_Scheduling_Practices_Guide.pdf

[11] http://michigan.gov/documents/Michigan_PMM_December_2004_113399_7.pdf

Estimativas de Três Pontos ou PERT (*Program Evaluation and Review Technique*)

A estimativa de três pontos é uma estimativa probabilística do conjunto do cronograma, ou seja, é um método que dará uma faixa de duração ligada a uma probabilidade de acontecer e, ao final, você poderá dizer que:

a. O projeto tem 68,3% de chances de terminar entre as datas A e B ou

b. O projeto tem 95,4% de chances de terminar entre as datas C e D ou

c. O projeto tem 99,7% de chances de terminar entre as datas X e Y.

Essas probabilidades não são por acaso. Elas representam os Sigmas (ou desvios padrões) utilizados para se aumentar a probabilidade de acerto da estimativa. Essa é uma aplicação prática de *Six Sigma* e sugerimos uma leitura rápida sobre o assunto. Vale a pena.

A Teoria do Limite Central (outra leitura interessante) afirma que, de uma forma simplificada, ao se somar diferentes distribuições de probabilidade o resultado final é uma distribuição normal. Assim, se tivermos uma distribuição probabilística diferente para cada atividade do cronograma, ao somá-las teremos uma distribuição normal (ou muito próxima a uma normal).

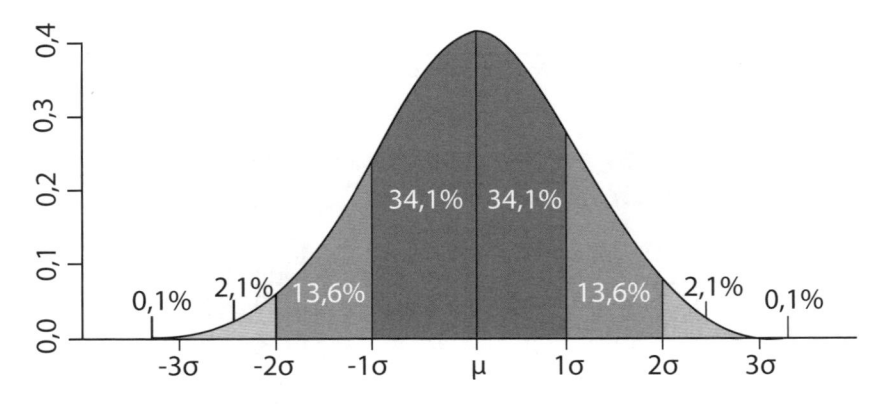

Figura 22: Distribuição normal Six Sigma.

Duas propriedades da distribuição normal são a média e o desvio padrão (ou sigmas). Daí podem ser utilizados os sigmas (+ e − sigmas) para aumentar a probabilidade de acerto da sua estimativa como veremos mais adiante.

Para se aplicar esse método, siga os passos a seguir nos quais em cada um vamos utilizar um exemplo para facilitar o entendimento. Para o exemplo considere um projeto com cinco atividades sequenciais.

Passo 1: para cada atividade do cronograma são necessárias três estimativas:

a. A estimativa otimista (O): é aquela que vai acontecer se tudo der certo (mesmo o que parece improvável de dar certo, dará);

b. A estimativa pessimista (P): deve considerar que tudo que pode dar errado, dará, com toda glória e extensão da Lei de Murphy;

c. A estimativa mais provável (MP).

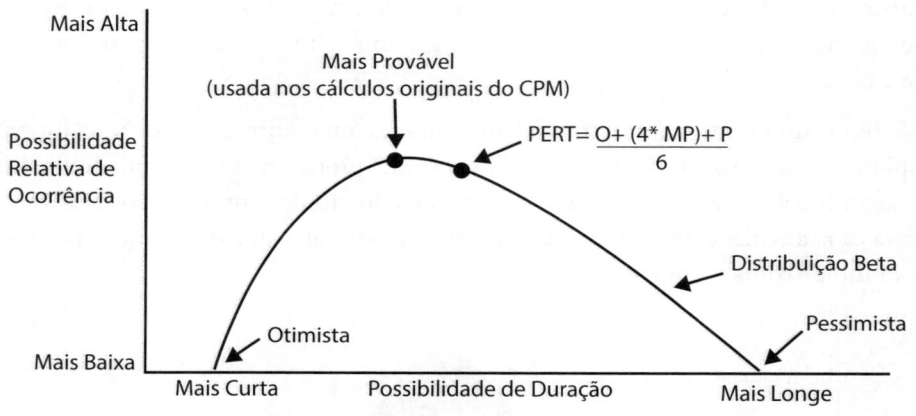

Figura 23: Distribuição beta da estimativa de três pontos.

Atividade	Otimista	Mais provável	Pessimista	Duração esperada
A	4	6	8	
B	10	20	30	
C	50	55	70	
D	29	38	43	
E	13	20	23	
Projeto				

Tabela 3: Estimativa PERT — passo 1.

Passo 2: com esses três valores se pode chegar à duração mais provável para as atividades. Para tanto, utilize fórmula de média ponderada abaixo:

$$\frac{\text{Otimista} + (4 \times \text{Mais Provável}) + \text{Pessimista}}{6}$$

Assim você terá a duração mais provável para cada atividade.

Atividade	Otimista	Mais provável	Pessimista	Duração esperada
A	4	6	8	6,00
B	10	20	30	20,00
C	50	55	70	56,67
D	29	38	43	37,33
E	13	20	23	19,33
Projeto				

Tabela 4: Estimativa PERT — passo 2.

Passo 3: agora some todas as durações mais otimistas do projeto, assim você terá a duração mais otimista do projeto como um todo. Repita isso para as durações mais provável e pessimista e aplique a média ponderada para se chegar à duração mais provável do projeto.

Atividade	Otimista	Mais provável	Pessimista	Duração esperada
A	4	6	8	6,00
B	10	20	30	20,00
C	50	55	70	56,67
D	29	38	43	37,33
E	13	20	23	19,33
Projeto	106	139	174	139,33

Tabela 5: Estimativa PERT — passo 3.

Passo 4: calcular o desvio padrão para cada atividade. Lembrando que essa é uma análise probabilística e que entre a estimativa otimista e a pessimista existem infinitos valores possíveis. Assim, o desvio padrão representa qual a variação das estimativas em relação à média, ou seja, quanto a duração esperada está perto ou longe da média.

O desvio padrão é representado pelo símbolo s (sigma), mais uma pista de que a leitura sobre *Six Sigma* compensa.

Assim, utilize a fórmula:

Pessimista – Otimista

6

Quando o desvio padrão é um valor baixo, significa que os dados estão próximos à média, ou seja, as estimativas otimista, pessimista e mais provável são muito próximas (poucos valores possíveis). Quando o desvio padrão é um valor alto, demonstra que os valores otimista, pessimista e mais provável estão distantes (muitos valores possíveis).

Atividade	Otimista	Mais provável	Pessimista	Duração esperada	Desvio padrão
A	4	6	8	6,00	0,67
B	10	20	30	20,00	3,33
C	50	55	70	56,67	3,33
D	29	38	43	37,33	2,33
E	13	20	23	19,33	1,67
Projeto	106	139	174	139,33	

Tabela 6: Estimativa PERT — passo 4.

Passo 5: calcular a variância para cada atividade do cronograma.

A variância de cada atividade é dada pela fórmula: desvio padrão elevado ao quadrado:

(Desvio padrão)^2

Atividade	Otimista	Mais provável	Pessimista	Duração esperada	Desvio padrão	Variância
A	4	6	8	6,00	0,67	0,44
B	10	20	30	20,00	3,33	11,11
C	50	55	70	56,67	3,33	11,11
D	29	38	43	37,33	2,33	5,44
E	13	20	23	19,33	1,67	2,78
Projeto	106	139	174	139,33		

Tabela 7: Estimativa PERT — passo 5.

Passo 6: calcular a variância total do projeto.

Para tanto, basta somar as variâncias das atividades para se chegar à variância total do projeto.

Atividade	Otimista	Mais provável	Pessimista	Duração esperada	Desvio padrão	Variância
A	4	6	8	6,00	0,67	0,44
B	10	20	30	20,00	3,33	11,11
C	50	55	70	56,67	3,33	11,11
D	29	38	43	37,33	2,33	5,44
E	13	20	23	19,33	1,67	2,78
Projeto	106	139	174	139,33		30,89

Tabela 8: Estimativa PERT — passo 6.

Passo 7: para se obter o desvio padrão do projeto como um todo aplicamos a raiz quadrada da variância total do projeto. Note que não somamos os desvios padrões de cada atividade!

Atividade	Otimista	Mais provável	Pessimista	Duração esperada	Desvio padrão	Variância
A	4	6	8	6,00	0,67	0,44
B	10	20	30	20,00	3,33	11,11
C	50	55	70	56,67	3,33	11,11
D	29	38	43	37,33	2,33	5,44
E	13	20	23	19,33	1,67	2,78
Projeto	106	139	174	139,33	5,56	30,89

Tabela 9: Estimativa PERT — passo 7

Pronto, agora já é possível realizar a análise tanto para uma atividade do projeto como para o projeto como um todo.

- 1 Desvio-Padrão (1) = 68,3%
- 2 Desvios-Padrão (2) = 95,4%
- 3 Desvios-Padrão (3) = 99,7%

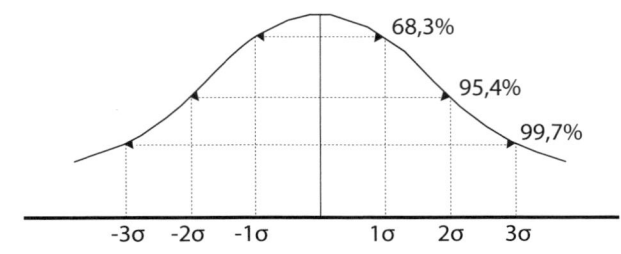

Figura 24: Six Sigma e as probabilidades por sigma.

Assim teremos as seguintes probabilidades:

Atividade	– 3 DP	– 2 DP	– 1 DP	Duração esperada ou PERT	Desvio padrão	+ 1 DP	+ 2 DP	+ 3 DP
A	4,00	4,67	5,33	6,00	0,67	6,67	7,33	8,00
B	10,00	13,33	16,67	20,00	3,33	23,33	26,67	30,00
C	46,67	50,00	53,33	56,67	3,33	60,00	63,33	66,67
D	30,33	32,67	35,00	37,33	2,33	39,67	42,00	44,33
E	14,33	16,00	17,67	19,33	1,67	21,00	22,67	24,33
Projeto	122,66	128,22	133,78	139,33	5,56	144,89	150,45	156,01

Tabela 10: Resultado final da estimativa PERT

É importante, ao se escolher qual faixa de estimativa será utilizada, levar em consideração:

1. Qual o nível de risco é aceitável para o projeto, ou seja, você quer uma estimativa com 99,73% de chances de acerto ou uma com 68,26%? Não há resposta certa, só uma escolha consciente e documentada;

2. Quanto maior o risco maior a contingência de tempo e/ou financeira, ou seja, se a escolha for por uma faixa com maior risco (+ – 1 sigma, por exemplo) estime contingências!;

3. Lembre-se que toda estimativa, por mais bem fundamentada que seja, ainda é um chute, então, mesmo assumindo riscos mais baixos (+ – 3 sigmas), as coisas ainda podem dar errado! Lembre-se dos riscos *unknown–unknown*.

Proporcionalidade do Cronograma

Se você está lendo este livro desde o início já percebeu que em todas as páginas até aqui deve estar escrito, pelo menos uma vez, EAP. A EAP é extremamente importante, pois é a base do cronograma e a representação das grandes etapas do trabalho e entregas a serem realizadas para o projeto atingir seu objetivo. Essa mesma estrutura de trabalho pode ser facilmente associada aos custos do projeto também numa visão macro e fica mais fácil estimar quanto cada pacote de trabalho vai custar. Mesmo com tudo isso a EAP é o documento que as pessoas dão menos importância. Qualquer gerente de projetos consciente, seja o projeto de qualquer tipo: curto, longo, caro, barato, simples, complexo; dirá que não há grande preocupação com a EAP. O foco é sempre no cronograma. Lembra-me a filosofia de "foco no resultado", só que se esquecendo que sem bases sólidas não há como ter bons resultados.

O cronograma, em sua essência, agrupa as atividades do projeto em uma sequência lógica de execução. As atividades representam o trabalho a ser executado para se atingir o objetivo do projeto e possuem início, fim, duração, esforço, recursos associados, custos associados e atividades predecessoras e sucessoras.

Para que o conjunto de atividades de trabalho esteja organizado logicamente e seja legível, utilizam-se as atividades sumárias, que não representam trabalho, pois não têm duração, recursos associados, predecessores ou sucessores. Geralmente essas atividades sumárias correspondem aos pacotes de trabalho definidos na EAP.

Os marcos devem representar entregas ou eventos importantes dentro do projeto. Apesar de possuírem recurso associado, suas datas de início e fim são iguais, possuindo zero dias de duração e, assim, não representam trabalho. O recurso é somente (e geralmente) o responsável pelo marco.

Esses três elementos que compõem o cronograma deveriam ser proporcionais, ou seja, um cronograma que possua muitas atividades sumárias e poucas atividades de esforço provavelmente está muito resumido. Ao mesmo tempo, um cronograma com muitas atividades de trabalho comparativamente com as sumárias pode indicar um cronograma super detalhado. Se o cronograma tiver muitos marcos de maneira proporcional às atividades de trabalho, o projeto terá mais entregas que trabalho. Por outro lado, se o cronograma não tiver marcos, haverá muito trabalho, mas nenhuma entrega ou evento importante.

Em todos os casos acima o cronograma não servirá como uma boa ferramenta de gestão e comunicação, pois o trabalho, as entregas ou a organização necessários para o projeto atingir seu objetivo não estão bem estruturados.

Podem existir cronogramas com poucas e longas atividades? Sim, desde que não sejam utilizados para acompanhar o dia a dia do projeto. Um bom uso seria comunicar o andamento do projeto para a alta gerência da empresa, afinal de contas não interessa ao chefe do chefe do seu chefe se uma atividade atrasou um dia semana passada, o que interessa é que o projeto está seguindo com desvios dentro de limites aceitáveis.

Da mesma forma, já vimos gerentes de gerentes de projetos que gostam de fazer o que chamamos de "gestão por marcos". Estes gerentes definem uma série de marcos no projeto e passam a acompanhar se estes estão atrasados ou em risco de atrasar sem se preocupar com os detalhes das atividades entre os marcos. Não consideramos este tipo de acompanhamento gerencial ruim, desde que seja feito pelo gerente do projeto. Mais adiante falaremos um pouco da Gestão por Marcos.

Mas então, qual seria uma boa proporção entre os elementos do cronograma? Bom, para responder a isso temos o resultado da observação de mais de 800 projetos de diversos tipos ao longo de alguns anos.

Vamos tomar como exemplo um projeto de 12 meses com uma equipe de cinco pessoas. Sem mais informações sobre o projeto, ou seja, sem sabermos seu escopo, objetivo e orçamento, vamos fazer um exercício e imaginar como seria o cronograma. Vamos considerar também que toda a equipe será mobilizada no início e desmobilizada no término.

Pensando na EAP desse projeto exemplo poderíamos ter um pacote de trabalho para detalhamento dos requisitos, uns quatro pacotes de execução das partes do projeto, um pacote de integração das partes em um produto único, e dois pacotes de avaliação do cliente e ajustes no produto antes da entrega final. Dessa forma, nosso projeto exemplo terá oito pacotes de trabalho. Acima desses pacotes poderíamos ter o Detalhamento do Escopo, Execução do Trabalho, e Integração e Entrega.

A EAP teria essa aparência:

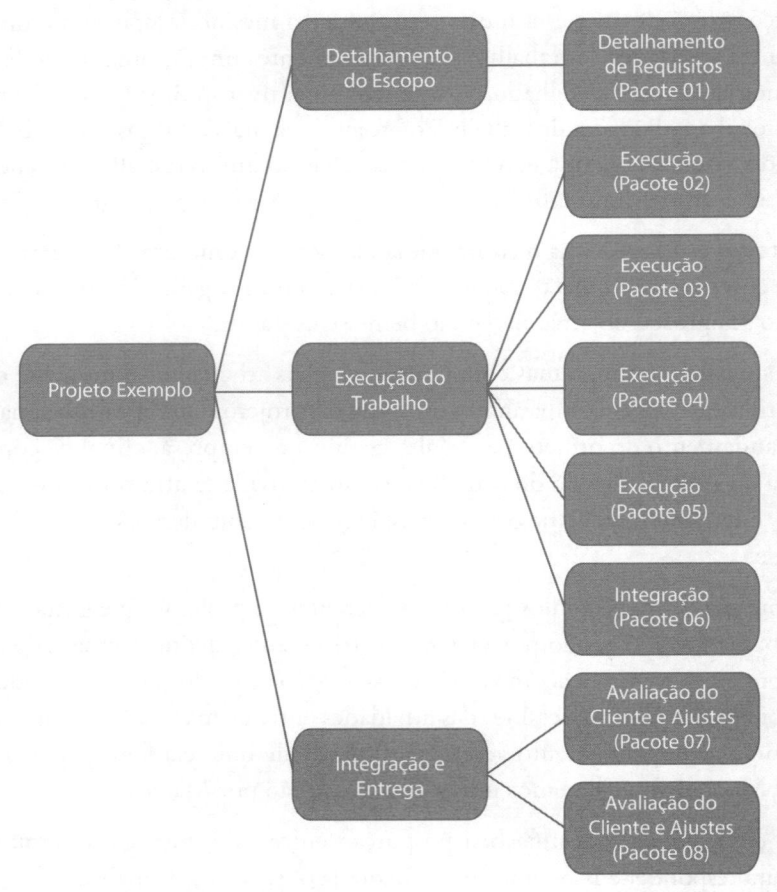

Figura 25: Exemplo de EAP para proporcionalidade do cronograma.

Com essa EAP, o cronograma terá 12 atividades sumárias.

Uma vez que inferimos uma EAP, vamos pensar nas atividades.

Como o projeto tem 12 meses de duração e cinco pessoas, é razoável supor que cada um estará fazendo uma atividade por mês (salvo quando *pair programming*[12] ou outra técnica semelhante esteja sendo usada como prática de trabalho, o que não será o caso desse exemplo). Sendo assim, o cronograma deve ter cinco atividades por mês e 60 atividades ao todo. Porém, uma boa prática é que cada atividade possua duas semanas de duração para que eventuais atrasos possam ser detectados e tratados com facilidade. Então o cronograma passaria a ter dez atividades por mês e 120 no total.

Também podemos ter reuniões periódicas com o cliente para acompanhamento e validação dos resultados parciais do projeto. Uma reunião por pacote de trabalho com o cliente seria razoável. Pode ser feita uma última reunião para fazer a entrega completa do projeto. Quase esquecemos, podemos ter uma reunião de *kickoff* no início. Assim, o projeto terá dez reuniões ao todo.

Note que as reuniões não são marcos, pois possuem duração, assim as consideraremos como atividades de trabalho, ocupando o tempo dos recursos como qualquer outra atividade. A entrega posterior à reunião ou ao aceite do cliente é que são consideradas marcos.

Até o momento temos um cronograma com 12 tarefas sumárias e 130 tarefas de trabalho (dez reuniões e 120 atividades de trabalho).

Pensando nos marcos desse projeto exemplo, podemos considerar que cada pacote de trabalho possui um marco que representa sua entrega parcial. Sendo assim, teremos oito marcos. Também podemos ter um marco que seria a entrega final para o cliente e um marco no início do projeto, que seria a assinatura do Termo de Abertura ou a Divulgação da Ata da Reunião do *kickoff*. Assim teremos dez marcos no projeto todo.

Chegamos ao término da construção do cronograma fictício com 12 atividades sumárias, 130 atividades de trabalho e dez marcos em que cinco pessoas estão alocadas.

Nesse exemplo seguimos algumas práticas recomendadas:

1. As atividades não foram super ou subdetalhadas, ou seja, foram estimadas com duração de cerca de duas semanas;

2. Cada pacote de trabalho possui ao menos um marco a seu término, para se controlar o produto ou parte gerada;

---

[12] Técnica de desenvolvimento ágil de software em que dois programadores utilizam um único computador simultaneamente com o objetivo de gerar menos erros.

3. Existe um marco de início, do qual derivam todas as atividades e um marco de fim, para onde convergem todas as atividades;

4. Os pacotes de trabalho da EAP estão representados e presentes no cronograma.

Se calcularmos os indicadores de proporcionalidade desse cronograma fictício teríamos:

» Percentual de atividades sumárias = 12 / (12 + 130 + 10) = 0,0789 ou 7,89%;

» Percentual de marcos = 10 / (12 + 130 + 10) = 0,0658 ou 6,58%;

» Percentual de atividades de esforço = 130 / (12 + 130 + 10) = 0,8553 ou 85,53%.

O cronograma gerado nesse exercício é bem semelhante à maioria dos cronogramas que encontramos no dia a dia e é bem coerente com a realidade, ao menos com a realidade de exemplo. Os indicadores de proporcionalidade também indicam que o cronograma está bem equilibrado.

Agora, respondendo à pergunta de qual seria a proporção recomendada dos elementos do cronograma, que é o resultado da observação de mais de 800 projetos, ela é 12/12/68, ou seja:

» De 10% a 20% de atividades sumárias;

» De 10% a 20% de marcos; e

» De 60% a 80% de atividades de trabalho.

Mas, e se um projeto tiver um cronograma com a seguinte distribuição: 25% de sumárias, 18% de marcos e 57% de trabalho? Assumindo que o cronograma **está** bem-feito (sem erros) e sem conhecer os detalhes do projeto, somos levados a crer que os pacotes de trabalho estão com um nível de detalhamento exagerado, o que leva as proporções a ficarem desequilibradas. Mas que fique bem claro: existem exceções!

Outra situação estranha seria algo como 15% de sumárias, 36% de marcos e 49% de trabalho. Novamente, sem conhecer os detalhes do projeto e assumindo que o cronograma foi bem-feito, somos levados a acreditar que isso não é um projeto e sim uma grande reunião de contratos que farão entregas e essas entregas serão reunidas em algum produto final. Consideramos isso, pois se o projeto tem muitas entregas (marcos) e pouco trabalho, então alguém está realizando o trabalho, ou seja, fornecedores, em seu próprio cronograma, externo ao projeto. O trabalho remanescente poderia ser de contratar, gerir os contratos, validar as entregas e reuni-las em um produto único para o cliente final.

Claro que valores rígidos para essa proporção e para esses indicadores podem engessar a criação de um cronograma e, como o próprio exemplo mostrou, alguma variação é normal. Entendemos que não ter nenhuma referência é tão ruim quanto seguir uma referência às cegas, ou seja, sem considerar seu próprio contexto.

Gestão por Marcos

Um fator que pode mudar as proporções propostas sem necessariamente causar um problema ou desequilíbrio é o que mencionamos anteriormente, ou seja, a gestão por marcos.

Muitos gestores e gerentes preferem, em vez de acompanhar projetos por um conjunto de métricas de valor agregado ou outros indicadores, utilizar somente marcos. Como dissemos, não há mal algum em ter um gerente que queira acompanhar seus projetos por marcos, afinal de contas, se o projeto atrasar um ou dois dias há tempo de recuperar sem que esse atraso se transforme em uma confusão gerencial. Para que se faça uma gestão boa por marcos, algumas sugestões são úteis para a definição dos mesmos. Elas são:

1. Crie um marco de início do projeto e outro de término;

2. Para cada pacote de trabalho crie um marco de início e outro de término;

3. Se o pacote de trabalho for muito longo, em proporção ao projeto como um todo, crie marcos intermediários;

4. Produtos intermediários devem ter marcos indicando sua entrega;

5. Ao iniciar processos de contratação (licitação, tomada de preços, carta convite etc.), em seu término e ao assinar o contrato, crie marcos;

6. Tenha um marco para cada entrega parcial ou final de um contrato;

7. Tenha marcos para o encerramento dos contratos;

8. Crie um marco para a entrega do produto final.

Com essa quantidade de marcos, que provavelmente será maior que o que se usa geralmente, basta acompanhar o projeto adequadamente, como mencionaremos no Capítulo 3, e verificar se os marcos serão atingidos no prazo.

Como forma de comunicação pode ser gerado um cronograma com atividades sumárias (a EAP), com marcos e algumas poucas e longas atividades entre os muitos marcos. Esse cronograma pode servir de ferramenta de comunicação com o gerente.

Caminho Crítico e Corrente Crítica

A previsão de realização física (trabalho) e financeira (dinheiro) são os dois atributos mais importantes e que são usados para avaliar praticamente todos os projetos. Com relação à dimensão tempo, uma das mais conhecidas formas de se acompanhar projetos é por meio do caminho crítico (trabalho no tempo). O desenvolvimento de técnicas para acompanhar o caminho crítico vem da necessidade de melhorar o controle do avanço físico dos projetos.

Algumas técnicas desenvolvidas para controlar o cronograma incluem:

» Gráficos de Gantt;

» Gráficos de marcos;

» Gráficos de rede, nos quais podemos incluir:

    » *Program Evaluation and Review Technique* (PERT);

    » Diagrama de Atividade no Arco ou Método do Caminho Crítico (*Critical Path Method* — CPM).

Conforme Kerzner (2001), "PERT foi originalmente desenvolvido em 1958 e 1959 para atender às necessidades da 'era de engenharia maciça' na qual as técnicas de Taylor e Gantt seriam inaplicáveis. O Escritório de Projetos Especiais da Marinha Americana, preocupado com as tendências de performance de grandes programas de desenvolvimento militar, introduziu PERT em seu Sistema de Armamentos Polaris em 1958, após a técnica ter sido desenvolvida com o apoio da firma de consultoria Booz, Allen e Hamilton. A partir desse momento, o PERT se desenvolveu rapidamente em vários setores da economia. Ao mesmo tempo que a Marinha desenvolvia o PERT, a DuPont iniciou uma técnica similar, conhecida como o Método do Caminho Crítico (CPM), que também teve ampla difusão e está particularmente concentrada nos setores de construção e processos"[13].

Ainda segundo Kerzner (2001), algumas características interessantes do PERT são:

» Compõe a base para todo o planejamento e previsão, além de fornecer ao gestor a capacidade de planejar o melhor uso de recursos para atingir uma meta dentro das limitações de tempo e custo;

» Fornece visibilidade e permite à gerência controlar tanto projetos, com resultados únicos, quanto iniciativas repetitivas (operação);

---

[13] Tradução livre dos autores.

» Ajuda a administração a gerenciar as incertezas envolvidas nos projetos respondendo questões como a forma pela qual atrasos em certos elementos influenciarão o término do projeto, onde existe folga, e que elementos são cruciais para atender a data de entrega prometida;

» Fornece uma base para obter os fatos necessários para tomada de decisão;

» Usa uma análise de rede como método básico para determinar requisitos de recursos necessários, bem como prover uma maneira para avaliar o progresso;

» Explicita interdependência entre atividades;

» Identifica os caminhos mais longos e caminhos críticos do cronograma;

» Permite a execução de análise de risco nos cronogramas.[14]

O método para cálculo do caminho crítico vem por meio do gráfico PERT, também conhecido como atividade no arco, no qual as atividades são representadas em conexões entre os pontos. Os dois sistemas (PERT e CPM) costumam funcionar em conjunto, permitindo uma análise rápida em busca do caminho crítico. Em geral, para o cálculo do caminho crítico, são usados os gráficos de atividade no nó, conforme a Figura 26 mostra.

A Distinção entre PERT e CPM

O método PERT é uma técnica estatística por meio de estimativas de três pontos. Essas estimativas são obtidas junto a especialistas ou por meio de alguma técnica de consenso em um grupo de envolvidos no projeto, como Delphi, e buscam uma avaliação pessimista, uma realista e outra otimista para a duração da atividade. A partir dessa avaliação, considerando que uma distribuição Beta pode ser empregada para descrever o fenômeno da duração das atividades, uma duração média pode ser estimada pela fórmula:

$$MA = (PA + 4RA + OA)/6$$

Onde:

» MA é a média da duração da atividade A;

» PA é a estimativa pessimista da duração da atividade A;

» RA é a estimativa realista da duração da atividade A; e

» OA é a estimativa otimista da duração da atividade A.

---

[14] Tradução livre dos autores.

Naturalmente o uso das durações pessimista e otimista nos permite visualizar um cronograma pessimista e otimista. A distribuição (ou estimativa de três pontos) também costuma ser utilizada para avaliar custos de recursos ou de atividades.

A distribuição Beta, conforme Bury (1999), "advém como um modelo teórico de várias estatísticas e funções estatísticas e é, agora, um importante modelo estatístico de variáveis aleatórias cujos valores são restritos entre zero e um". A função pode ser generalizada e como Bury (1999) volta a afirmar, "por causa de seu espaço amostral limitado[...] a distribuição Beta Geral ou Generalizada serve como um modelo de mensuração útil para variáveis de engenharia cujas premissas de caudas superiores e inferiores ilimitadas terminando na origem são inapropriadas. Aplicações incluem variáveis de custo, tempos de encerramento de tarefas e variáveis de carga sujeitas a limites inerentes ou impostos".

Para se calcular o caminho crítico, três elementos são necessários:

» Lista das atividades do cronograma;

» Duração de cada atividade do cronograma; e

» Estrutura lógica de precedência do cronograma.

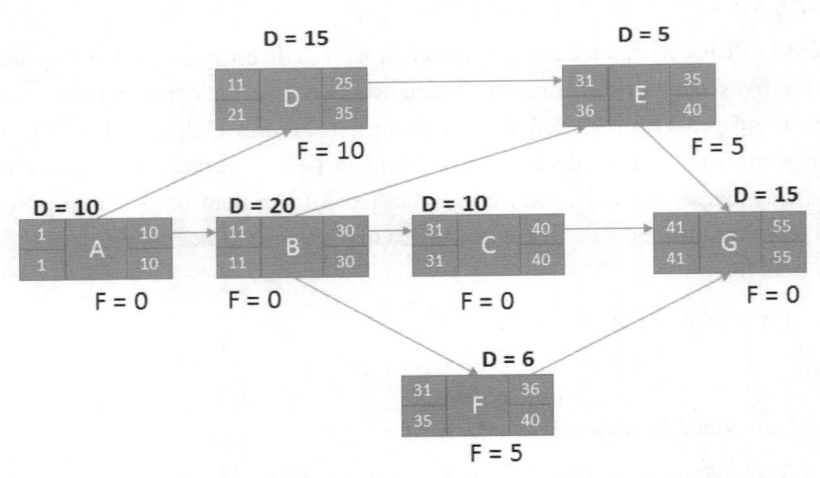

Figura 26: Ilustração de um gráfico de atividade no nó.

O primeiro passo para calcular o caminho crítico é calcular o início e término mais cedo de cada atividade. Esse movimento, conhecido como passo à frente (*fo-*

rward pass) estima sempre o momento mais cedo em que as atividades podem ser realizadas. O segundo passo é conhecido como passo atrás (*backward pass*) e estima o momento mais tarde que as atividades podem ser realizadas. Mais detalhes sobre o PERT/CPM: podem ser encontrados em PMI (2008), Kerzner (2005), entre várias outras fontes.

A diferença entre o início mais cedo e o início mais tarde, que é a mesma entre o término mais cedo e o término mais tarde, é conhecida como folga da atividade. Se essa atividade atrasar até a folga, não há atraso no cronograma. O caminho crítico é aquele que conecta o início e o final, sem folga ou com a menor folga.

Vejamos um exemplo rápido. Suponha o seguinte Gantt de um cronograma:

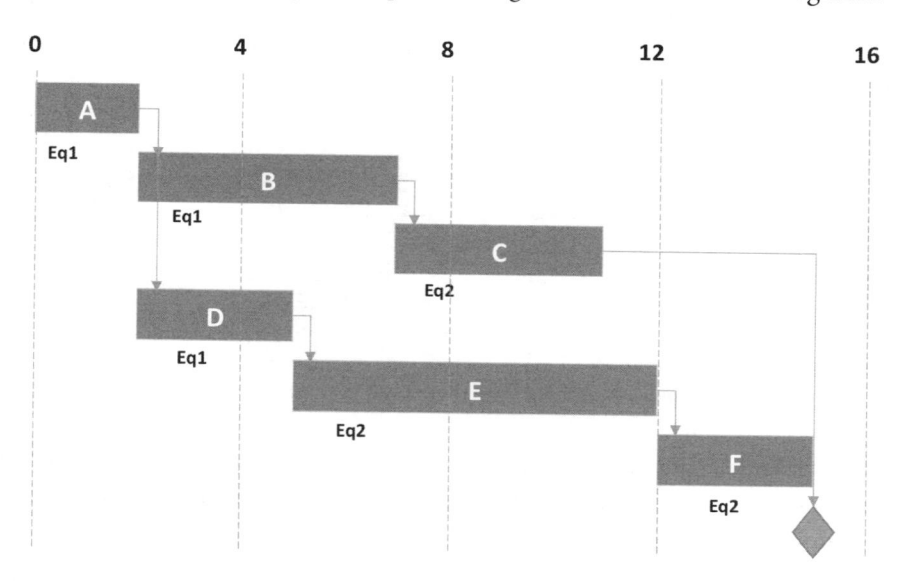

Figura 27: Gráfico de Gantt.

Podemos montar um diagrama de rede, em que cada atividade será representada por um nó e as conexões entre as atividades são representadas por setas. Teremos então, um caminho representado pelas atividades Início – A – B – C – Fim e outro caminho Início – A – D – E – F – Fim. O gráfico de rede que representa essa situação segue a seguir:

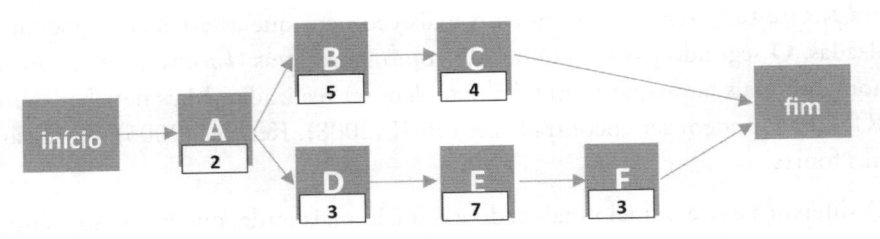

Figura 28: Gráfico de rede de atividades.

Vamos inserir agora, na parte superior esquerda do gráfico de rede, as primeiras datas em que as atividades podem começar. Na parte superior direita, inseriremos as primeiras datas em que as atividades vão terminar. Naturalmente, se uma atividade possui um predecessor, seu início deve ser igual ao término da atividade anterior. Colocaremos os valores em termo de dias.

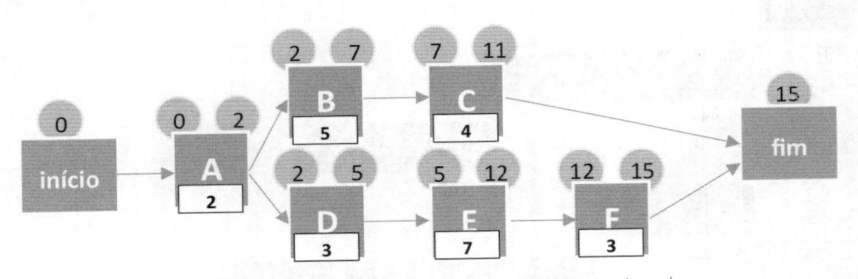

Figura 29: Gráfico de rede com início e término mais cedo.

Naturalmente, a atividade B só poderá começar depois que a A terminar, no final do segundo dia do projeto. Similarmente, a atividade F só poderá iniciar-se no 12° dia do projeto e, o projeto como um todo se encerrará após 15 dias de trabalho.

O próximo passo no cálculo é olhar a rede de atividades de trás para frente, vendo as datas mais tarde nas quais uma atividade pode ser encerrada.

Começando pelas últimas atividades, podemos verificar que a atividade F pode se encerrar no tempo t = 15, uma vez que sua sucessora (o fim do projeto) inicia-se na data 15. Como a duração da atividade é de três dias, ele deverá se iniciar em t = 12. Repare, então, que as datas de início mais cedo e mais tarde são iguais, bem como as de término mais cedo e mais tarde. Isso nos leva a conclusão de que a atividade F está no caminho crítico, uma vez que sua folga é zero.

Vejamos, agora, a atividade C. Como sua sucessora (fim do projeto) pode iniciar em t = 15, a tarefa só precisa se encerrar nesse momento. Encerrando no dia 15, a atividade pode iniciar, naturalmente, no dia 11, ou seja, quatro dias antes do término previsto, conforme a duração da atividade. Para a atividade B, sua predecessora, o término mais tarde corresponderá ao início mais tarde da atividade C, ou seja, 11 dias. Seu início se dará, pelo mesmo raciocínio anterior, em t = 6.

Vamos observar como fica o mapa completo das atividades:

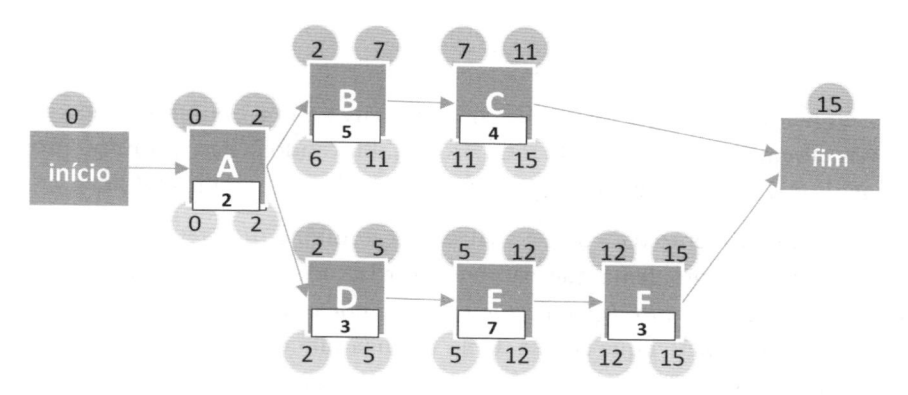

Figura 30: Gráfico de rede com início e término mais cedo e mais tarde.

Verifique que as atividades B e C possuem uma diferença entre os inícios e términos mais cedo e mais tarde. A atividade B pode se iniciar em t = 2 se for desejado, ou pode se iniciar em t = 6, se considerarmos o início no último momento que não atrase o projeto. Essa diferença entre os possíveis inícios é a folga que existe na atividade. A atividade B pode atrasar até quatro dias em seu início sem impactar o projeto, ou seja, está fora do caminho crítico.

Existe um caminho, no cronograma, que possui folga zero em todas as suas atividades. É o caminho A – D – E – F, destacado na figura a seguir. A esse caminho denominamos caminho crítico do projeto.

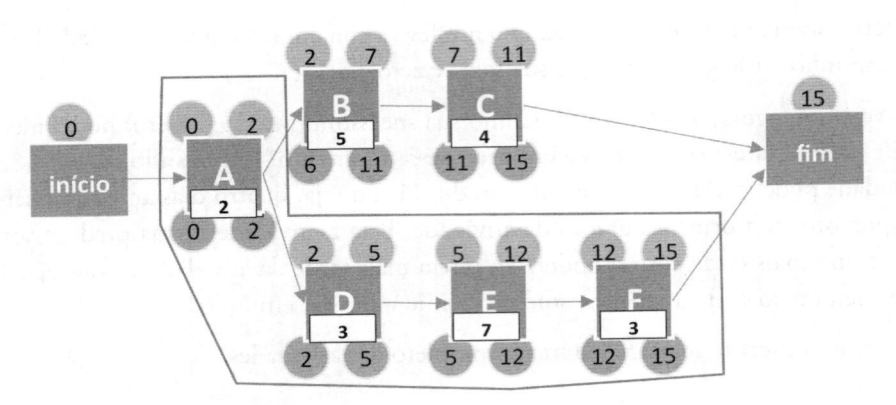

Figura 31: Gráfico de rede com caminho crítico destacado.

O cronograma pode possuir, obviamente, mais de um caminho crítico, e esse ou esses devem ser preservados de toda a forma, buscando evitar atrasos no projeto. Kerzner (2001) nos informa de algumas vantagens do método PERT/CPM:

"O desenvolvimento da rede e a análise do caminho crítico revelam interdependências e áreas de problema que não eram óbvias nem bem definidas por outros métodos de planejamento. A técnica determina onde o maior esforço deve ser realizado para que o projeto fique em dia. Uma segunda vantagem é que se torna possível determinar a probabilidade de atender metas específicas com o desenvolvimento de planos alternativos. Se o tomador de decisão é estatisticamente sofisticado, ele pode examinar os desvios padrões da estimativa de três pontos e determinar a probabilidade de atingir a data no prazo (Seis Sigma). Uma terceira vantagem é a possibilidade de avaliar o efeito de mudanças no projeto. PERT pode avaliar o efeito de uma alteração de recursos de atividades menos críticas para os chamados 'gargalos' do projeto. Outros *tradeoffs* também podem ser avaliados." Finalmente, finaliza Kerzner, "o método PERT permite que uma quantidade grande de dados sofisticados seja apresentado em um diagrama bem organizado, a partir do qual tanto o empreiteiro ou contratado e o cliente podem tomar decisões conjuntas".

Lembre-se que PERT e CPM foram desenvolvidos e aplicados inicialmente no final dos anos 1950 e início dos anos 1960, época na qual os computadores eram menos potentes que os micro-ondas atuais, e todo o planejamento, monitoramento e controle eram realizados manualmente em papel.

Mas será que é o suficiente utilizar o PERT/CPM?

Kerzner (2001) coloca algumas desvantagens do método:

» Consome muitos recursos e precisa de muitos dados;

» O plano proposto reduz a capacidade de tomada de decisão da alta gerência;

» Em geral não há identificação de responsáveis pelas alternativas;

» A premissa de recursos infinitos pode ser inapropriada.

É interessante comentar também que, na maior parte dos casos, os cronogramas PERT são elaborados pela equipe de gestão e não por quem executa as atividades, o que cria uma dualidade de objetivos e exige uma gestão conjunta para que as estimativas e a execução tenham uma única lógica, ou seja, para que a estimativa se torne realidade.

Hulett (2009) atesta que "a experiência geral dos profissionais de projeto é que o Método CPM nem sempre identifica de forma confiável o caminho que em última análise determina a data de encerramento do projeto".

Segundo Hulett (2009), há quatro problemas principais para os atrasos na execução do cronograma, que são:

» A elaboração de cronogramas não é fácil, quando se consideram todos os aspectos de duração, recursos, esforço, avaliação de clientes, aprovação de fases, entre outros;

» As regras de elaboração de cronograma — geralmente referindo-se ao uso de lógica, restrições, recursos, calendários e durações de atividades — nem sempre estão claras para quem elabora o cronograma, e podem também não ser obedecidas na prática. Práticas ruins de elaboração podem levar a cronogramas imprecisos demais e possivelmente perigosos. A maioria dos cronogramas deve ser "debuggada" antes de ser considerada competente em nível profissional;

» O cliente ou gerente responsável, em geral, insistirá na proposição e manutenção de metas irreais. O programador (*scheduler*) não conseguirá, na maioria dos casos, produzir cronograma que possa ser executado com as tarefas disponíveis. O patrocinador ou cliente impõe datas limitantes e rejeita as estimativas realistas em nome da experiência ou das necessidades do contratante. Com isso, a solução do responsável pelo cronograma é comprimir atividades, paralelizando o que deve ser feito em série e reduzindo as durações abaixo de valores prudentes, realistas ou até viáveis;

» Os cronogramas são construídos utilizando estimativas únicas das durações de atividade. Quando a incerteza de durações futuras é considerada, a duração de um caminho provavelmente será diferente daquele estimado pelo CPM.

Um avanço com relação ao caminho crítico é o emprego do nivelamento de recursos no cálculo, considerando que existem recursos limitados para o projeto e que podem forçar o adiamento de uma atividade por ausência de pessoal ou de qualquer outro tipo de recurso. Dessa forma, o cronograma pode ter uma alteração em seu caminho crítico devido às limitações de recursos. A análise de um cronograma deve, necessariamente, considerar o impacto de alocar mais recursos e elevar os custos do projeto na tentativa de manter a data prometida de término ou adiantar a entrega, ou manter a equipe e se dispor a atrasar o projeto.

Retornemos a nosso exemplo da Figura 27 e vamos avaliar como os dois recursos, Eq1 e Eq2, que são duas equipes de trabalho, estão alocadas ao longo do tempo. Consideremos que os tempos necessários foram estimados com dedicação total dos recursos, ou seja, com a equipe trabalhando 100% dedicada ao projeto. Vejamos, então, qual a alocação proposta até o momento:

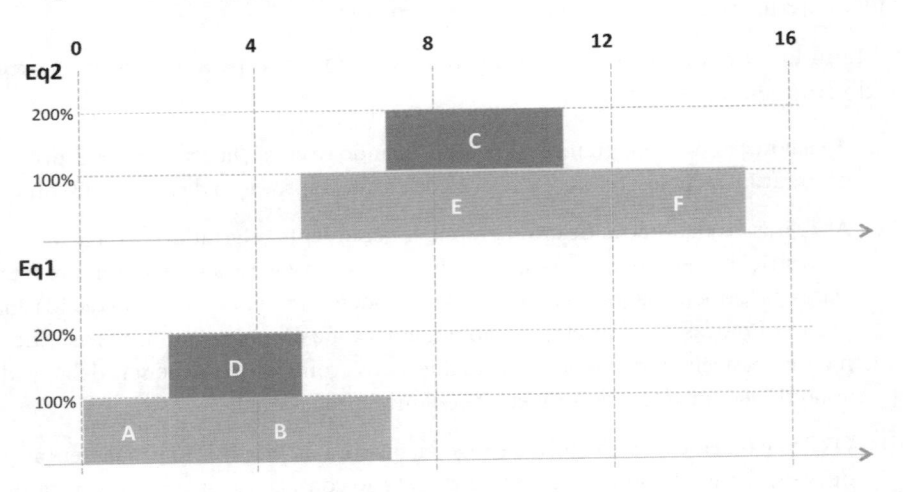

Figura 32: Alocação de recursos no tempo.

Como podemos verificar, tanto o recurso Eq1 como o Eq2 possuem superalocações, marcadas em cinza escuro no gráfico anterior. Como a equipe não pode trabalhar em duas atividades simultaneamente, é preciso executar um procedimento de nivelamento de recursos. Por meio de tal procedimento, a atividade é ajustada para resolver sua superalocação. Em alguns casos é possível remanejar um recurso ocioso para fazer o trabalho excedente, mas nesse caso vamos supor que os recursos (e ativi-dades) são de naturezas distintas, cabendo a cada um seu quinhão do projeto.

Os softwares de gerenciamento de projetos do mercado possuem algoritmos de resolução de superalocação de recursos, os quais fazem automaticamente esse proce-dimento que será demonstrado manualmente. É interessante comentar que boa parte desses softwares não revela exatamente como se faz o nivelamento, então tome cuida-do, pois o resultado pode não ser o esperado e alguma intervenção manual poderá ser necessária.

Iniciaremos pelo recurso Eq1. Como a atividade A é predecessora de B e D, uma das duas deverá ser feita depois da outra, e não simultaneamente. Colocando B antes de D, teremos o seguinte cronograma:

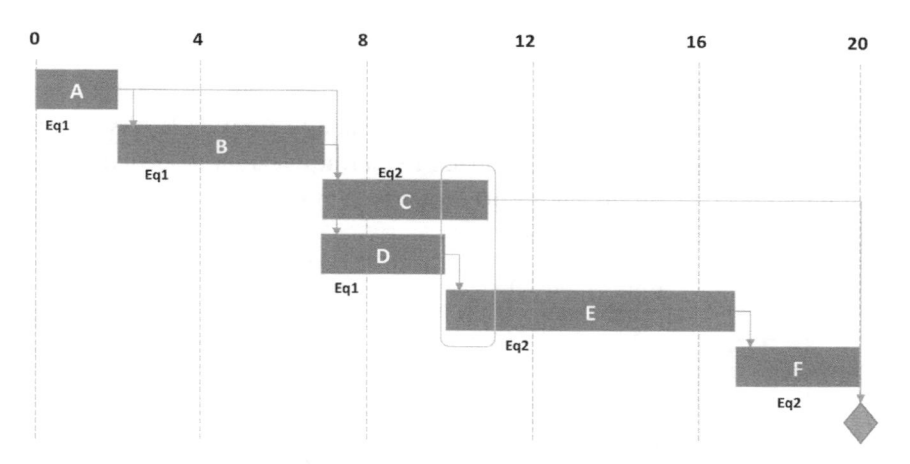

Figura 33: Gráfico de Gantt demonstrando superalocação de Eq2.

Verificamos que o cronograma passou de 15 para 20 dias. Há, ainda, uma supera-locação entre o dia 10 e 11, para o recurso Eq2 (atividades C e E). Fazendo o ajuste por meio do deslizamento da atividade E em um dia, temos o cronograma final conforme a seguir:

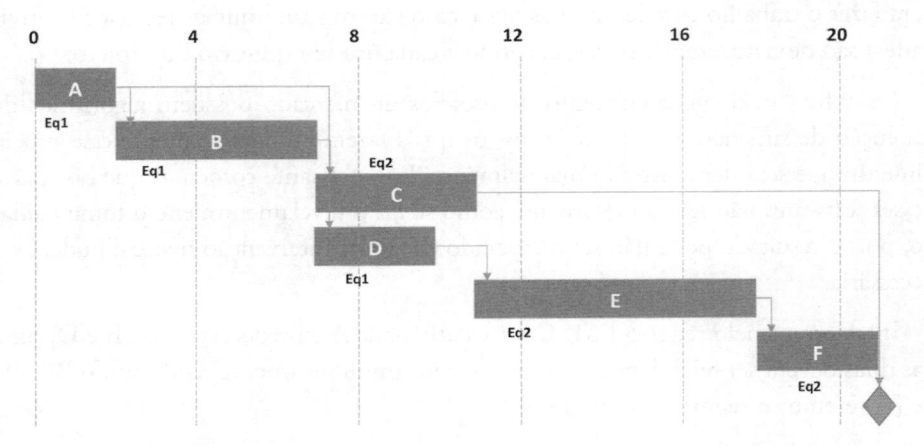

Figura 34: Gráfico de Gantt demonstrando superalocação de Eq2 corrigida.

Essa opção de sequenciamento possui a duração de 21 dias, no total. Agora verifiquemos o que ocorre quando colocamos a atividade D antes da B. Essa opção nos parece mais lógica, uma vez que a atividade D estava no caminho crítico e a B, não. No entanto, dependendo do algoritmo utilizado, um procedimento ou outro pode ser usado para ajustar o cronograma.

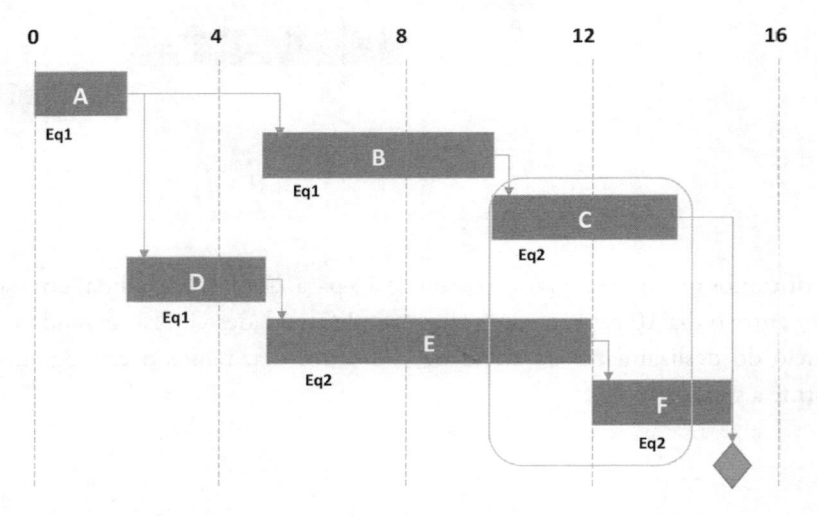

Figura 35: Gráfico de Gantt — alternativa para resolução de superalocação de Eq2.

Conseguimos ajustar o recurso Eq1 sem atrasar o cronograma. Note, entretanto, que o recurso Eq2 possui uma alocação mais complexa, chegando a estar agendado para três tarefas simultaneamente. A solução óbvia para resolver o problema é deslocar as atividades C e F para frente, eliminando a superalocação. Assim fazendo, obtemos a seguinte situação:

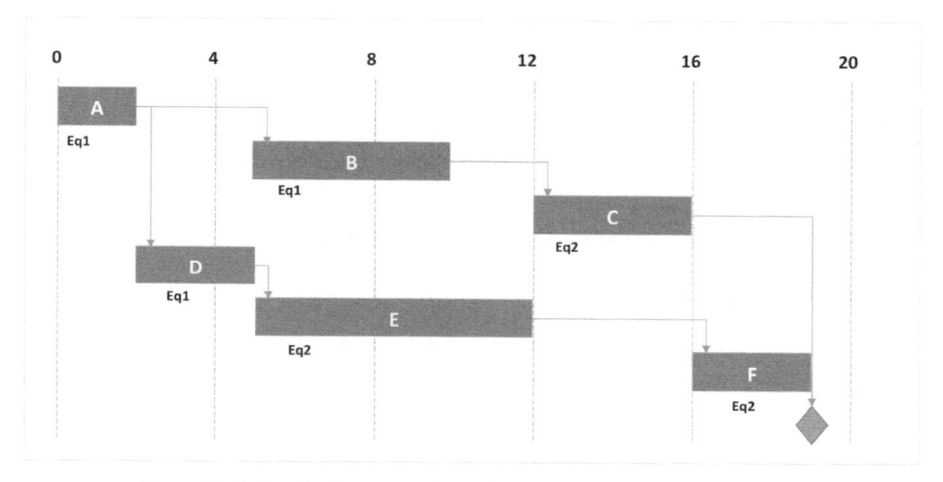

Figura 36: Gráfico de Gantt — resultado da resolução de superalocação de Eq2.

O cronograma apresenta a duração de 19 dias. Repare que poderíamos, também, ter trocado a ordem entre as atividades F e C, deslocando a folga da atividade F para a atividade C. Caberia ao gerente do projeto avaliar a pertinência e o grau de complexidade das atividades, protegendo a atividade mais importante.

Como podemos ver, para um cronograma extremamente simples já existem algumas decisões a tomar e possibilidades de resolver o problema de alocação excessiva de maneira mais ou menos eficiente. Quando o cronograma ganha mais recursos, atividades e restrições, a tarefa de resolver alocações deixa de ser viável manualmente e temos de empregar um algoritmo para resolver a questão. Kerzner (2001) atesta que "a situação ideal é fazer isto (nivelamento de recursos) sem alterar a data final. Entretanto, na realidade, a data final se desloca e custos adicionais são incorridos".

Algumas soluções da superalocação de recursos, ainda segundo Kerzner (2001), são:

» Transferir recursos das atividades com folga para as críticas;

» Eliminar algumas partes do projeto (redução de escopo);

» Empregar recursos adicionais;

» Substituir os componentes ou atividades que menos consomem tempo, liberando, assim, os recursos para as atividades mais críticas;

» Paralelizar atividades fora do caminho crítico para que recursos sejam liberados a fim de atuarem nas atividades do caminho crítico;

» Aumentar o número de horas trabalhadas por dia.

Algumas críticas ao caminho crítico podem ser atacadas por meio de outras formas de análise de rede em um cronograma, dentre as quais se destaca a corrente crítica, que será descrita no próximo tópico de forma resumida.

Planejamento com a Técnica da Corrente Crítica

O método da Corrente Crítica foi desenvolvido inicialmente por Eliyahu Goldratt em seu livro homônimo de 1997. O conceito é uma adaptação à gestão de projetos da Teoria das Restrições, já definida extensamente no livro *A Meta*, de Goldratt (1989).

A Teoria das Restrições basicamente nos indica que o ponto mais fraco de um sistema deve ser aquele a ser protegido. Quando analisamos uma fábrica, por exemplo, e queremos balancear uma linha de produção, nosso objetivo deve ser encontrar o gargalo, onde são processados menos itens por hora e protegê-lo a qualquer custo, ou seja, garantir que aquela unidade sempre possua insumos para produzir e nunca pare, que seus equipamentos não quebrem, entre outras providências.

Há cinco passos gerais preconizados pela teoria das restrições:

1. Encontrar a restrição;

2. Decidir como explorar a restrição;

3. Subordinar tudo à decisão tomada no item 2;

4. Elevar a restrição do sistema;

5. Voltar ao Passo 1 e analisar. Algo pode ter mudado.

O primeiro passo deve ser encontrar o elemento que não permite que você possa produzir mais ou, em nosso caso, terminar o projeto mais rápido.

Uma das principais questões com relação ao caminho crítico é a tendência que existe em congelar o cronograma, imprimir uma bela cópia e pendurar na sala de guerra, marcando com cores vibrantes onde está o tal do caminho crítico. Bom, ao longo do projeto, o caminho crítico pode mudar. Você pode ter um caminho crítico e três outros com folga de apenas um dia. Deve acompanhar todos, certo? Bom, essas questões podem ser resolvidas pela corrente crítica, bem como o problema das estimativas fantasiosas sobre duração de atividades.

O segundo passo é decidir como explorar a restrição do sistema, ou seja, "utilizar as máquinas durante o horário do almoço com os operadores fazendo suas paradas em horários alternados ou reduzir o número de ajustes de *setup*, ou seja, garantir que sempre haja trabalho para ser feito pela máquina" (RAND, 2000).

Conforme Rand (2000) comenta, "não há sentido em fazer outras máquinas operarem em alta produtividade se o gargalo só produz a uma dada velocidade". Assim sendo, toda e qualquer decisão de planejamento deve ser subordinada ao plano necessário para manter a máquina em gargalo funcionando. Esse é o terceiro passo da teoria das restrições.

Para melhorar a produção do sistema, a restrição deve ser elevada. Para esse fim devemos colocar a máquina para produzir em turno extra, por exemplo. Esse é o quarto passo da teoria das restrições. A diferença entre o passo 2 e o passo 4, diz Rand (2000), "é a quantidade de tempo, esforço, dinheiro ou boa vontade". Tudo que podemos fazer amanhã é o passo 2, são as melhorias incrementais.

Quando aplicamos a melhoria do passo 4, a restrição do sistema pode se alterar e, assim sendo, devemos encontrar novamente o gargalo.

Como Rand (2000) diz, "para organizações com fins lucrativos, Goldratt define que o objetivo da teoria das restrições será fazer mais dinheiro, agora e no futuro". Certamente devemos avaliar se colocar a máquina em turno extra ou contratar funcionários adicionais não reduzirá a margem do produto ou fará com que a produção seja maior que a demanda, gerando elevados e indesejados estoques. A teoria deve ter sempre em mente o objetivo principal da empresa e respeitar os indicadores financeiros que são a chave para a sustentabilidade da empresa.

Ainda de acordo com Rand (2000), a razão para o desenvolvimento da corrente crítica é a existência de problemas crônicos que os métodos, abordagens e softwares existentes não foram capazes de resolver — problemas como entregas atrasadas, custos estourados e cortes de escopo. O problema deve ser enfrentado por meio de uma abordagem completa, como a teoria das restrições.

Duas grandes questões são importantes para a implantação da teoria das restrições no ambiente de Gerenciamento de Projetos.

A primeira é a adoção da mentalidade de fluxo ou vazão (*throughput mind set*): a ideia de agir localmente pensando sempre na consequência para a produção global. Todas as alterações no projeto devem ser analisadas contra o objetivo do projeto — terminar no tempo, no custo e dentro das especificações.

Em segundo lugar, e até mais importante que o primeiro, é a mudança no paradigma da gestão de projetos. Quando pensamos em um cronograma, vemos uma sequência de atividades com flutuações aleatórias (variações), constituindo caminhos dentro do projeto. A presença de tempos de segurança, sob a forma de pulmões ou contingências, e a forma como são empregados é crucial para o resultado.

Goldratt atesta que a principal razão para que os projetos percam o prazo tem a ver com o uso incorreto dos tempos de segurança. As estimativas de três pontos do PERT e o uso de sua média ponderada no CPM levam a uma tendência de superestimar as durações na busca de eliminar a incerteza por meio dos tempos de segurança, ou seja, a famosa "gordurinha". Como cada atividade terá um nível de segurança adicionado, de forma individual, os cronogramas deveriam, a princípio, ter uma alta probabilidade de sucesso, ou seja, serem atingidos no prazo, já que as atividades estão com contingências implícitas e, por consequência, o projeto como um todo também está contingenciado. Então, por que isso não ocorre e os projetos sempre (ou quase) atrasam?

O paradoxo da realização abaixo da estimativa, seja ela qual for, conforme Goldratt, vem justamente da psicologia da força de trabalho. São identificados três fatores relacionados com o não atingimento do prazo:

» A Síndrome do Estudante: comum a todos nós, a síndrome do estudante refere-se à forma pela qual muitas vezes deixamos para iniciar uma atividade mais tarde, nos dizendo sempre que temos tempo para a realizar. Quem não foi estudante e já varou noites para estudar para aquela prova que foi marcada três meses atrás? Essa tendência de procrastinação é difícil de ser combatida, e pode levar a não completarmos a atividade no tempo, uma vez que há muito tempo de folga.

» A Lei de Parkinson: a Lei de Parkinson, cunhada de forma humorística por Parkinson (1955), diz tão somente que "o trabalho se expande de forma a ocupar todo o tempo necessário para concluir a tarefa". Com isso, estamos dizendo que, apesar de podermos completar uma tarefa antes do prazo, vamos necessariamente fazer com que ela renda aquele tempo.

Naturalmente, o pensamento por trás dessa atitude pode ser uma simples questão de entregar o que foi pedido no prazo devido. Se eu entregar o que você me pediu antes, pode achar que não foi tão bem-feito, pode também achar que, como dessa vez eu entreguei na metade do tempo, sempre vou conseguir entregar dessa forma, o que não é verdade. Como garantia de minha segurança e sanidade, vou entregar exatamente no prazo pedido. Mas, como imprevistos acontecem, podemos acabar por entregar mais tarde.

Uma forma de exercer a lei de Parkinson é terminar o trabalho antes do prazo e não relatar, aguardando o término do prazo procrastinando, para assim preservar o conceito da margem de segurança nos próximos projetos. Tudo está relacionado à psicologia da gestão de pessoas.

» A tendência de executar várias tarefas (o famoso *multitasking*): no trabalho, em geral, todos servimos a diversos senhores, ou a diversos projetos, e a diversas atividades. Então, se você está demandando algo de alguém, é bom saber que, ao menos uma vez por dia, essa pessoa lembrou de você e fez alguma coisa, certo? Mesmo que seja só um pequeno pedaço do trabalho, certo? Bom, segundo Goldratt, não é bem assim. A tendência do *multitasking* é extremamente comum e pode parecer que quando fazemos uma atividade em paralelo com as outras, terminaremos tudo mais rápido. Mesmo já tendo escrito sobre isso não custa nada ressaltar. Imagine que você possui quatro atividades para fazer na próxima semana:

> » Produzir um relatório sobre as atividades do mês passado e inseri-las no sistema de avaliação de desempenho da empresa (atividade A);
>
> » Elaborar as projeções de vendas para o próximo ano com relação ao produto XYZ (atividade B);
>
> » Analisar os contratos do prestador de serviço qualificado para a obra do novo site da empresa (atividade C);
>
> » Entrevistar potenciais fornecedores e inspecionar suas facilidades de produção (atividade D).

Cada uma dessas atividades deve durar um dia inteiro, ou seja, você deve terminá-las com folga em uma semana e ainda ter tempo de tocar atividades de rotina. O problema é que cada uma dessas atividades pertence a um projeto distinto e todos seus clientes internos te pressionam, pois querem que você desenvolva algo nas atividades a cada dia, uma vez que o momento de reportar o desempenho dos projetos está próximo e, quanto mais avanço, melhor.

Você inicia a semana tocando a atividade A e passa uma parte da manhã de segunda nela. Nesse momento, o cliente do projeto B liga e te pede algumas informações "muito rápidas". Você começa a pensar nas projeções, deixa o editor de texto com o relatório aberto e vai acessar o sistema de planilhas. Demora um pouco para se encontrar e envia as informações. Você volta para o relatório e vê que parou no meio de uma frase longa. Começa a ler tudo de novo para pegar o jeitão, continua a escrever e daqui a pouco ligam os advogados para saber do contrato. Você, então, vai no repositório de contratos da empresa, dá uma olhada, busca os documentos e... É hora de almoçar. Volta do almoço, toca um pouco da atividade e se lembra que é bom começar a fazer a atividade D também, revisando a rotina de entrevistas e pontos a serem observados.

Termina o dia e você pensa "eu fiz um pouco de tudo, mas não terminei nada, e para ser bem sincero, não cheguei nem na metade de qualquer das atividades. Passei o dia inteiro de uma atividade para outra, me ajustando e preparando para começar, só para daqui a pouco parar de novo e ter mais um tempo de *setup* para a próxima atividade. Mas se você é meu cliente e me liga, vai saber que eu já trabalhei para você hoje... Que bom!".

Fazendo um parêntese no texto: certa vez meu chefe me deu uma série de atividades, para serem executadas "ao mesmo tempo" e com datas de término muito próximas. Perguntei para ele: "você prefere três atividades 80% feitas ou duas completas e uma mais ou menos pela metade nesse prazo?". A pergunta era justa, pois não dava para terminar tudo "ao mesmo tempo" e eu queria saber se ele era o tipo que se preocupa com o trabalho pronto (duas tarefas no prazo e uma bem atrasada) ou se é o tipo que quer ficar com o cronograma bonito para o PMO (três tarefas a 80% — farol verde —, mas nada completo). A moral desse episódio é conhecer o que é importante para o chefe. Retornando...

O problema das três doenças do gerenciamento de projetos é que elas se apoiam mutuamente, em um ciclo vicioso extremamente negativo para você e para a empresa! Veja bem, como eu fiz uma estimativa de três pontos e embuti segurança na estimativa, tenho certeza que vou conseguir completar no prazo ou muito antes. Logo, não preciso começar na programação e posso ir fazendo outras coisas (síndrome do estudante). Então vou começar a fazer outras atividades em paralelo, dando andamento a todas um pouco a cada vez (*multitasking*). E para aquelas atividades que eu já praticamente concluí, vou fazendo devagar para terminar no prazo, sem dar aquela pinta de que a estimativa foi exagerada (lei de Parkinson). Ao longo da vida do projeto as doenças atacam, causando atrasos e dificuldades no projeto, podendo rapidamente levar a perda de prazos e custos.

Um outro problema interessante com relação ao gerenciamento tradicional de projetos é que, como não existe nenhuma folga programada para o cronograma, que chamamos de pulmão (ou *buffer*, no original em inglês) na Corrente Crítica, as atividades programadas para os momentos finais do cronograma possuem uma importância imensa, enquanto atrasos no início são menosprezados. Os recursos são priorizados com foco nas datas de entrega prometidas, e não nas durações. Um dos princípios da corrente crítica é sempre se perguntar quanto tempo ainda falta para encerrar a atividade e não as datas finais prometidas que podem conter a "gordura". A otimização do cronograma se dá de forma local com foco no que deve ser feito agora, e a atenção do gerente do projeto tem de se dividir entre todas as atividades do agora. Os conflitos de recursos não são resolvidos, favorecendo o surgimento da multitarefa.

A Corrente Crítica é uma das formas de combater esses males. Outras formas são descritas em outras partes do livro, tais como acompanhamento com percentuais fixos, incentivos à conclusão e outros.

Vamos voltar a nosso exemplo. Nosso cronograma, com recursos nivelados, deve ser programado de trás para frente. Como a atividade B pode iniciar mais tarde, o cronograma ficará da seguinte forma:

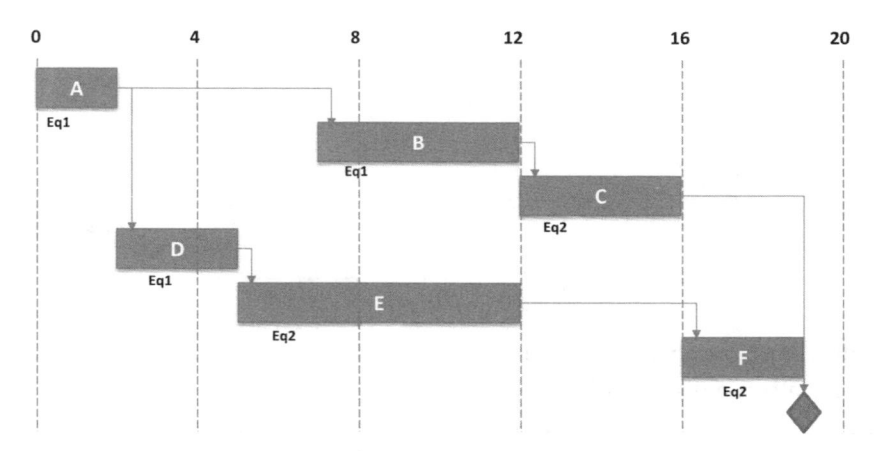

Figura 37: Gráfico de Gantt com recursos nivelados.

As etapas críticas do cronograma anterior são, naturalmente, A, D, E, C e F. Se qualquer uma dessas atrasar, o cronograma atrasará. A maioria dos softwares de gerenciamento de projetos no mercado, no entanto, reconhecerá apenas um caminho crítico: A, D, E e F. Como a atividade C não faz parte do caminho crítico, ela será ignorada, embora qualquer atraso nela também leve a atrasos no término do projeto.

Como podemos operacionalizar a corrente crítica, então? Os princípios norteadores da teoria das restrições nos orientam a proteger a corrente crítica e evitar as doenças do gerenciamento de pessoas, mas como fazer?

Bem, podemos começar reduzindo o tempo das atividades. Alguns teóricos como Rand (2000) e Goldratt (1997) consideram que nossas estimativas de tempo tendem a ser muito benevolentes na duração, ou seja, tendemos a alongar nossas estimativas. Consideremos a seguinte possível distribuição de probabilidade para a realização de uma tarefa e que representa o problema dos exageros nas estimativas:

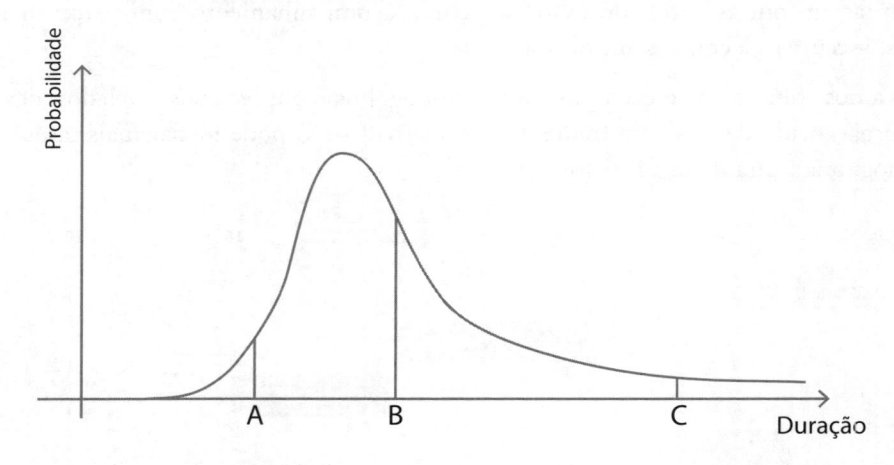

Figura 38: Distribuição de probabilidade para a realização de uma tarefa.

A distribuição acima é uma gama típica com cauda longa a direita, que também é conhecida como distribuição PERT. A estimativa A é extremamente agressiva e só pode ser realizada cerca de 10% das vezes. A estimativa B é a mediana, ou seja, metade das vezes o resultado será melhor e 50% das vezes, pior. A estimativa C é aquela pessimista, com todos os tipos de folga possíveis. O argumento da Corrente Crítica é que, em geral, todas as nossas estimativas costumam ser como a alternativa C. Por essa razão, poderíamos cortar o tempo total estimado [(a+4b+c)/6] para a atividade pela metade para obter uma estimativa sem folgas, mas que poderia ser realizada em 50% das vezes, ou seja, nossa avaliação da duração seria próxima à estimativa B.

Mas não queremos que os projetos só terminem no tempo em 50% das vezes, certo? Essa é a razão pela qual adicionamos os pulmões aos cronogramas dos projetos.

Procedamos, então, à primeira etapa, reduzindo a duração das atividades em 50%:

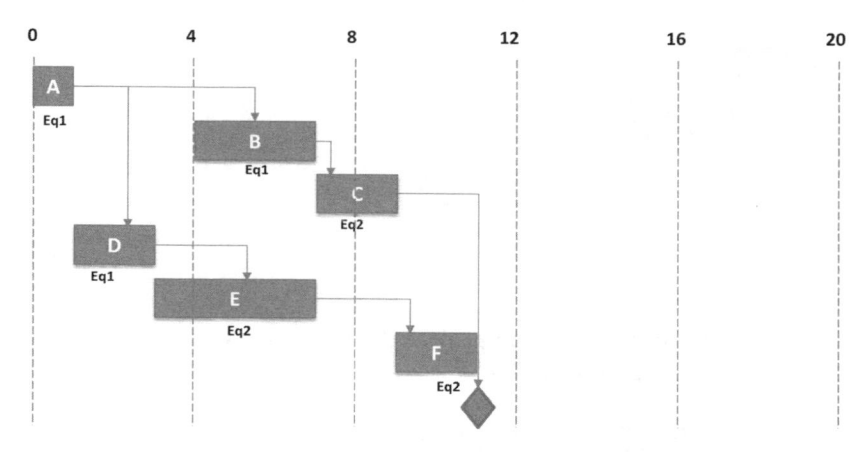

Figura 39: Gráfico de Gantt com durações reduzidas em 50%.

Repare que existe uma folga entre as atividades D e B, de um dia. Essa folga é genuína, uma vez que, diferentemente do que ocorre entre as tarefas E e F, há uma restrição de recursos que leva as atividades a se distanciarem dois dias, para que a atividade C possa ser executada.

Nesse momento, cabe inserir um "pulmão de atividades" de forma que a atividade C, parte da corrente crítica, fique protegida, também. Os pulmões de atividade devem proteger a corrente crítica, situando-se no ponto onde o caminho de atividades não críticas se une à corrente crítica.

Vejamos como fica o cronograma:

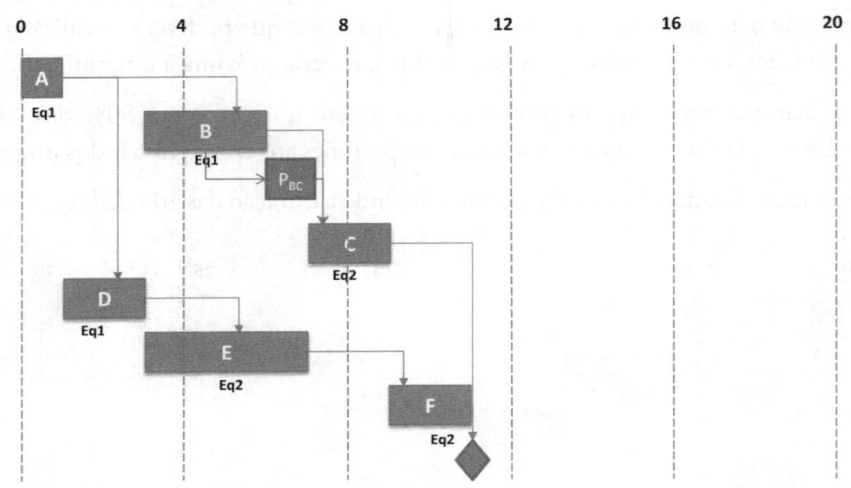

Figura 40: Gráfico de Gantt com "atividades pulmão".

Agora vamos inserir o pulmão do projeto. Repare que reduzimos a duração das atividades conforme a seguinte tabela:

Atividade	Duração original	Duração reduzida	Corrente crítica?
A	2	1	S
B	5	3	N
C	4	2	S
D	3	2	S
E	7	4	S
F	3	2	S

Observe que, ao longo da corrente crítica, foram reduzidos um total de 1 + 2 + 1 + 3 + 1 = 8 dias. Com isso, a estimativa de 90% de chance de acerto passou a ser uma estimativa de 50% de chance de acerto. Nosso pulmão deveria, então, ser de oito dias, certo? Errado. Esse seria o caso se todas as atividades simultaneamente se alongassem para o prazo mais elevado, evento de probabilidade muito menor que os 50% em vista. Mas não ficaremos apenas com esta impressão. Vamos novamente pedir auxílio da estatística.

Geekie (2006) cita Steyn (2000) sobre esse assunto, colocando que "o Teorema do Limite Central afirma que 'se um número de distribuições de probabilidade independentes for somado, a variância da soma será equivalente à soma das variações das distribuições individuais'". Assim, se tivermos n distribuições com variância V, a soma das variâncias será:

$$V_T = n.V$$

Como o desvio padrão é a raiz quadrada da variância, teremos que:

$$\sigma T = \sqrt{n.V} = \sqrt{n} . \sigma_2$$

Ou seja, $\sigma_T = \sigma . \sqrt{n}$

Esse mecanismo de agregação de risco é extremamente importante, pois uma vez que enxergamos o cronograma de maneira integrada, fica evidente que a probabilidade de que tudo dê errado e todas as atividades tenham duração próxima da porcentagem de 90% é praticamente zero.

O gráfico abaixo, retirado de Geekie (2006) ilustra bem a questão, mostrando como o desvio padrão pode representar, proporcionalmente, uma percentagem cada vez menor do total do caminho, ou seja, quanto mais atividades no caminho crítico, menor a influência do desvio padrão. Consideraram-se, nesse caso, atividades com média de três dias e desvio padrão de um dia.

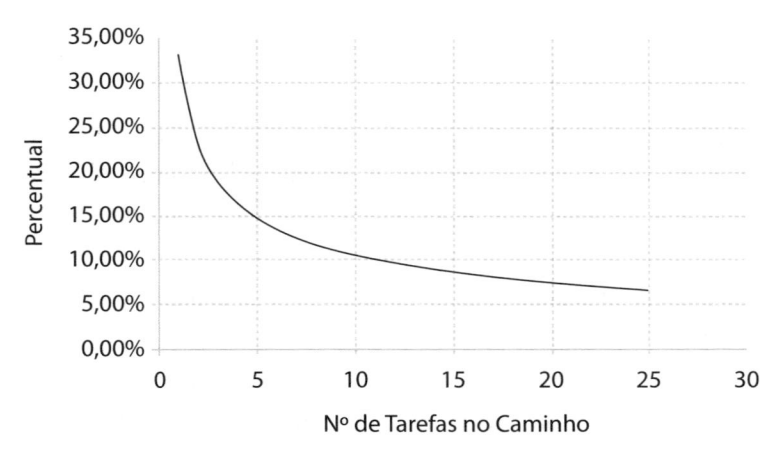

Desvio Padrão como o % da Média da Duração do Caminho

Figura 41: Geekie (2006) — Redução da relevância do desvio padrão no caminho crítico.

Podemos fazer uma aproximação do desvio como a diferença entre a duração expressa da atividade (equivalente ao percentil 90%) e a duração reduzida (equivalente ao percentil 50%). As atividades da corrente crítica, A, C, D, E e F foram reduzidas em, respectivamente, 1, 2, 1, 3 e 1 dia, uma variação total de oito dias para cinco tarefas.

A variação média das atividades seria 8 dias / 5 tarefas= 1,6 dias. A segurança total do projeto foi, neste caso, calculada como o desvio padrão de sua duração, considerando que a variância total é de 5 tarefas x 1,6 dias = 8 dias, e a raiz quadrada deste resultado é aproximadamente 2,82 dias. O pulmão do projeto, então, deverá ser de três dias. O cronograma ajustado ficará da seguinte forma:

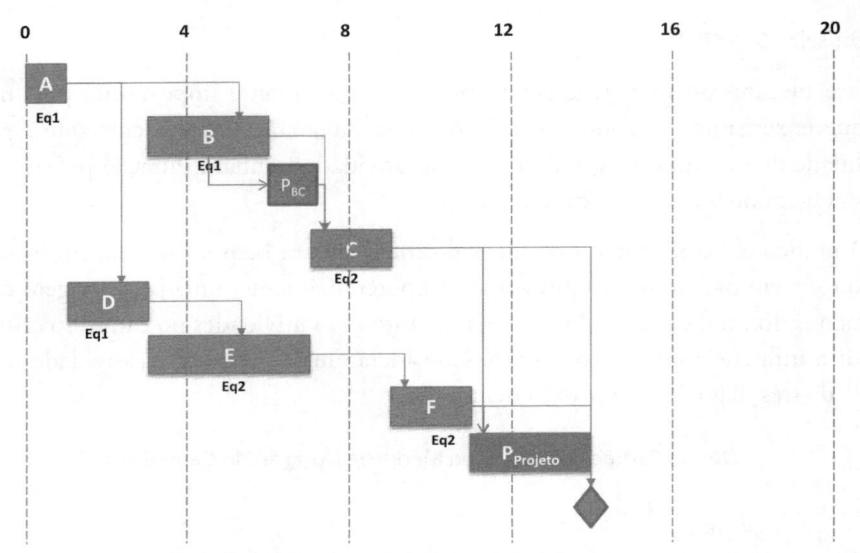

Figura 42: Gráfico de Gantt com "atividade pulmão" do projeto como um todo.

Cada atividade teve sua duração reduzida, mas o pulmão deverá compensar todos os atrasos razoáveis dentro do cronograma. A existência do pulmão entre B e C (P_{BC}) faz com que a folga entre as atividades citadas não exista, e que haja controle do andamento via pulmão.

O projeto fica com uma duração de 14 dias, com uma redução de cinco dias ou 5/19 ou cerca de 26% da duração total.

O planejamento do projeto fica reduzido e colocado dessa forma. Não se espera, de maneira alguma, que o projeto se realize dentro dos 11 dias alocados exclusivamente para as tarefas. O consumo do pulmão ao longo do projeto é um fato normal e as durações agressivas contribuirão no sentido de não haver problemas relacionados aos três fatores comportamentais que levam ao não cumprimento de prazos.

No decorrer do Capítulo 3 ilustraremos o monitoramento e o controle de um projeto empregando a técnica da corrente crítica.

Evitando a Multitarefa ou *Multitasking*

Um dos males que acomete a maioria das pessoas nos modernos ambientes de trabalho é a multitarefa. Para a execução de uma tarefa, as pessoas precisam se concentrar na mesma e pensar sobre o que deve ser feito, ou seja, precisam de um tempo de preparação, só então começam a executar o trabalho e, ao final, ainda precisam de um tempo para verificar se o que foi feito está correto. Esse é um processo normal para o cérebro e demora um tempo diferente para cada pessoa e para cada tipo de tarefa a ser executada.

Imagine que uma pessoa leva um tempo x0 para pegar uma tarefa, o tempo x1 para verificar onde parou, o tempo x2 para pensar no que ainda precisa ser feito, o tempo x3 para pensar em como fazer para então iniciar ou continuar a execução da atividade que consumirá outro tempo x4. Ao término ainda haverá um tempo de revisão rápida (x5) para ver se não há erros. Se essa pessoa alternar muitas vezes ao longo do dia entre tarefas mas as completar, em todas as vezes esses tempos x1, x2 e x3 são gastos. Dessa forma o trabalho, como um todo, demora mais para ser realizado.

Como o cérebro humano é programado para execução de uma atividade de cada vez, executar mais de uma tarefa ao mesmo tempo é uma ilusão. Seu cérebro vai lidar com uma tarefa de cada vez, mas vai ficar alternando entre elas o tempo todo. Alguns estudos apontam para uma perda de produtividade superior a 30%[15], ou seja, ao se alternar entre duas tarefas, ambas demorarão 30% a mais de tempo para serem executadas e com o dobro de erros em média, o que gerará retrabalho, consumindo ainda mais tempo para correção.

Quando o responsável pelo cronograma planeja atividades em paralelo (executadas pelo mesmo recurso), focando em reduzir o tempo de execução do projeto como um todo e realizando a famosa compressão do cronograma, é importante que ele considere a perda de produtividade gerada pelo tempo que se leva para iniciar de fato a execução de uma atividade, sendo assim, quanto mais atividades em paralelo, maior o tempo desperdiçado. Já que a multitarefa está sendo planejada, é melhor considerar os impactos no cronograma.

Assim, ao se comprimir o cronograma paralelizando atividades, aumente o tempo de execução das atividades quando essas forem executadas pela mesma pessoa ou grupo. Considere os 30% de incremento no tempo de execução e no aumento do

---

[15] DEAN, Derek; WEBB, Caroline. "Recovering from information overload", em McKinsey Quarterly, jan. 2011.

retrabalho. Se você acha que 30% é muito, pondere sobre o que seria razoável para seu projeto, para sua realidade e para sua indústria. Dessa forma, o cronograma estará mais robusto para suportar a multitarefa planejada. Pense também em como reduzir os eventos que distraem o grupo de trabalho. Não recomendo um ambiente hermético e sem mais nada a não ser o trabalho, pois isso geraria problemas de satisfação nas mais diversas esferas, mas considere formas de organizar a rotina para que ela seja produtiva e agradável ao mesmo tempo.

Existem também as atividades do dia a dia que não estão previstas no cronograma e que também contribuem para o problema da multitarefa. Veja se em seu ambiente de trabalho, quando você está realizando uma atividade, você é constantemente interrompido por telefonemas solicitando algumas "informações rápidas", ou e-mails pedindo uma pequena apresentação de três slides para o dia seguinte. Some a isso Facebook, Twitter, WhatsApp (ou similares), Instagram e todas as formas de comunicação como distração existentes atualmente e as novas que surgem a cada dia. Todas essas atividades "esporádicas" fazem parte de nosso dia a dia e contribuem de forma descontrolada para a redução da produtividade.

Melhorar o desempenho de profissionais reduzindo a multitarefa é um tema recorrente desde que Peter Drucker publicou seu clássico em 1967, *The Effective Executive*[16]. Algumas sugestões de técnicas de gestão do tempo para melhorar a eficiência no trabalho são descritas resumidamente a seguir. É importante destacar que essas são só duas de uma dezena de técnicas existentes e sempre surgem novas!

Técnica de Pomodoro

A técnica de Pomodoro foi desenvolvida para reduzir (ou por sob controle) a multitarefa, e reduzir as interrupções na execução das atividades. Essa técnica foi criada por Francesco Cirillo no final dos anos 1980.

Essa técnica divide o tempo em pomodoros ou intervalos de tempo de 25 minutos. Considera também que entre cada pomodoro deve haver uma "folga", que é o momento para se fazer as coisas que, feitas durante o pomodoro, atrapalham a eficiência do trabalho como lanches, bate-papo, telefone, redes sociais etc.

São descritos cinco objetivos que devem ser atingidos ao longo do processo de adoção da técnica:

1. Avalie e meça quanto esforço, em pomodoros ou intervalos de tempo de 25 minutos, a atividade precisa para ser terminada. Essa avaliação no início é feita por

---

[16] DRUCKER, Peter. *The Effective Executive*. Oxford, UK: Butterworth-Heinemann, 1967. p. 28–29.

observação, você executa a atividade cronometrando-a e depois anota, até que se adquira uma percepção mais apurada e a estimativa seja mais natural;

2. Aprenda a proteger seu pomodoro de interferências externas e internas como telefonemas, lanches, internet etc.;

3. Melhore o processo de estimativa tornando-o mais apurado para aumentar a precisão na avaliação de quantos pomodoros são necessários para terminar uma atividade. Essa melhora pode se dar por analogia com trabalhos anteriores e métricas;

4. Utilize o tempo do pomodoro não somente para executar a tarefas, mas guarde alguns minutos no início do período para se preparar (pensar na atividade que será executada e organizar as ideias) e alguns minutos no final para revisar o trabalho;

5. Organize seu dia em pomodoros ou em atividades. Por exemplo, durante a manhã pode-se ter oito pomodoros e, a tarde, outros oito, ou pode-se considerar que pela manhã duas tarefas de quatro pomodoros podem ser executadas e, a tarde, uma atividade de oito pomodoros.

Para mais informações, o site www.pomodorotechnique.com (conteúdo em inglês) possui material de referência detalhado e comunidades de prática.

GTD — *Getting Things Done*

Essa metodologia de gestão do tempo foi criada por David Allen e é consagrada no mundo todo. Consiste, de forma resumida, na anotação das tarefas que devem ser feitas, ideias que se tem, e na subsequente categorização ou contextualização. Allen defende que, quando anotamos as atividades para as fazer, tiramos um peso de nossas mentes nos permitindo melhorar o foco no trabalho que se está executando em um dado momento. Outro ponto interessante é que o método não deve se restringir às atividades de trabalho e deve ser aplicado a todas as dimensões da vida, tanto pessoal quanto profissional, assim você deve anotar coisas que você deseja conversar com sua esposa, o plano para as próximas férias, coisas que você deseja pesquisar e ler em algum momento etc.

Concordo com ele, pois quando estamos de "cabeça cheia", com uma lista infinita de coisas a fazer, continuamos pensando nelas mesmo quando estamos fazendo outras coisas. É senso comum que melhor foco significa trabalho realizado mais rapidamente, com menos erros e com menos retrabalho.

Uma vez por dia repasse a lista de tarefas e ideias. Separe-as em contextos ou projetos e estabeleça as prioridades ou o momento em que devem ser realizadas. Os contextos são importantes, pois Allen afirma, e é verdade, que nunca nos lembramos de comprar pilhas para o controle remoto quando estamos passando em frente a uma loja e sempre nos lembramos quando vamos ver televisão (e estamos longe da loja).

GTD também foca em como priorizar as atividades. Diferente de outras teorias que vão de objetivos maiores até os mais detalhados, a GTD segue a direção oposta, indo dos objetivos mais detalhados para os maiores. Allen entende que para a maioria das pessoas é difícil focar em objetivos muito grandes quando não se consegue controlar as atividades do dia a dia. Segundo Allen "estabelecendo um sistema que define e deixa claro o dia a dia, uma pessoa pode dedicar sua atenção e mente para ir em direção ao próximo nível de foco".

Ademais, é preciso se acostumar e confiar no método proposto em GTD para atingir o nirvana da gestão do tempo. O ponto positivo é que existem dezenas de aplicativos para smartphones e tablets que ajudam os iniciantes no método.

Para mais detalhes sobre o método, recomendamos o livro de David Allen, *Getting Things Done*.

Linha de Base: Não Escreva na Pedra nem Escreva com Lápis!

A linha de base é uma referência essencial para todo projeto. Representa um guia, uma direção para se confrontar todo o planejamento, ou seja, ao longo da execução do projeto a linha de base é sua referência para identificar desvios entre o planejado e o realizado.

Após a autorização formal para início do projeto, informações são coletadas, documentos são gerados, análises são feitas, orçamentos e estimativas são aprovados e premissas são assumidas. Ao término do planejamento, ao menos da primeira fase de planejamento, tudo isso será "congelado" no tempo, pois o planejamento está pronto. Agora é só iniciar a execução do projeto seguindo o planejamento e monitorar o andamento para ver se desvios estão ocorrendo.

Em geral, temos a ideia que uma reunião para gerar a linha de base tem direito a trilha sonora de suspense ao fundo, apertos de mãos confiantes e promessas de amor eterno, afinal de contas, o planejamento está uma beleza. No futuro, a trilha pode passar a ser de terror, os apertos serem em gargantas e o amor virar ódio. Mas vamos focar no lado positivo!

A linha de base está aí por uma razão. Ela representa uma referência para tudo que é e será realizado no projeto. Em outras palavras, se o projeto é executado conforme o que está na linha de base, será um grande sucesso (assumindo, é claro, que o planejamento foi bem-feito). Se isso ocorrer com a linha de base original é a glória! Praticamente impossível, mas a glória mesmo assim.

Mas aí vem outra pergunta: linha de base se muda? Sempre ouvimos falar que é aquele gráfico de Gantt colorido que a gente imprime em A0 e pendura num quadro bonito na entrada do escritório com alguma frase de efeito, tipo *fiat lux* (faça-se a luz)... ou *fiat projectum* (faça-se o projeto)! É quase isso só que um pouco mais volátil. Acontece que as coisas mudam e o projeto pode mudar também. Pode parecer autoajuda, mas a realidade de um projeto e da vida é a mesma: a única constante é a mudança.

Muitas empresas estabelecem regras que tornam a linha de base algo imutável (ou "imexível", dependendo do período da história política brasileira em que você viveu). Como mais vale acompanhar um projeto real do que acompanhar um sonho fantasioso, o qual não é possível realizar, é que a linha de base pode e deve mudar quando necessário.

Com a pressão sobre o planejamento, o mentor do projeto replanejar é uma missão muito difícil, já que essa nova versão do planejamento deve ser algo real e realizável. É importante evitar as armadilhas que as empresas e clientes criam para o projeto (e para eles mesmos) ao exigirem que projetos sejam planejados e executados em tempos recordes, com recursos escassos e orçamentos reduzidos sem, é claro, que se perca a qualidade.

Por outro lado, vale a pena lembrar que empregamos a linha de base como medida para avaliar nossos indicadores de valor agregado, por exemplo. Assim, se deixarmos a linha de base se alterar de maneira leviana, os indicadores não terão valor e haverá a certeza que "todos os pecados do projeto serão perdoados". Começamos a acompanhá-lo de forma inconsistente pois, ao surgirem problemas, é só ajustar a linha de base e o índice de performance retornará a 100%. É mais ou menos como fazer um gol de mão que foi filmado. Cedo ou tarde isso cobrará o preço.

O segredo é, como sempre, equilíbrio. É preciso saber quando "o caldo entornou" e uma nova orientação para o projeto é necessária. Considere, por exemplo, um projeto de P&D que é realizado na busca de uma nova tecnologia X. No momento em que se descobre que uma das rotas para tal tecnologia é inviável financeira ou tecnicamente, é o momento de alterar o acordo geral da linha de base (popularmente chamado de planejamento) e buscar uma nova referência.

Outro momento adequado para se repensar a linha de base é quando o desvio entre o planejamento e a execução é grande e não recuperável. Por exemplo, imagine que você deve contratar um prestador de serviços para realizar parte de seu projeto, se a burocracia de sua empresa para realização de uma contratação ou a negociação do contrato demorarem mais que o previsto no planejamento inicial, o projeto estará irremediavelmente atrasado, a não ser que você aumente o custo do contrato para que a execução seja realizada em menos tempo, mas isso elevaria o custo do projeto levando a outro problema. Nesse caso, com um atraso de meses e sem perspectiva de recuperação, já que planos de ação ainda não são capazes de fazer o tempo andar para trás, é bem razoável se pensar em rever o planejamento e, com a aprovação do cliente e partes interessadas, gerar uma nova linha de base.

Um dos princípios fundamentais para gerir bem a linha de base e as referências do projeto chama-se Gestão de Mudança[17]. A gestão de mudanças no projeto deverá ser feita sempre com o devido cuidado, com a comunicação correta e seguindo os fluxos de aprovação necessários. Uma vez que haja uma regra para alteração da linha de base, sigamo-la sempre. Se a empresa não tiver uma regra para mudanças na linha de base, então uma deverá ser acordada com as partes interessadas de seu projeto. Assim, quando mudanças no cronograma forem necessárias, elas serão justificadas, alinhadas, discutidas e validadas pelas partes interessadas.

É bom lembrar que os softwares de gerenciamento de projetos possuem capacidade de registrar um número significativo de linhas de base, ou seja, é possível recuperar, para um mesmo arquivo de software referente a um projeto, as diversas alterações e como cada uma modificou o projeto, permitindo uma visão integrada das alterações em escopo, prazo e custo e demais dimensões afetadas.

Concluindo, registre sempre a linha de base e a trate com o devido carinho: ela é sua referência e orientação de sucesso ou fracasso. Não a escreva a lápis de maneira que seja facilmente apagada e esquecida, mas também não a escreva na pedra para que não marque como eterna.

Scope Creep: Por que o Escopo dos Projetos Aumenta Consideravelmente ao Longo de sua Vida?

Kerzner (2011) atesta que mudanças de escopo ao longo da vida do projeto são naturais. Devem ser aceitas pelos gerentes de projeto como acontecimentos possíveis

---

[17] PMBOK 5ª Edição — Processo: 4.5 Realizar o Controle Integrado de Mudanças.

e devem ser gerenciadas. O principal problema é a aceitação de alterações que não trazem benefícios adicionais ao cliente e muitas vezes são fruto da má comunicação no início dos entendimentos ou ao longo do projeto. O objetivo do gerente do projeto na gestão do escopo deve ser estabelecimento de limites, alinhando sua visão de escopo com a das partes interessadas.

Alguns fatos são citados por Kerzner (2011):

» A definição de escopo é o que o gerente de projetos se compromete a entregar;

» Em geral, essa definição nunca está clara no início e pode se esclarecer só na metade do projeto;

» Podemos precisar de planejamento progressivo para acomodar o escopo;

» Mesmo depois da entrega dos pacotes de trabalho e do aceite pelas partes interessadas, pode haver discussão acerca do escopo.

Para prevenir que ocorra o aumento do escopo, ou *scope creep*, podemos citar algumas causas, enumeradas por Kerzner (2011).

Começamos pelos fatores impactados pelo planejamento:

» Baixo entendimento dos requisitos;

» Requisitos mal descritos;

» Complexidade;

» Falha no detalhamento dos pacotes de trabalho em atividades;

» Expectativas desconhecidas ou não claras.

Os fatores descritos a seguir são impactados pelo monitoramento e controle ao longo da vida do projeto:

» Comunicações ineficazes;

» Acréscimo de funcionalidades ao projeto por conta da equipe de projetos (também conhecida como *gold plating*);

» Perfeccionismo;

» Visão pessoal do projeto gerando aumento de escopo para valorizar o gerente de projetos junto a seus pares ou à empresa;

» Pressão de entrada em operação, que acelera o desenvolvimento;

» Requisitos legais;

» Cláusulas de penalidade no contrato que podem ser evitadas por meio de extensões de prazo;

» Controle de mudanças ineficaz.

Para minimizar o aumento de escopo, podemos atuar de algumas formas bastante simples:

» Dando-se conta que o aumento de escopo vai ocorrer;

» Conhecendo os requisitos e as expectativas dos clientes;

» Eliminando a noção de que o cliente tem sempre a razão;

» Agindo como advogado do diabo;

» Determinando o efeito da mudança;

» Obtendo envolvimento do usuário no início;

» Agregando flexibilidade;

» Sabendo quem tem autoridade para aprovar as mudanças.

Capítulo 3

Indicadores de Monitoramento e Controle

Como é natural, mais uma vez retornaremos ao conceito principal do livro, a melhoria contínua e ao aprimoramento da gestão de projetos.

Monitoramento significa medição. O monitoramento significa medir o projeto para saber onde ele está e para aonde ele está indo. Sem monitoramento não sabemos onde estamos e não podemos exercer o controle sobre o projeto. Controle é a ação de controlar e dirigir. Controlar implica em tomar uma ação, com base no resultado do monitoramento, para que o projeto volte (ou permaneça) na direção desejada.

Neste capítulo descreveremos indicadores, questões relevantes e boas práticas associadas ao segundo círculo que envolve o PDCA: monitoramento e controle.

Os indicadores de monitoramento e controle focam na realização do acompanhamento, com a frequência apropriada e com a qualidade adequada. Essa é a principal questão a analisar e que possibilitará uma avaliação de desempenho. Note que aqui não vamos tratar da qualidade dos produtos e entregáveis do projeto e sim da qualidade da atualização do cronograma. Note que dados ruins na realização de estimativas comprometem a qualidade do planejamento do projeto e, da mesma forma, a atualização ruim ou com erros impede uma análise consistente e, por consequência, impede que ações acertadas sejam tomadas.

Assim como no capítulo sobre planejamento, este capítulo começa com alguns conceitos iniciais importantes para que os indicadores de monitoramento e controle sejam bem entendidos.

A avaliação do monitoramento e controle apresenta-se, assim como o planejamento, como um qualificador para a medição do desempenho do projeto. Se o cronograma foi planejado adequadamente, com dados de qualidade e com técnicas apropriadas, ainda assim ele precisará ser acompanhado de forma correta para que os indicadores que medem o desempenho apresentem resultados consistentes e corretos, afinal de contas essa é, ou deveria ser, a base para tomadas de decisão bem fundamentadas.

Novamente lembramos que cada setor, empresa ou projeto possui uma realidade específica e única que, para ser respeitada, pode requerer adaptações nos indicadores aqui apresentados. Essas adaptações, além de recomendadas, não são um problema, desde que as boas práticas ou práticas do mercado específico da empresa sejam respeitadas, além, é claro, do uso das métricas e avaliações próprias de sua realidade e de seu ambiente competitivo.

Conceitos Iniciais de Monitoramento e Controle

Para o bom entendimento dos indicadores de monitoramento e controle, alguns conceitos são importantes e estão descritos a seguir.

Atualização do Cronograma

É a atividade que deve ser realizada regularmente no projeto, conforme frequência acordada com órgãos corporativos ou Escritório de Projetos (PMO) para que a situação do cronograma reflita o andamento das atividades.

É importante não confundir atualização do cronograma com data de *status*. A atualização do cronograma é um processo que tem complexidade variável, conforme o tipo e porte do projeto. É o processo responsável por obter as informações necessárias para atualizar o cronograma, realizar a atualização dele e dos documentos relacionados de forma estruturada, rastreável e consistente.

Já a data de *status* é uma referência utilizada em muitas boas práticas e é a data de corte acordada com o escritório de projetos e demais partes interessadas para registro de avanço físico, financeiro e geração de indicadores.

O processo de atualização do cronograma deve considerar verificações, fiscalizações e outros instrumentos comprobatórios da situação real de cada atividade, para que haja consistência e rastreabilidade.

Naturalmente, como o projeto evolui com a realização do trabalho, representado pelo desenvolvimento das atividades de esforço, o avanço físico deve ser apontado nessas atividades.

Os marcos também devem ser atualizados. Se foram bem identificados, devem representar apenas entregas, sejam parciais ou finais e eventos relevantes para o projeto. Uma vez concluídas todas as atividades predecessoras do marco, é razoável supor que esse, por consequência, terá sido atingido. Caso não tenha sido atingido, mesmo com a realização total de suas atividades predecessoras, será necessário entender o que faltou ser identificado, definido e estimado durante o planejamento.

O cronograma deve ser atualizado com a obtenção e a inserção de, pelo menos, três informações para cada atividade. Duas são de data e uma, de andamento, a saber:

» Data de início real da atividade: refere-se à data efetiva em que se iniciou aquela atividade. Essa data pode ou não ser igual à data da linha de base (ou início estimado);

» Data de término real da atividade: é a data em que se encerrou completamente a atividade. Essa data pode ou não ser igual à data da linha de base (ou término estimado);

» Percentual concluído da atividade: corresponde ao andamento da atividade, ou seja, qual o percentual do trabalho já foi empenhado efetivamente.

Cabe comentar que o percentual concluído não deverá medir esforço, mas, sim, resultado. Em outras palavras, se a atividade está prevista para durar um mês para realização de dez testes, e depois de um mês foram realizados apenas dois testes, está claro que o andamento mais correto da atividade é de 20%, muito embora a alocação de pessoal e o tempo gasto sejam de 100% da previsão. Essa noção está implícita no conceito de valor agregado, que será discutido posteriormente, pois, independentemente do esforço empreendido no exemplo, somente 20% do resultado esperado da atividade foi agregado ao projeto.

A atualização das informações permite que se enxerguem os desvios (ou diferenças) entre o planejado (ou previsto) e o realizado (ou realizado mesmo). O que possibilita ajustes na previsão de término das atividades que podem ser extrapoladas para a data de término do projeto como um todo.

Em muitos casos os gerentes de projeto atualizam apenas os percentuais concluídos das atividades formando, assim, um quadro incompleto e, na maioria das vezes, inconsistente.

Data de Status

A data de *status* ou de situação do projeto é uma referência do último momento em que aquele projeto foi atualizado. Em outras palavras, se o projeto está com um avanço de x% e eu quero saber quando foi reportada essa situação, vou verificar a data de *status*, pois essa é a data de corte.

O uso da data de *status* para verificação da atualização do projeto é detalhado no item seguinte, reagendamento de trabalho. A data de *status* deve sempre ser, para um portfólio de projetos, uma referência de atualização, a fim de que seja possível ter uma visão conjunta de todos os projetos, em uma referência única de data, essencial para a comparação.

A data de *status* é fundamental para o Relatório de *Status*, uma vez que essa é a data de corte das informações atualizadas junto aos indicadores de desempenho, análises, conclusões e recomendações para os clientes e partes interessadas.

Reagendamento do Trabalho

É uma boa prática e é realizado após a atualização do cronograma, tendo-se como referência a data de *status*. Essa boa prática consiste em "empurrar" as atividades incompletas ou não iniciadas para que continuem ou se iniciem após a data de *status*. As atividades que tiverem duração maior que a data de *status*, mas que já estão completas, deverão ser "encurtadas" para que seu término coincida com a data de *status*.

A data de *status* é o "divisor de águas" entre passado e futuro ou entre realização e previsão. Filosoficamente falando, tudo que foi está no passado, tudo que será pertence ao futuro e o hoje é somente um momento no tempo e, por isso, é chamado de presente.

O reagendamento do trabalho é a melhor forma de se verificar qual o real atraso ou adiantamento do projeto. Considere o projeto abaixo como atualizado e tendo a data de *status* de 16/06/2014:

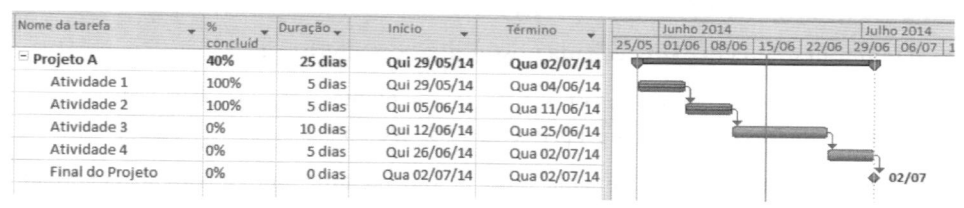

Figura 43: Exemplo 1 de reagendamento do trabalho.

Repare que as atividades 1 e 2 foram concluídas no prazo, mas a atividade 3 ainda não começou. A data planejada para o término do projeto está em 2 de julho de 2014, que é o compromisso assumido pelo projeto em sua linha de base.

Nesse momento, podemos reagendar o trabalho não realizado da atividade 3 usando a referência da data de *status*. Como chegamos ao dia 16 de junho de 2014 e a atividade não começou, sua data de início mais cedo possível será, obviamente, o dia 17 de junho de 2014, uma vez que consideramos a data de *status* no dia 16 de junho de 2014.

Realizando o reagendamento, chegamos à situação abaixo:

	Nome da tarefa	% concluíd	Duração	Início	Término	Junho 2014 / Julho 2014
	Projeto A	40%	28 dias	Qui 29/05/14	Seg 07/07/14	
✓	Atividade 1	100%	5 dias	Qui 29/05/14	Qua 04/06/14	
✓	Atividade 2	100%	5 dias	Qui 05/06/14	Qua 11/06/14	
	Atividade 3	0%	10 dias	Ter 17/06/14	Seg 30/06/14	
	Atividade 4	0%	5 dias	Ter 01/07/14	Seg 07/07/14	
	Final do Projeto	0%	0 dias	Seg 07/07/14	Seg 07/07/14	07/07

Figura 44: Exemplo 2 de reagendamento do trabalho.

Pelo contraste entre a previsão das atividades (linhas superiores na Figura 44) e a linha da base do projeto (linhas inferiores), em cinza, podemos verificar que há, efetivamente, atraso na execução do projeto. A data de término avançou cinco dias, para 7 de julho de 2014.

Lembre-se: como dito anteriormente, o recurso de reagendamento do trabalho está presente nos principais softwares de gestão de cronograma disponíveis no mercado, porém atente para o fato de que esse recurso não funciona da forma esperada se houver datas de restrição no cronograma e inconsistências na rede lógica (predecessão e sucessão), gerando resultados que podem levar a análises erradas por parte do gerente do projeto.

Cronograma de Rede Fechada

Um cronograma de rede fechada possui duas características:

» Possui um único ponto de entrada, ou seja, somente uma única atividade não possui predecessora. Essa é a primeira atividade do projeto;

» Possui um único ponto de saída, ou seja, somente uma única atividade não possui sucessora. Essa é a última atividade do projeto.

Por consequência, todas as demais atividades têm de ter ao menos uma predecessora e uma sucessora.

Consideramos esse o melhor tipo de cronograma para qualquer tipo de projeto, pois favorece avaliações de caminho crítico e reagendamento do trabalho. Também dá a clara noção de como o trabalho se relaciona, quem depende de quem e todas as partes interessadas podem visualizar como se pretende atingir o resultado do projeto.

Variação ao Término

A variação ao término (VT) corresponde à diferença entre as datas de término previstas (TP) e término realizadas (TR) de um determinado projeto, como mostra a fórmula abaixo:

$$VT = TR - TP$$

A variação ao término (VR) é uma das formas de medirmos a aderência de um projeto ao plano. No exemplo do reagendamento do trabalho, o projeto estava previsto para se encerrar em 2 de julho, mas "escorregou" para 7 de julho. A variação ao término é, então, de cinco dias, ou três dias úteis, como for mais significativo para o projeto.

Folga

Folga é definida como a quantidade de tempo que uma determinada tarefa pode ser atrasada sem atrasar suas sucessoras ou o projeto inteiro e o caminho crítico é definido como a menor sequência de atividades com folga zero entre o início e o fim do projeto, ou seja, atividades críticas em um projeto devem possuir folga zero. As tarefas que não estão no caminho crítico poderão possuir folga positiva.

Qualquer tentativa de encerrar o projeto antes de seu tempo, seja o planejado ou o projetado, o colocará em uma situação conhecida como hipercrítica. Essa condição se caracteriza por ter as suas atividades críticas com folgas negativas.

É muito importante não confundir o conceito de folga, também conhecida como *slack* ou *float* em inglês, com o conceito de defasagem, conhecido em inglês como *lag* quando positiva e *lead* quando negativa. Esses conceitos foram apresentados no capítulo de conceitos iniciais de indicadores de planejamento.

Folga Total

É a quantidade de tempo que uma determinada tarefa pode atrasar sem impactar o caminho crítico do projeto. A folga total avalia o tempo que a atividade pode atrasar se todas as atividades predecessoras ocorreram no tempo mais cedo e se todas as atividades sucessoras podem aguardar até o último momento permitido para iniciarem sem prejudicar o andamento do projeto.

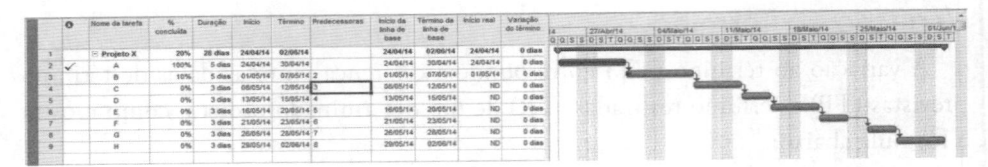

Figura 45: Exemplo de folga total igual a zero.

No exemplo acima vemos um cronograma com folga total igual a zero (variação do término).

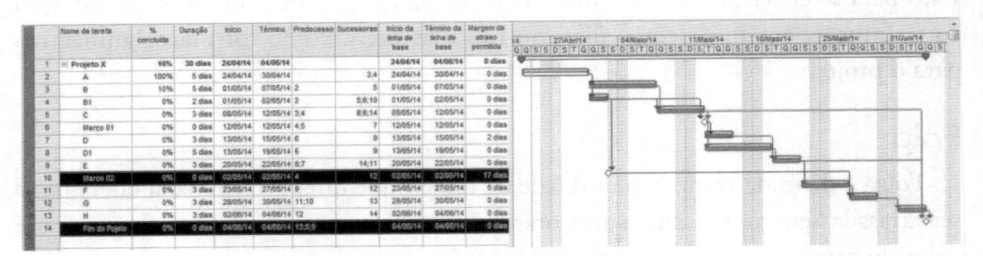

Figura 46: Exemplo de folga total maior que zero.

No exemplo acima vemos que o "Marco 02" possui uma folga de 17 dias, ou seja, sua realização pode atrasar até 17 dias sem comprometer o atingimento desse marco na data planejada.

Também podemos observar que a folga total do cronograma é de zero dias. Observando o Gantt do cronograma vemos que o "Marco 02" não está no caminho crítico do projeto, então o resultado da folga total do "Marco 02" é diferente da folga total do marco de "Fim do Projeto".

Folga Livre

É a quantidade de tempo que uma tarefa pode atrasar de forma que todas as sucessoras não se atrasem. Nesse caso, apenas a primeira atividade que gera atraso no caminho terá folga livre.

Um exemplo pode ilustrar a questão. Considere o projeto a seguir:

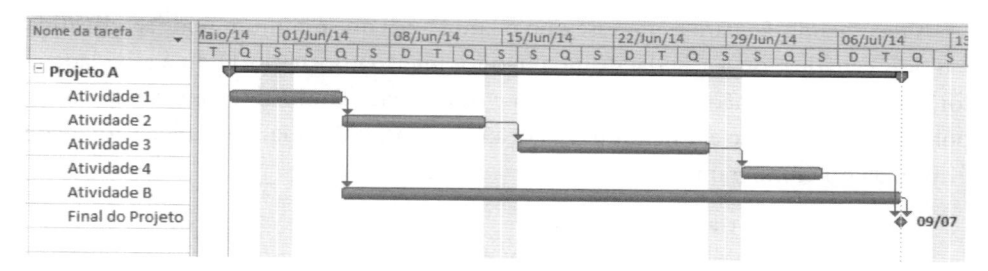

Figura 47: Exemplo de folga livre.

As atividades 1 e B estão no caminho crítico. Assim, a folga delas será zero (tanto a folga livre quanto a folga total). A atividade 4 pode atrasar três dias e não impactará nem o final do projeto nem o caminho crítico, muito menos sua atividade sucessora, que é o marco de término do projeto.

Já as atividades 2 e 3 podem atrasar três dias sem prejudicar o projeto, logo sua folga total é de três dias, mas, se atrasarem, causarão um início mais tardio das atividades 3 e 4. Assim, sua folga livre é zero. Verificamos, então, que a folga livre é mais restritiva que a folga total.

Cancelando uma Atividade do Cronograma

Normalmente, mudanças de cenário como alterações em normas e regulamentos da empresa, leis e regulamentos de agências governamentais, mudanças de escopo, mudanças nos objetivos do projeto ou mudanças nos critérios de qualidade podem levar a necessidade de cancelar alguma atividade prevista no cronograma.

Já vimos casos em que o projeto entregou o produto principal e o cliente está satisfeito, porém alguns produtos secundários ainda estão sendo finalizados. Nesse ponto, o cliente decide que não precisará mais dos produtos secundários ainda não finalizados e pede que o gerente do projeto cancele o que está sendo realizado e encerre o projeto[1].

Independentemente do motivo, lembre-se: antes de cancelar uma atividade siga o processo de gestão da mudança estabelecido para o projeto ou pelo PMO, e obtenha as aprovações necessárias.

---

[1] Esse exemplo é mais comum do que se imagina nas empresas atuais e pode ser evitado utilizando os princípios do Scrumm que, apesar de ter sido pensado para projetos de software, pode ser aplicado a quase todo tipo de projeto.

A recomendação para tratar esse tipo de mudança que é comum pode ser dividida em dois cenários: ou a atividade ainda não foi iniciada (Cenário 1) ou a atividade já foi iniciada, porém não é mais necessária e nunca será terminada (Cenário 2). É importante destacar que em nenhuma solução para cancelar uma atividade, a atividade é apagada do cronograma.

Vamos ver como tratar cada cenário.

Cenário 1: o cronograma possui uma atividade que ainda não foi iniciada (percentual completo = 0%).

Nesse caso, para se cancelar a atividade, basta ajustar a "duração restante" para zero e o "percentual completo" para 100%. Dessa forma, as ligações lógicas (predecessores e sucessores) são preservadas e o cronograma permanece consistente. Recomendo colocar no nome da tarefa a palavra "[CANCELADO]" para facilitar o entendimento e leitura do cronograma.

Nota: no MS Project a "duração restante" pode ser acessada pelo menu "Controle" ou exibindo a coluna "duração restante" na visão do gráfico de Gantt.

Cenário 2: o cronograma possui uma atividade que já foi iniciada (percentual completo > 0%), porém ela deverá ser cancelada interrompendo sua execução, ou seja, a atividade nunca será completada.

É importante destacar que não estamos tratando aqui de uma atividade que vai durar menos tempo que o previsto, ou seja, se a atividade for completada em menos tempo, deve-se atualizar o término real da atividade.

Para se cancelar uma atividade que já possui trabalho realizado (percentual completo > 0%) basta atualizar a informação "trabalho restante" para zero dias. No caso do MS Project, ele colocará automaticamente 100% no "percentual completo". As ligações lógicas também serão preservadas e o cronograma permanecerá consistente.

Aqui também recomendo colocar a palavra "[CANCELADO]" no nome da atividade para facilitar o entendimento e leitura.

Como o MS Project é a ferramenta de cronograma mais popular no Brasil, é importante destacar que a partir da versão 2010 existe um recurso "cancelar". Não recomendo o uso desse recurso, pois o software cancelará a atividade e as ligações lógicas, inclusive deixando o cronograma inconsistente. Para ele voltar a ser consistente será necessário ajustar as predecessões e sucessões após o cancelamento da atividade.

Evite apagar atividades canceladas do cronograma. O motivo do cancelamento ajudará nas lições aprendidas e o histórico do projeto será preservado.

Indicadores de Monitoramento e Controle

O monitoramento e controle do projeto é realizado no dia a dia do projeto e não somente em um único momento no tempo. Os dados de avanço do projeto são coletados assim como os problemas que geram são tratados. Diariamente o gestor do projeto deve tomar decisões com base nas análises realizadas. Com tanta informação fluindo é importante definir qual será a data de corte para a geração de indicadores, fechamento de gráficos de desempenho e finalização de relatórios. Essa data é a data de *status* do projeto. E como já dito anteriormente, com *status* regulares é possível gerar curvas de resultado ao longo do tempo para se verificar qual a tendência do projeto.

Reuniões periódicas de acompanhamento das atividades e de monitoramento de contratos são as melhores fontes de informação do gerente do projeto.

Esses dois indicadores estão ligados e possuem muita utilidade para escritórios de projeto e gestores de portfólio, por avaliarem se os projetos da carteira possuem data de *status* informada e se o cronograma está sendo atualizado com frequência. Pode parecer óbvio, mas você se surpreenderia com quantos projetos já vimos que não tinham seu cronograma atualizado esporadicamente e sem regularidade.

As informações para esses indicadores são facilmente obtidas quando ferramentas de gestão de cronograma são utilizadas. Ter um repositório central de documentos do projeto também ajuda ao PMO ou gerente de portfólio obter as informações para esses indicadores.

Indicador	Data de *status* identificada
Descrição	Verifica se o projeto tem uma data de *status* identificada.
Fórmula	Data de *status* do projeto não identificada em relatórios ou no cronograma.
Classe do Indicador	Monitoramento e controle
Processo Relacionado	Controlar o Cronograma (PMBOK 6.6)

(continua)

(continuação)

Interpretação/Ação Corretiva	Se o cronograma não tem a data de *status* identificada com clareza, isso pode ser um sintoma de que: a. Provavelmente a documentação do projeto e o cronograma também não estão sendo atualizados conforme o esperado. Essa não atualização pode ser um sinal de que o projeto pode estar descontrolado, uma vez que a rotina de acompanhamento não está sendo realizada; b. A ausência de uma data de *status* dificulta a comparação do andamento do projeto ao longo do tempo, impedindo uma análise de tendência; c. A boa prática de reagendamento do trabalho não vem sendo realizada; e d. O plano de comunicação não deve estar sendo seguido. É importante que o projeto apresente *status* conforme definido no plano de comunicação do projeto.

Indicador	Frequência de atualização do projeto
Descrição	Verifica com que frequência o cronograma está sendo atualizado.
Fórmula	N/A
Classe do Indicador	Monitoramento e controle
Processo Relacionado	Controlar o Cronograma (PMBOK 6.6); ou Sequenciar as Atividades (PMBOK 6.2); ou Estimar a Duração das Atividades (6.4).
Interpretação/Ação Corretiva	O cronograma do projeto deve ser atualizado na frequência definida no plano do projeto ou com uma regularidade que permita ao gerente do projeto manter a consistência das informações contidas no cronograma com a realidade da execução do projeto. Uma baixa frequência na atualização do cronograma pode apontar que o projeto não está sendo controlado da forma adequada. Além disso, um cronograma desatualizado não é útil para gerar indicadores, para tomada de decisões e não favorece a comunicação com as partes interessadas.

Ao realizar o controle do cronograma (Processo 6.6 do PMBOK 2008), alguns erros podem ser acidentalmente inseridos, tais como datas inválidas ou inconsistentes. Por isso é recomendável realizar as verificações que propomos no capítulo de planejamento sempre que o cronograma for atualizado. Assim, teremos confiança de que erros não foram inseridos acidentalmente no cronograma pois, afinal de contas, errar é humano, detectar o erro é controle e corrigi-lo é qualidade.

Indicador	Contagem de atividades com término real antes do início real
Descrição	Verifica o cronograma buscando atividades em que haja inconsistência entre as datas de Início Real e Término Real.
Fórmula	Contagem das atividades onde o término real < início real.
Classe do Indicador	Monitoramento e controle
Processo Relacionado	Controle do Cronograma (PMBOK 6.6); ou Sequenciamento das Atividades (PMBOK 6.2).
Interpretação/Ação Corretiva	Em um cronograma com atividades corretamente encadeadas, o software utilizado para gestão do cronograma normalmente evita esse erro de atualização. Caso esse erro seja detectado, é necessário verificar se é um erro de atualização do cronograma (digitação) ou se o sequenciamento das atividades precisa ser revisto.

Indicador	Quantidade de atividades com início real ou término real no futuro
Descrição	As datas "reais" devem refletir quando uma atividade se iniciou ou terminou, então só podemos acreditar nessas datas quando estão no passado. Elas não devem ser geradas automaticamente e não devem existir no futuro. Futuro, nesse caso, é qualquer data maior que a data de *status* definida.
Fórmula	Contagem das tarefas com início real ou término real com datas no futuro (em relação a data de referência sendo utilizada).
Classe do Indicador	Monitoramento e controle
Processo Relacionado	Controle do Cronograma (PMBOK 6.6)
Interpretação/Ação Corretiva	"Se alguém lhe disser que planeja correr dez quilômetros em 8 de agosto e essa data é daqui a três dias, você provavelmente vai acreditar. No entanto, se esse alguém disser que correu dez quilômetros em 8 de agosto você não vai acreditar, pois a corrida ainda não ocorreu. Mesmo que o fato seja verdade daqui a três dias, ele não é verdade agora." Algo comum na maioria dos projetos que vi é que, quando uma atividade é completada antes do prazo, em vez de se utilizar a data real de término na atualização, utiliza-se a data planejada que está no futuro. Uma consequência interessante disso é que, ao se gerar um índice de performance do projeto, ele terá mais de 100%! É importante verificar o processo de atualização que está sendo seguido e revisá-lo para evitar erros.

Outro conjunto de indicadores importante se refere às tarefas que, por algum motivo, não foram iniciadas no prazo ou não foram encerradas no prazo. Em ambos os casos essas tarefas estão atrasadas.

Quanto tratamos de tarefas em geral, ou seja, as que não estão no caminho crítico do projeto, o indicador "Percentual de tarefas não iniciadas ou não concluídas no prazo" nos fornece uma visão do tamanho do atraso em relação à quantidade de tarefas.

Porém, quando estamos tratando das tarefas do caminho crítico, o "Índice de execução do caminho crítico" nos dá uma visão, em termos de atividade, do tamanho do atraso e que tem impacto direto na data de término do projeto.

Indicador	Contagem de tarefas não iniciadas ou não concluídas no prazo
Descrição	Tarefas que deveriam ter iniciado e não iniciaram ou deveriam ter terminado e não terminaram, conforme o planejado dentro de um período de tempo. O Total de Atividades no Período é a quantidade de atividades que estavam planejadas para iniciar ou encerrar entre a data atual e o última data de *status*.
Fórmula	$$\frac{\text{Contagem das Atividades Não iniciadas ou Não Concluídas no Prazo}}{\text{Total de Atividades do Período}}$$
Classe do Indicador	Monitoramento e controle
Processo Relacionado	Controlar o Cronograma (PMBOK 6.6); Desenvolver o Cronograma (PMBOK 6.5); Estimar os Recursos da Atividade (PMBOK 6.3); Sequenciar as Atividades (PMBOK 6.2).
Interpretação/Ação Corretiva	Ter algumas atividades em atraso é normal em todo projeto, porém, quando esse número cresce, é necessário investigar as causas e traçar um plano de recuperação. Quando o atraso é muito grande, o caminho crítico do projeto pode ser "deslocado". Quando essa mudança no caminho crítico ocorre, é necessário refazer todas as avaliações de risco e medidas de contingência para o novo caminho crítico. Em muitos projetos, contingências e cuidados especiais são tomados para controle e mitigação de riscos no caminho crítico, tais como seguros, reservas financeiras, pessoal extra, dentre outros. Dessa forma, quando ocorre esse "deslocamento", além dos problemas potenciais no resultado esperado do projeto, ainda podem haver perdas financeiras, pois as medidas de mitigação deverão ser redirecionadas para as novas atividades críticas.

Interpretação/Ação Corretiva	Sempre que possível, deve-se traçar um plano de ação para correção dos atrasos que geraram o "desvio" fazendo, assim, o caminho crítico "retornar" à sequência de atividades anterior. Atividades não iniciadas podem indicar que: a. O nivelamento dos recursos pode estar incompleto e os recursos necessários podem não estar disponíveis, indicando falha em Estimar os Recursos da Atividade (PMBOK 6.3); b. O sequenciamento das atividades pode não estar correto, indicando uma falha em Sequenciar as Atividades (PMBOK 6.2); c. Alguma premissa para realização dessas tarefas não foi identificada no momento de Desenvolver o Cronograma (PMBOK 6.5).

Indicador	Índice de execução do caminho crítico ou *Critical Path Lenght Index (CPLI)*[2]
Descrição	Esse indicador é uma medida de eficiência da execução das atividades no caminho crítico para verificar se o projeto será terminado no prazo. Também pode ser utilizado para verificar se um marco ou atividade será atingido no tempo planejado.
Fórmula	Índice de comprimento do caminho crítico = (Comprimento do caminho crítico + Folga total) / Comprimento do caminho crítico Nota: lembre-se que a folga total pode ser positiva ou negativa, e o comprimento do caminho crítico é dado em dias.
Classe do Indicador	Monitoramento e controle
Processo Relacionado	Controlar o Cronograma (PMBOK 6.6) ou Desenvolver o Cronograma (PMBOK 6.5)
Interpretação/Ação Corretiva	O CPLI é a medida em dias da data atual (ou utilizada como referência) até a data planejada para o próximo marco ou para o término do projeto. CPLI = 1.00: significa que o projeto está sendo executado no prazo, ou seja, para cada dia de trabalho decorrido corresponde a um dia de valor que foi agregado ao projeto.

(continua)

---

[2] Indicador proposto em por Ron Winter, PSP no documento "DCMA 14-Point Schedule Assessment" de 7 de janeiro de 2011.

(continuação)

Interpretação/Ação Corretiva	CPLI < 1.00: significa que o projeto está com baixa eficiência para atingir a data planejada de um marco, ou seja, está atrasado. CPLI > 1.00: significa que o projeto está sendo executado com eficiência e deverá atingir a data planejada para um marco antes do previsto. Comprimento do caminho crítico é a diferença, em dias, da data de referência até a data planejada para o marco. Folga total é a quantidade de dias que o projeto pode ser atrasado sem comprometer a data de um marco ou de término do projeto. A folga total é dada pela data de término mais tarde menos a data de término mais cedo. Quando esse indicador for menor que 1.00 indica atraso, se igual a 1.00, o projeto atingirá o ponto analisado conforme o esperado e, se maior que 1.00, o projeto está adiantado e tende a atingir o ponto analisado antes do esperado. Nota: lembre-se, entregar o resultado de um projeto antes do prazo acordado pode ser tão ruim quanto entregá-lo atrasado. Esse indicador considera o caminho mais longo entre o início do projeto ou a data de *status*, e o que se deseja verificar, seja um marco, atividade ou o fim do projeto. Por exemplo[3]: da última data de *status* até o marco de entrega da primeira etapa do projeto, o comprimento do caminho crítico é de 720 dias (ou três anos) com 60 dias (ou três meses) de folga negativa (atraso). Dessa forma, teremos: ICCC = [(720 − 60) / 720] = 0.917 *Esse resultado é menor que um, assim, indica que o marco não será atingido no prazo planejado (linha de base) sem que alguma ação corretiva seja posta em prática.*

Quando a realização das atividades do cronograma se dá de forma inesperada, ou seja, uma atividade que no planejamento estava prevista para ser iniciada somente quando sua predecessora estivesse concluída se inicia antes disso, ela deve ser analisada. Podemos estar, durante a execução do projeto e do controle do cronograma, detectando alguma premissa incorreta que levou a um erro de planejamento, ou podemos estar diante de uma quantidade maior de recursos disponíveis para o projeto.

---

[3] Source: Defense Acquisition University (DAU) Teaching Note, "USD (AT&L) EVM Tripwires Initiative and Over Target Baseline/Schedule" Bob Gustavus and Gerry Land, September 2008.

Indicador	Contagem das atividades fora de sequência
Descrição	Determina as atividades que se iniciaram sem que suas predecessoras terminassem conforme o sequenciamento lógico do cronograma.
Fórmula	Somatório das atividades que se iniciaram sem que suas predecessoras estivessem completas (relação TI) ou iniciadas (relação II)
Classe do Indicador	Monitoramento e controle
Processo Relacionado	Sequenciar as Atividades (PMBOK 6.2); Controle do Cronograma (PMBOK 6.6)
Interpretação/Ação Corretiva	Esse indicador não necessariamente aponta um erro, mas atividades que poderiam ter sido planejadas em paralelo e não o foram ou atividades que estão com erros em suas ligações lógicas. Se a predecessão entre as atividades for Término–para–Início, fica clara a indicação da dependência da atividade sucessora em relação a predecessora. Sendo assim, é importante identificar o motivo que levou a decisão de iniciar a atividade sucessora sem terminar a predecessora.
Interpretação/Ação Corretiva	Se o objetivo for "acelerar" o projeto, então um risco de retrabalho (no mínimo) está sendo embutido no projeto ao se iniciar uma atividade sem que sua sucessora lógica seja encerrada. Se essas atividades poderiam ser paralelizadas em algum grau, então uma decisão mais apropriada seria alterar a relação entre elas. Pode-se usar para o paralelismo dessas atividades, por exemplo, a relação de Início–para–Início com defasagem positiva. Outra interpretação válida é a de que há mais recursos disponíveis para o projeto e que tarefas posteriores podem ser adiantadas.

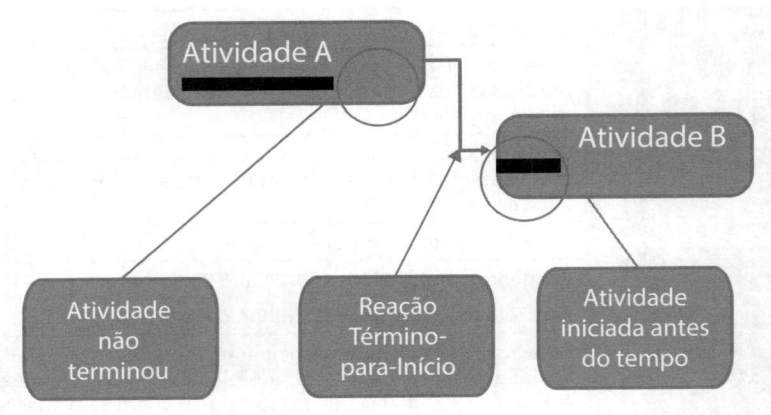

Figura 48: Atividades fora de sequência.

Por fim, para se analisar as folgas relevantes no cronograma, propomos dois indicadores. O "Índice de atividades com folga negativa", que demonstra se o cronograma está caminhando ou já está na condição de supercrítico, e o "Índice de atividades com folga positiva", que permite observar as folgas e possibilidades de atraso.

Indicador	Índice de atividades com folga negativa (*Negative total float*)
Descrição	Essa métrica permite identificar quais atividades estão gerando atrasos nos marcos previstos e no cronograma como um todo. São contadas as atividades incompletas com folga negativa, ou seja, com folga menor que zero.
Fórmula	Tarefas Incompletas com Folga Negativa = Tarefas Incompletas com Folga / Total Tarefas Incompletas
Classe do Indicador	Monitoramento e controle
Processo Relacionado	Sequenciar as Atividades (PMBOK 6.2); Estimar os Recursos da Atividade (PMBOK 6.3); Estimar a Duração da Atividade (PMBOK 6.4), ou; Controlar o Cronograma (PMBOK 6.6).
Interpretação/Ação Corretiva	Folga significa quanto uma atividade pode atrasar sem impactar a atividade subsequente. Por exemplo: A atividade X inicia no dia 1 e termina no dia 5. A próxima atividade é a Z e se iniciará somente no dia 10. Dessa maneira existe uma folga de cinco dias entre essas atividades X e Z. A folga negativa ocorre quando a atividade Z tem uma data de restrição, ou seja, ela só pode iniciar no dia 10, nem antes nem depois. Neste caso, se a atividade X atrasar seis dias, ou seja, em vez de terminar no dia 10 terminar no dia 11, ocorrerá a folga negativa de −1 dia.

Interpretação/Ação Corretiva	Quando uma atividade apresenta folga negativa, significa que o trabalho restante para a terminar é maior que o tempo planejado. A menos que um plano de recuperação seja elaborado e executado, a atividade gerará atraso para o projeto. Dessa forma, a folga negativa aponta qual ou quais atividades serão impactadas pelos atrasos em atividades anteriores. Dependendo do software que está sendo usado para gestão do cronograma, análises E-Se (*what-if*) podem ser feitas ao se observar as folgas negativas. Ao utilizar softwares de gestão de cronograma, a folga total de uma atividade pode se tornar negativa se uma data de restrição estiver definida, evitando que o software mova a atividade para uma data de término posterior. Como a atividade não pode ser movida, a folga total se torna negativa.

Indicador	Índice de atividades com folga positiva (*Positive total float*)
Descrição	Indica as atividades com folga positiva ou a "gordura" do projeto. A folga representa quantos dias de atraso uma atividade pode ter sem que a data de término do projeto seja comprometida. Caso o cronograma possua muitas atividades com folga grande isso pode indicar que a rede de precedência é instável e o cronograma não tem uma boa estrutura lógica. Também pode indicar que contingências de tempo foram inseridas na duração das atividades. Contingências devem ser inseridas em atividades do "tipo contingência" ou "pulmão", como recomendado por Goldratt.
Fórmula	Tarefas Incompletas com Folga Negativa = (Tarefas Incompletas com Folga Negativa / Total de Tarefas Incompletas) x 100
Classe do Indicador	Monitoramento e controle
Processo Relacionado	Controlar o Cronograma (PMBOK 6.6); ou Sequenciar as Atividades (PMBOK 6.2); ou Estimar a Duração das Atividades (6.4).
Interpretação/Ação Corretiva	O cronograma de um projeto desenvolvido no ambiente corporativo competitivo atual não deve ter muito espaço para folgas longas. Com os recursos escassos, a necessidade de qualificação de mão de obra, e o fato de que hoje em dia cada vez mais temos *pools* de recursos para uma empresa (ou mais) faz com que os cronogramas sejam cada vez mais ajustados. Nesse sentido, é interessante verificar a presença de folgas muito grandes, que podem ser resultantes de falhas na programação lógica do cronograma (restrições de datas, por exemplo) e podem levar a uma programação irreal.

(continua)

(continuação)

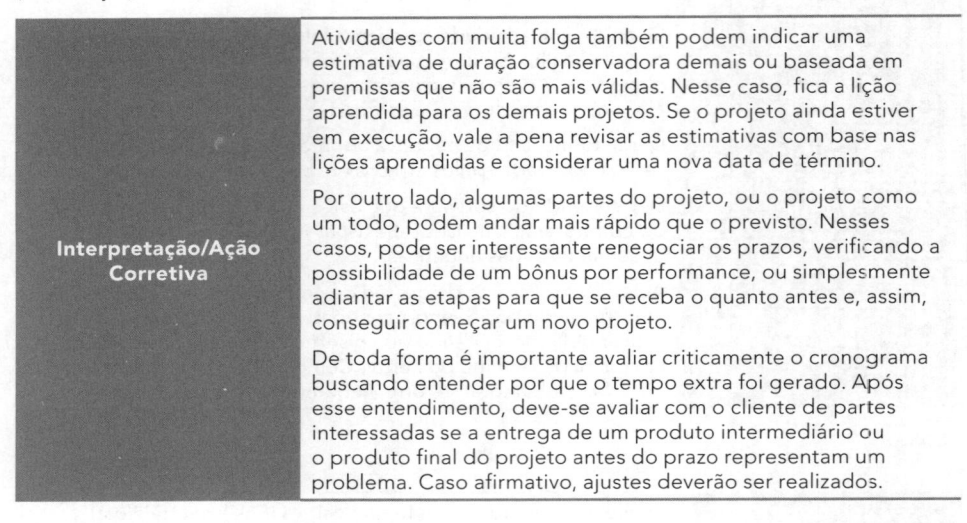

Interpretação/Ação Corretiva	Atividades com muita folga também podem indicar uma estimativa de duração conservadora demais ou baseada em premissas que não são mais válidas. Nesse caso, fica a lição aprendida para os demais projetos. Se o projeto ainda estiver em execução, vale a pena revisar as estimativas com base nas lições aprendidas e considerar uma nova data de término.
	Por outro lado, algumas partes do projeto, ou o projeto como um todo, podem andar mais rápido que o previsto. Nesses casos, pode ser interessante renegociar os prazos, verificando a possibilidade de um bônus por performance, ou simplesmente adiantar as etapas para que se receba o quanto antes e, assim, conseguir começar um novo projeto.
	De toda forma é importante avaliar criticamente o cronograma buscando entender por que o tempo extra foi gerado. Após esse entendimento, deve-se avaliar com o cliente de partes interessadas se a entrega de um produto intermediário ou o produto final do projeto antes do prazo representam um problema. Caso afirmativo, ajustes deverão ser realizados.

A Síndrome dos 90%

Esse fenômeno do gerenciamento de projetos é extremamente presente na vida dos gerentes de projeto. É uma forma de estabelecer um avanço que muitas vezes gera problemas maiores na parte final do projeto especialmente abundante em ambientes de planejamento ruim e que acabam caindo nessa armadilha.

Mas o que é a síndrome dos 90%? Ela acontece quando temos atividades que estão "quase prontas", mas não terminam. Esse "fenômeno" ocorre, na maioria dos casos, quando uma atividade prevista ao se planejar o projeto possui um trabalho "escondido" ou implícito que foi subestimado. E, em geral, as atividades possuem o tal trabalho escondido porque seu detalhamento não foi feito da forma mais correta.

Por exemplo, imagine uma atividade intitulada "preparar relatório". Para cumprir essa atividade, o executor do recurso precisará:

» Obter os dados para o relatório junto ao departamento financeiro;

» Preparar o relatório propriamente dito;

» Validá-lo com o gerente.

Mesmo antes de se iniciar o trabalho principal da atividade, que é preparar o relatório, as informações têm de ser obtidas e, dependendo dos dados e da disponibilidade do pessoal do departamento financeiro, essa obtenção pode consumir um tempo variável, já que o responsável pela atividade não é o responsável pela geração dos dados. Uma vez tendo os dados e preparando o relatório o gerente ainda deverá revisar o trabalho para o aprovar. Só então a atividade poderá ser considerada completa.

Nesse exemplo, dois problemas ficam evidenciados:

» A atividade possui um trabalho ou atividade a ser executada, que está implícito na atividade e tem duração variável para execução, que é obter os dados do departamento financeiro;

» A atividade possui também outra atividade implícita que também tem um tempo variável, que é a validação do gerente.

Quando essa atividade atrasar, o gestor do projeto tem consciência de que a disponibilidade do gerente nem sempre acontece como o planejado inicialmente ou que o departamento financeiro no final do mês tem outras prioridades que não são providenciar as informações necessárias. Isso, no entanto, não é claro para o cliente ou outros *stakeholders*, que só veem que a atividade "preparar relatório" não está concluída no prazo.

Naturalmente, é comum que em diversas atividades, ou até em todas as atividades, ocorra o "ataque" da síndrome dos 90%. Ou seja, podemos esperar uma ocorrência generalizada desse problema no cronograma, atrasos em todos os pacotes de trabalho e outros inconvenientes.

É comum esquecer que o cronograma é tanto uma ferramenta do dia a dia do gerente do projeto como também um veículo de comunicação com todas as partes interessadas.

Quando o cronograma começa a acumular algumas atividades "quase" completas, o projeto como um todo atrasa. Esses atrasos vão exigir um plano de ação que deverá ser desenvolvido e implementado e, para isso, tempo do gestor do projeto e do cliente (no mínimo) serão consumidos para aprovação e acompanhamento. Sem mencionar o fato de que, sempre que um plano de ação para colocar o projeto nos trilhos deve ser implementado, gera-se um desgaste para o gerente do projeto.

Assim, fica claro que a síndrome dos 90% pode gerar muitos problemas, atrasos e trabalho adicional.

Para evitar a síndrome dos 90% podem ser adotadas algumas práticas, tais como:

» **Definir um conceito de pronto para algumas atividades.**
Como dito anteriormente e definido em métodos ágeis, como o Scrum, o conceito de pronto auxilia na compreensão das partes interessadas sobre o que deve

ser executado para que uma determinada atividade seja considerada completa. Geralmente ao se definir quando considerar uma atividade pronta se estabelece, implicitamente, a qualidade esperada da atividade.

Definir o conceito de pronto é muito útil, mas é uma técnica que deve ser usada com parcimônia, pois é quase impossível definir um conceito de pronto para cada atividade. Mas agrega muito valor quando é estabelecido para pacotes de trabalho ou entregas importantes.

» **Verificar se revisões, validações ou levantamento de informações estão implícitos nas atividades planejadas.**

Tomar cuidado para que "revisões", "aprovações", "obtenção de informações" e outras não estejam implícitas nas atividades. Esses tipos de subatividades podem demorar um tempo imprevisível já que, para que um gerente revise algo, pode ser necessário marcar data, reservar sala etc. e as informações que são necessárias podem não estar disponíveis de forma imediata ou serem geradas por outro grupo com prioridades diferentes das do projeto.

» **Assegurar que cada atividade tem um e somente um responsável.**

No exemplo, a atividade "preparar relatório" possui duas subatividades implícitas e que não são de responsabilidade do executor ou responsável pela atividade, já que o envio dos dados pelo departamento financeiro é de responsabilidade do departamento financeiro (a responsabilidade do condutor responsável da atividade é solicitar as informações) e a validação é de responsabilidade do gerente do projeto (o responsável deve preparar e apresentar o relatório para o gerente, mas a aprovação é de responsabilidade do gerente).

Quando for detectado esse tipo de trabalho implícito na atividade, ou seja, quando se verifica que outro é responsável por parte do trabalho, é importante desmembrar a atividade. Uma boa forma de explicitar as responsabilidades, e poder cobrar as pessoas e áreas certas em caso de atraso, seria detalhar a atividade "preparar relatório" criando mais quatro atividades que seriam:

1. "Solicitar dados ao departamento financeiro", que será executada pelo responsável;

2. "Gerar dados para o relatório", que será executada pelo departamento financeiro;

3. "Preparar o relatório", que será executada pelo responsável;

4. "Validar relatório", que será executado pelo gerente.

Com esse detalhamento ficará claro para o gestor do projeto e partes interessadas quem é responsável por cada parte do trabalho. Também permite que os responsáveis corretos sejam identificados e cobrados, em caso de atrasos e facilita o gestor do projeto caso um plano de ação seja necessário para corrigir eventuais desvios.

Lembre-se que nenhuma alteração no cronograma do projeto deve ser feita sem o processo adequado (PMBOK 6.7 Controlar o Cronograma) e sem o controle adequado (PMBOK 4.5 Realizar o Controle Integrado de Mudanças).

Lukas (2008) aponta algumas técnicas que podemos utilizar para medir o progresso das atividades e assim estabelecer formas de se afirmar que uma porção do trabalho está ou não concluída. Dessas técnicas duas são especialmente úteis para combater a síndrome dos 90%:

» **Unidades completadas:** tarefas que envolvem repetição de um conjunto de atividades facilmente quantificáveis e em que cada conjunto de atividades requer aproximadamente o mesmo esforço. Essa quantificação pode ser em homens — hora, materiais, máquinas, custos diretos ou esses itens combinados, o importante é a semelhança da composição para as tarefas. Por exemplo, a tarefa "realizar reserva de hotel no Brasil" deve consumir aproximadamente os mesmos recursos (tempo + material + outros) que "realizar reserva de hotel na Argentina". Outro exemplo poderia ser "construir uma parede de tijolos" e "construir uma parede de tijolos de cimento".

» **Marcos incrementais:** pacotes de trabalho podem e devem ser divididos em séries de atividades a serem desenvolvidas para ser realizado. Ao se completar uma atividade ou um conjunto de atividades conclui-se um marco associado. Assim se mede o progresso e incrementa-se seu correspondente valor agregado, somente quando se alcança cada um desses marcos. Isso permite que, em vez de se definir critérios de pronto para todas as atividades, esses sejam definidos para marcos que só são atingidos ao se completar um conjunto de atividades, facilitando o controle.

Registrando o Avanço Físico no Cronograma

A atualização de atividades é uma das questões mais complexas com relação ao monitoramento e controle de projetos.

Ao se atualizar o avanço físico de um projeto, para as atividades encerradas, basta inserir a data de término efetiva, também chamada de real. Os problemas são aquelas atividades que estão parcialmente completas. Nesse momento surgem dúvidas normais tais como:

» Como saber se uma atividade avançou 30% ou 35%?

» Como justificar para a gerência superior o avanço das atividades?

Suponha uma atividade com duração de 22 dias úteis (ou um mês). Supondo que a data de *status* do projeto se dá três dias após essa atividade ser iniciada, surge a seguinte questão: como é possível dizer qual o avanço da atividade após três dias de seu início? Para isso, o que o gerente do projeto ou o responsável pelo cronograma fazem? Calculam um *pro rata,* um valor proporcional para estimar o avanço? Perguntam para o responsável pela atividade se ele está com 15% ou 22% da atividade completa? Bom, fica claro que definir o avanço dessa atividade se tornou algo nada trivial, apesar de ser algo corriqueiro na rotina de todo projeto.

Certa vez observei um gestor de projeto que havia decidido fazer um *pro rata* da atividade. Assim, registrou o avanço de 14%. Ao apresentar o cronograma na reunião de *status* mensal com o cliente a inevitável pergunta surgiu: "mas como você chegou à conclusão que a atividade avançou 14%?", de pronto o gestor respondeu "ora, fiz uma conta *pro rata*", ao que o cliente retrucou "e o que representa, de fato, 14% do trabalho concluído? Há algo que eu possa ver?".

Uma máxima importante em qualquer projeto é "se algo é difícil de explicar ou gera mais perguntas do que certeza provavelmente está errado".

Outra questão importante é se o gerente do projeto consegue garantir que dará o mesmo tratamento para todas as atividades que precisarem ser atualizadas fora dos momentos mais óbvios como início (+– 0%), meio (+– 50%) e fim (+– 100%).

Uma forma de resolver esse tipo de problema é adotar o padrão 0%, 25%, 50%, 75%, 100%, ou seja, faixas de 25% de avanço predefinidas. Dessa forma, ao se adotar um padrão de registro do avanço, a explicação do percentual de avanço das atividades e o acompanhamento ficam mais claros e padronizados, e o padrão permite que os resultados possam ser utilizados para comparações futuras entre atividades, pacotes de trabalho ou mesmo entre projetos.

Os percentuais sugeridos são interpretados conforme segue:

» 0%: atividade não iniciada;

» 25%: atividade iniciada. Não interessa se ¼ do trabalho foi realmente feito. Nesse momento, a atividade "se beneficia" dessa forma de registro de avanço;

» 50%: quando aproximadamente a metade do trabalho está pronto;

» 75%: a atividade está completa, basta somente uma validação ou aprovação. Nesse momento, a atividade é "penalizada" até que os eventos implícitos sejam cumpridos e a atividade possa realmente ser considerada pronta;

» 100%: quando não faltar nenhuma aprovação ou evento implícito na atividade.

Com essa forma de registrar o avanço físico, o único ponto em que pode haver alguma dificuldade é no momento de definir quando a atividade atinge 50%. Fora isso, está claro quando se dá o avanço dos percentuais.

É importante ressaltar que a análise de valor agregado será afetada positivamente ao se iniciar a atividade e penalizada em seu término, assim, a interpretação deve ser cuidadosa. Essa forma de registrar o avanço das atividades pode ser combinada com a definição de "pronto", assim os 100% não são questionados, pelo menos não com facilidade.

Projetos que Envolvem Inovação

Em projetos de pesquisa e desenvolvimento ou projetos que envolvam inovação, é comum encontrar tarefas de longa duração. Tal fenômeno se dá pela própria incerteza natural dos projetos inovadores e que dificultam, em muitos casos, um detalhamento adequado durante a fase de planejamento.

Nesses casos talvez seja necessário estabelecer mais faixas de avanço físico como de 10% em 10%. Para esses casos é importante que os critérios de cada faixa sejam claros e possam ser aplicados a todas as atividades.

Independentemente do padrão a ser adotado, seja de 10% em 10% ou de 25% em 25%, é fundamental atribuir um significado a cada faixa de avanço estabelecido, acordar com as partes interessadas a forma de registro e o significado de cada faixa, e padronizar, para todas as atividades do projeto, a forma de registro.

Outra opção é definir o projeto em fases e detalhar cada uma dessas fases, empregando a metodologia anteriormente indicada.

Definição de Pronto

A definição de pronto é um conceito comum em métodos ágeis de gestão de projetos e consiste em se definir, claramente, qual o critério para se considerar que uma atividade está pronta, ou seja, estabelecer o critério para que a atividade esteja com 100% de avanço físico.

Ao se estabelecer a definição de pronto ficará claro para todos:

» Quando o trabalho terminou;

» Quanto trabalho ainda está faltando, facilitando inclusive a estimativa de atingimento de 50% de avanço físico;

» Os parâmetros de qualidade que se esperam do resultado da atividade; e

» A expectativa do cliente ou dos consumidores da informação e/ou do resultado da atividade.

Por exemplo, para uma atividade chamada "Validar Relatório Gerencial" pode ser necessário que o gerente funcional, o gerente do projeto e o cliente validem o relatório do projeto. Nesse caso, a atividade tem três critérios implícitos que devem ser atendidos antes de se poder afirmar que a atividade está pronta e o gestor do projeto possa registrar seu avanço físico igual a 100%. Assim, a definição de pronto seria: ter o relatório validado pelo gerente funcional, pelo gerente do projeto e pelo cliente. Com essa definição, fica claro tudo que a atividade deve atingir para que seja considerada completa.

Em projetos com centenas de atividades, ter uma definição de pronto para cada atividade seria inviável para o gestor do projeto. Nesses casos, podem ser estabelecidas as definições de pronto por:

» Pacote de trabalho;

» Marco ou entregável;

» Atividades no caminho crítico ou

» Atividades de maior duração.

Cabe ao gerente do projeto e seu cliente chegarem a um acordo para que o acompanhamento tenha qualidade, credibilidade junto ao cliente e seja factível pelo gerente do projeto.

Nota: ao se adotar uma definição de pronto e faixas de registro de avanço físico, a síndrome dos 90% torna-se menos provável de ocorrer ao longo da vida do projeto. Combine isso com durações razoáveis e acompanhamentos frequentes e o monitoramento e controle não devem ser mais uma dor de cabeça!

Acompanhando um Cronograma Conforme a Corrente Crítica

Há uma mudança de paradigma no acompanhamento do cronograma feito conforme a Corrente Crítica recomenda. A forma tradicional de se acompanhar é verificar se, em determinada data, as atividades estão atrasadas ou adiantadas, por meio de um índice de performance. Se uma empresa contratada para executar uma obra é remunerada dessa forma, o que a impede, então, de fazer as atividades não críticas de complexidade menor, para garantir que receberá mais cedo?

Outra forma de se acompanhar é por meio da variação da duração do projeto, olhando o caminho crítico. Todos os problemas de nivelamento de recursos colocados anteriormente podem prejudicar essa análise.

Então, como devo acompanhar o projeto se estou usando a metodologia de corrente crítica? Como devo atuar como gerente de projetos com relação a minha equipe executora?

O gerente do projeto não deve criticar os executores se as atividades durarem mais tempo que o previsto. De fato, 50% das atividades devem durar mais que previsto e 50% menos. Assim, a duração média do projeto será preservada e, salvo fatos externos ao controle do gerente do projeto, o projeto deverá consumir o pulmão e chegar na meta devida.

Algumas sugestões que Geekie (2006) fornece ao gestor do projeto na orientação da execução são:

a. Começar a trabalhar nas atividades assim que as entradas necessárias tiverem sido completadas, ou seja, atividades predecessoras encerradas (evitando a síndrome do estudante);

b. Dedicar 100% do tempo para a atividade enquanto a executa (fugir do *multitasking*); e

c. Concluir o trabalho assim que possível (evitando a lei de Parkinson).

O método da corrente crítica busca eliminar a execução do projeto dirigida por datas (*date driven project management*). Em vez de termos datas específicas nas quais as atividades devem se iniciar, temos durações previstas para as atividades que são acompanhadas e atualizadas no cronograma, afetando os pulmões.

O gerenciamento por meio dos pulmões (*buffer management*) é, então, a solução apontada para gerenciar o projeto. A todo tempo, se tivermos o acompanhamento adequado dos pulmões, saberemos se o projeto está em andamento no prazo adequado, em perigo de atrasar ou com elevada probabilidade de atrasar.

O método deverá se dar da seguinte forma:

a. Definir o tamanho dos pulmões de acordo com alguma metodologia. O trabalho de Geekie (2006) é focado nos métodos para determinação do tamanho de pulmões;

b. Avaliar o progresso do projeto periodicamente e verificar o consumo dos pulmões;

c. Se houver consumo dos pulmões além de um limite predeterminado (gatilho), disparam-se ações para acelerar o projeto ou, se um segundo limite for excedido, ações emergenciais serão tomadas.

As regras para intervenção podem ser absolutas ou variáveis. A figura abaixo, extraída de Geekie (2006), ilustra:

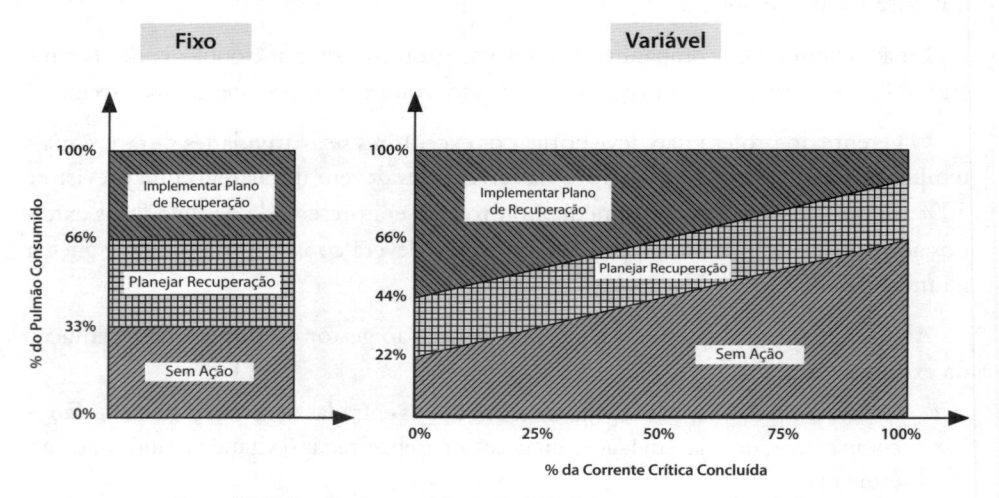

Figura 49: Limites fixo (esquerda) e variável (direita) para consumo do pulmão.

A escala da esquerda é absoluta e nos diz que, se o consumo do pulmão exceder 1/3, devem ser tomadas ações para planejar a recuperação do projeto. Se exceder 66%, o plano deve ser implementado. O gráfico da direita é mais interessante em nossa experiência, e faz uma relação entre o percentual de consumo do pulmão e o andamento do projeto. Consumir 25% do pulmão antes de o projeto começar já o coloca na zona de alerta. Utilizando a escala absoluta, ainda estaríamos na zona de conforto. Por outro lado, se o projeto já está 90% concluído e você tem 50% do pulmão consumido, pode ser uma situação bastante confortável, e não de alerta. Como delimitar as zonas de conforto, alerta e perigo será função do tipo de projeto, do gerente e, sobretudo, da organização como um todo.

Para encerrar, vamos retornar a nosso exemplo. Suponha que estejamos no final do quinto dia do projeto, ou seja, uma semana após o início. Fazendo o controle semanal, verificamos que as atividades completadas foram A, D e metade da atividade E. Como podemos atualizar nosso projeto? Como está a situação dos pulmões?

Se as atividades A, D e E foram realizadas, podemos dizer que, de nossa corrente crítica de 11 dias, cinco já foram completados. Podemos afirmar, de forma simples, que já completamos 5/11 = 45% da corrente crítica. Verifiquemos como está a situação em termos dos pulmões:

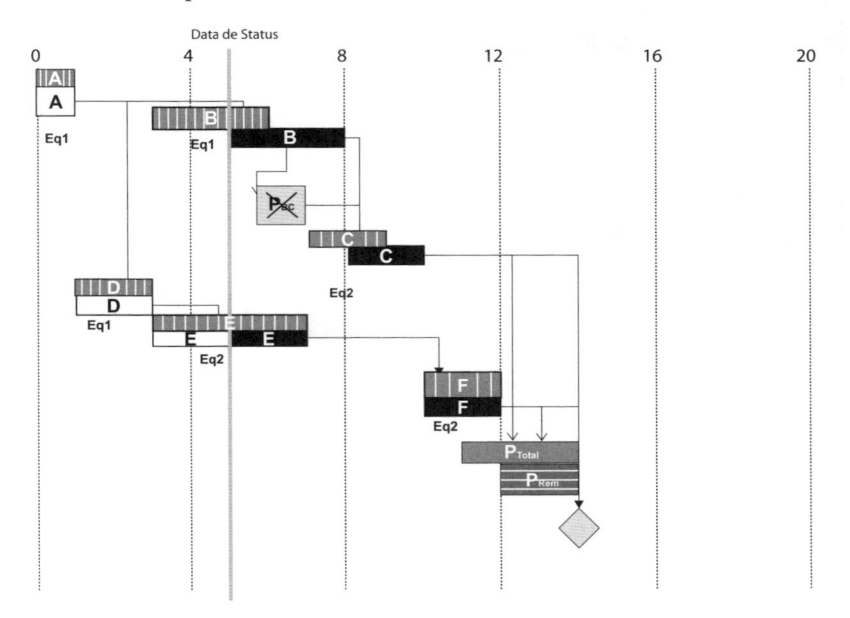

Figura 50: Gráfico de Gantt — Atualizando um cronograma com pulmões (01).

No gráfico, em cinza claro temos as atividades cumpridas. Em preto, as remanescentes. Note que o pulmão entre as atividades B e C foi totalmente consumido, uma vez que a atividade B atrasou seu início em dois dias. A nova projeção do projeto considera, então, que as atividades C e F se iniciem com atraso. A nova projeção é terminar em 12 dias e, assim, um dia do pulmão do projeto foi consumido. O consumo do pulmão do projeto foi de 33%.

Repare que a corrente crítica agora passa pelas atividades B, C e F. Para correção de nosso índice, devemos considerar que concluímos as atividades A, D e ainda falta fazer B, C e F. Ou seja, ainda falta caminhar sete dias na corrente crítica. Há, agora, uma folga referente à atividade E de um dia. A conta mais correta é considerar que caminhamos 5/12 ou 42% da corrente crítica.

Suponhamos agora que estamos fazendo o acompanhamento no dia 9. A situação do projeto é conforme o gráfico abaixo:

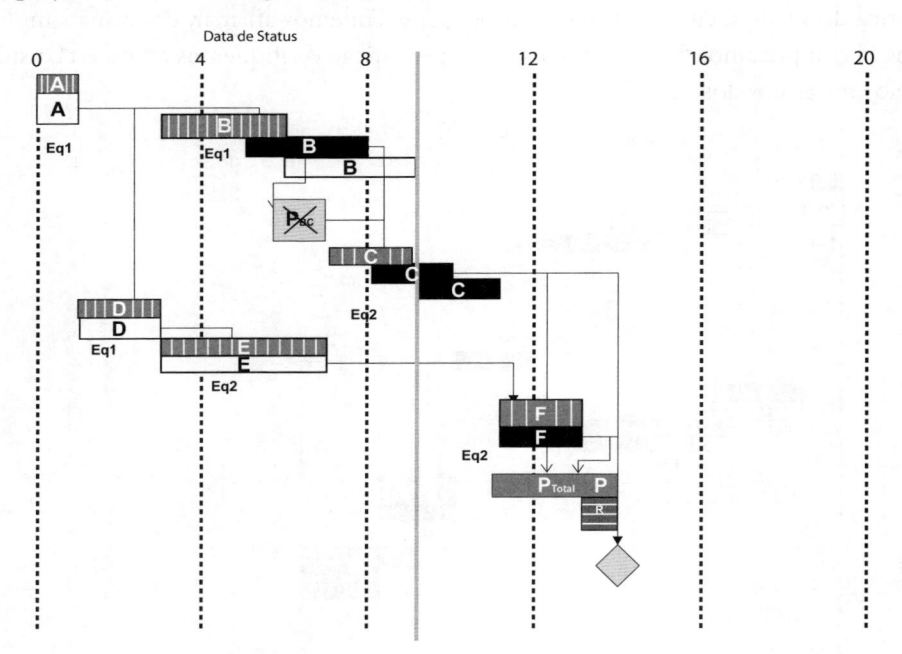

Figura 51: Gráfico de Gantt — Cronograma conforme dia nove de execução.

Podemos verificar que a atividade B foi completada, tendo se iniciado um dia após seu replanejamento (em preto). A atividade B se encerrou um dia após a previsão. Adicionalmente, a atividade C não se iniciou, tendo atrasado pelo menos dois dias já com relação a seu início previsto, em cinza com listras verticais. Com isso, a atividade F, que originalmente estava prevista para o dia 9 se iniciará dia 11, no melhor dos casos. Repare que a atividade F terminará no dia 13, o que faz com que tenhamos consumido mais um dia do pulmão do projeto. Por outro lado, já completamos nove dias de um total de 13 da corrente crítica, ou seja, completamos 69% da corrente crítica.

O próximo relatório será preparado ao final do dia 11. Consideremos que a tarefa C foi concluída no prazo. A figura a seguir ilustra o cronograma:

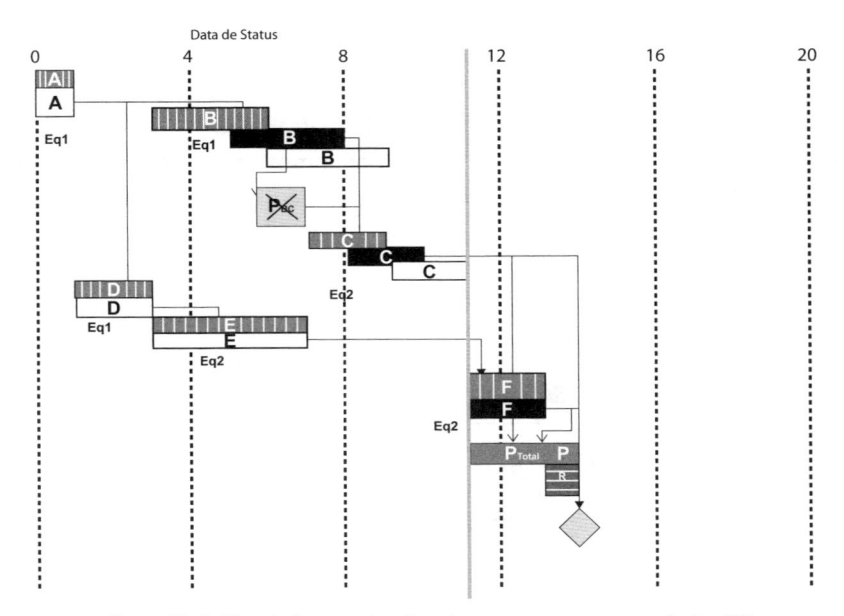

Figura 52: Gráfico de Gantt — Atualizando um cronograma com pulmões (02).

Podemos verificar que ainda temos um dia de pulmão remanescente e dois dias de atividades. Foram utilizados 66% do pulmão e, com relação à corrente crítica, foram cumpridos 11 dias em 13 previstos, ou seja, 11/13 = 85%. Podemos afirmar que o projeto segue bem, mas deve se tomar cuidado para se encerrar no prazo. Podemos apresentar o gráfico de acompanhamento do consumo do pulmão e evolução do projeto, conforme ilustrado no exemplo acima.

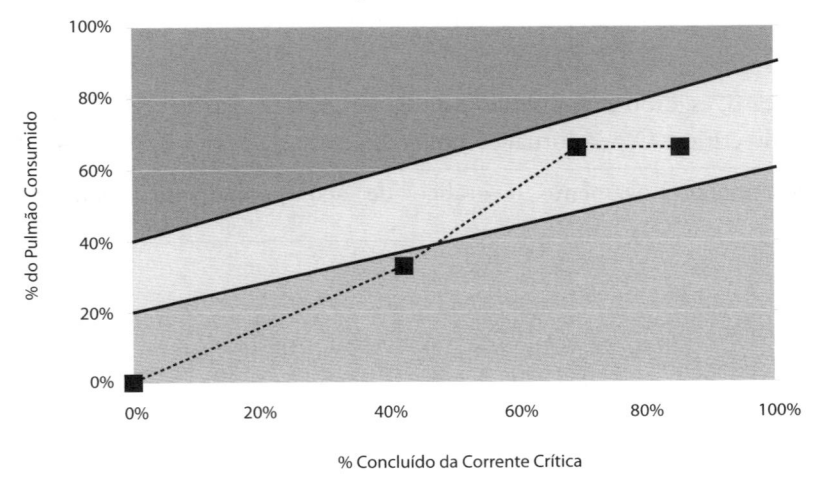

Figura 53: Fever Chart — Acompanhamento do consumo do pulmão.

Verificamos que na segunda medição após o início do projeto entramos na zona de atenção.

Consideremos agora que demoramos um dia para iniciar a atividade C e ela se encerrou, também, um dia mais tarde. Ainda possuímos um dia de pulmão, ou seja, usamos 66% do mesmo. O percentual de avanço físico, medido pelo percentual da corrente crítica concluído, é de 11/13 = 85%.

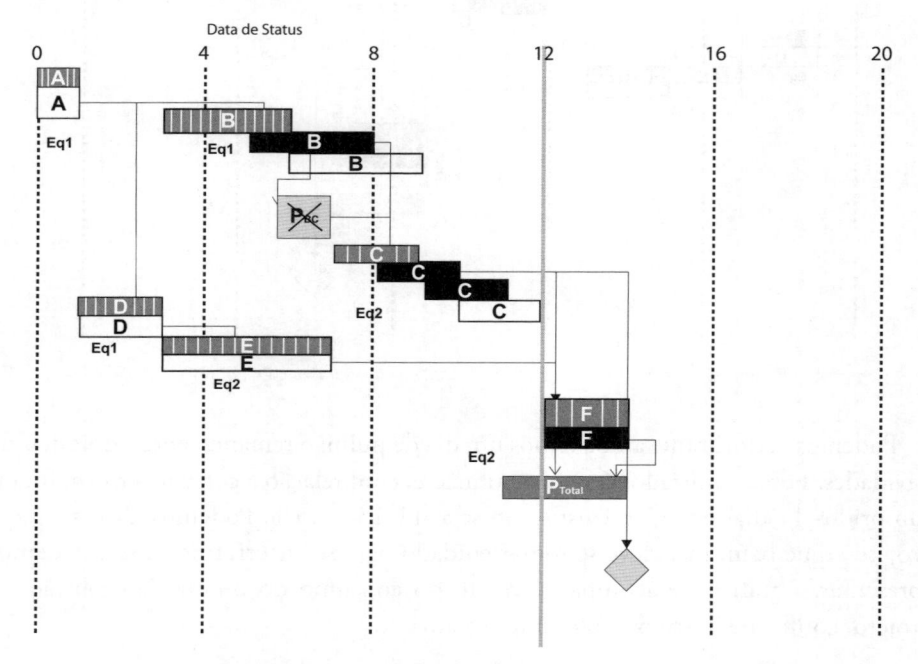

Figura 54: Gráfico de Gantt — Atualizando um cronograma com pulmões (03).

Nesse caso, esgotou-se o pulmão e ainda temos dois dias de trabalho pela frente no caminho crítico. O percentual completo da corrente crítica é de 12/14 = 86%.

Vamos plotar novamente o gráfico de acompanhamento, para esse caso catastrófico:

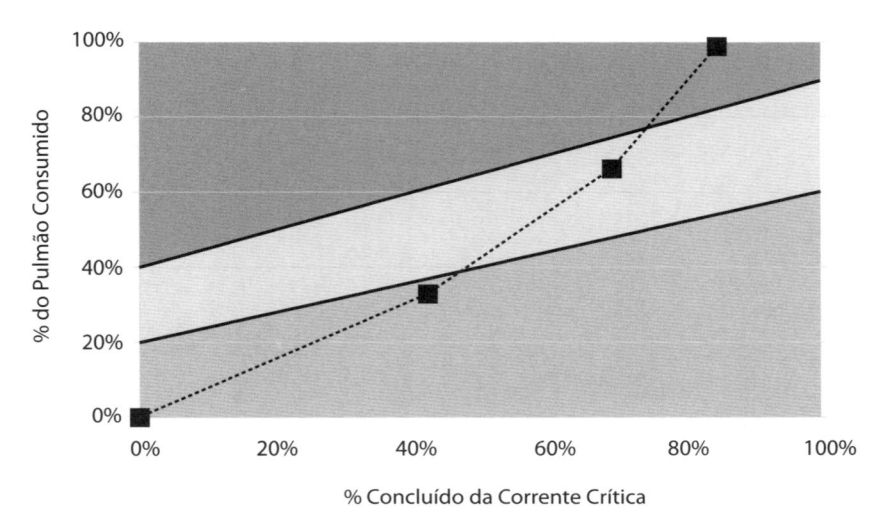

Figura 55: Fever Chart — Pulmão 100% consumido.

O gráfico ilustra a situação complicada do projeto, que não pode atrasar mais nada para chegar a seu objetivo. Está no estado de máxima atenção.

Verificamos que a relação entre o percentual concluído da corrente crítica e o percentual do pulmão consumido, dois indicadores básicos, nos fornecem conjuntamente um indicador mais robusto para definir se ação será de observação, de atenção e preparação ou ação, executando o plano preparado, observada a localização da proporção no gráfico acima. Esse indicador nos fornece subsídios à tomada de decisão.

Sugerimos uma leitura das referências citadas no texto para uma compreensão maior do tema Corrente Crítica e sobre a aplicação da teoria das restrições ao gerenciamento de projetos.

Capítulo 4

Indicadores de Desempenho

Neste capítulo chegamos ao ponto mais alto da escala dos indicadores, que é medir o desempenho, a performance, o quando o projeto está aderente ao planejamento para se atingir suas metas. Todo projeto tem um fim específico, um resultado esperado, e deve obter esse resultado em suas diversas dimensões. Assim, temos que cada uma das dez dimensões possui indicadores de resultado, apontados resultados "independentes", porém todos ligados ao resultado esperado do projeto. Ter sucesso no projeto significa ter essas dez dimensões planejadas e controladas.

As dez dimensões, para serem planejadas, monitoradas e avaliadas são: escopo, tempo, custo, qualidade, recursos humanos, comunicação, risco, aquisições, partes interessadas e integração. Não é coincidência que essas dimensões também são os Capítulos 4 a 13 do PMBOK.

O escopo deste livro é o cronograma e os elementos necessários para o construir, ou seja, nosso foco é na dimensão tempo, porém é importante lembrar que um projeto é mais que um cronograma, ele é um conjunto de elementos os quais são colocados juntos e de forma coordenada para se atingir um resultado.

Podemos ver pelos capítulos anteriores que o planejamento e o monitoramento e controle são "meios" para atingir a performance desejada, ou seja, projetos bem planejados e bem acompanhados são pré-requisitos para gerar indicadores de qualidade os quais permitam uma avaliação clara para dar suporte à tomada de decisões com qualidade. Essa qualidade na tomada de decisão não significa que o projeto termina com sucesso ou atingindo seus objetivos, mas significa que a melhor decisão para o negócio sempre estará disponível e fundamentada. É importante destacar que nem sempre a melhor decisão para o negócio é continuar com o projeto até o fim[1].

A visão do PRINCE2 para benefícios

Dentro da visão do PMI, o término com sucesso do projeto significa atingir o resultado esperado (planejado) nas dez dimensões dentro do tempo de vida do projeto. No PRINCE2 isso também é verdade, porém ele vai um pouco além. O PRINCE2 reconhece que o projeto pode não apresentar todos os benefícios durante sua vida, dessa forma, um dos produtos exigidos pelo PRINCE2 no término do projeto é o "Plano de Revisão de Benefícios".

---

[1] No PRINCE2 a ideia de manter o projeto alinhado ao negócio é tão presente que faz parte do centro de sua filosofia e princípio. Durante todo o projeto, esse alinhamento é validado, verificando se a justificativa de negócios continua a justificar a continuidade do projeto.

Esse plano descreve os benefícios esperados durante a vida do projeto e após seu encerramento. Nesse plano também estão informações sobre como medir os resultados e quando é esperado que esses benefícios ocorram.

De todos os planos de um projeto PRINCE2 consideramos este o mais interessante, pois é possível avaliar os legados positivos que o projeto deixará e quais os frutos que o negócio pode colher ao longo do tempo.

As dez dimensões ou áreas de conhecimento da gestão de projetos devem ser entendidas como meios para um fim. Por exemplo, apesar de a gestão de risco ser essencial no projeto, no final, o sucesso do projeto não vai se remeter à análise de risco, pois não adianta mitigar todos os riscos e o custo do projeto o tornar inviável; por outro lado, a gestão dos riscos pode aumentar e muito a chance de sucesso. O mesmo pode ser dito de funções como recursos humanos, qualidade, aquisições, comunicação, partes interessadas e integração.

Kerzner (2011)[2] avalia que a definição de sucesso em um projeto vem mudando ao longo do tempo. Ele considera que o sucesso é medido pela restrição tripla, cujos lados representam prazo, custo e performance (que pode ser entendida como a soma da qualidade do produto mais a realização do escopo com o cumprimento da performance técnica). A satisfação do cliente também é muito importante e deve ser considerada, bem como fatores secundários, tais como se estabelecer como uma referência no mercado, obter reputação corporativa, atender a restrições regulatórias, alinhamento estratégico e outros. Além disso, os objetivos do projeto devem ser priorizados de alguma forma. A definição de sucesso deve ter algum componente referente a valor, e apresentar múltiplos componentes referentes às diversas dimensões do gerenciamento de projetos.

Para efeitos do objetivo desse capítulo, consideramos performance o atendimento aos objetivos do projeto, principalmente no que se refere às dimensões mais tangíveis de custo, prazo e, quando for possível, escopo.

Em última instância, nossa experiência mostra que o sucesso do projeto, ou da maioria, será medido pelo atendimento aos requisitos, realizando o escopo, dentro do tempo e no custo. Esses é que serão os fatores determinantes para avaliação do desempenho do projeto. Assim, podemos dizer se o projeto está tendo sucesso, ao longo de sua execução, com poucas perguntas:

» Estamos realizando as atividades no ritmo previsto?

---

[2] KERZNER, H. Project Management Metrics, KPIs and Dashboards: A Guide to Measuring and Monitoring Project Performance. IIL Press, New York, 2011.

» Estamos realizando as atividades no custo e dentro do orçamento previsto?

» Estamos realizando as atividades corretas, sem escopo adicional ou redução de escopo?

Um item que não está nas perguntas anteriores mas que é muito importante é a comunicação. Conforme Kerzner (2011), "um sistema de métrica, não importando quão bom seja, pode não gerar interação entre os *stakeholders*. As métricas não são um substituto para a comunicação efetiva no gerenciamento de um projeto".

Como o escopo do projeto deve atender aos interesses dos *stakeholders*, comunicar a realização do escopo atendendo às dimensões custo e prazo é a essência dos relatórios de *status*. As dimensões custo e prazo combinam-se com os conceitos de valor agregado gerando indicadores de performance, além de outros que se somarão a esse conjunto para formar um panorama mais diverso e ampliado da *performance* do projeto.

De forma alguma deve se dispensar o papel das outras dimensões no gerenciamento de projetos, principalmente os complexos. Alguns desses indicadores são mais específicos, como na dimensão de aquisições, avaliando contratos e níveis de serviço, ou para a área de recursos humanos, avaliando clima organizacional, treinamentos e ambiência, entre outros.

Nos próximos tópicos deste capítulo, serão discutidos alguns aspectos fundamentais e conceitos iniciais de avaliação da performance. Em seguida, uma lista de indicadores de desempenho será apresentada. O tópico sobre Gestão do Valor Agregado (*Earned Value Management*) será desenvolvido posteriormente, assim como a integração entre as dimensões custo e prazo, que é uma necessidade constante no gerenciamento dos projetos.

Conceitos Iniciais de Performance

Seguindo o PDCA, *Plan* (planejamento) está coberto pelo segundo capítulo e *Check* (monitoramento e controle) está coberto pelo terceiro capítulo. Para o *Act* (agir) é necessário entender se o desvio identificado é relevante ou não e qual será o impacto dele no projeto, assim sendo, verificar a performance do projeto é fundamental para que a ação para que uma ação, caso necessário, seja tomada.

Você já ouviu a expressão "matar mosca com tiro de canhão"? Se sim, você sabe do que estou falando. Se não, a expressão trata de tomar medidas extremas (um canhão) para combater um problema pequeno (a mosca). Agora, pense por um minuto: você acha fácil matar uma mosca com um palito? Talvez um tiro de canhão possa ter mais chances de eliminar o pequeno problema? Ou talvez utilizar um apetrecho mais adequado e proporcional para a solução do problema como um mata-moscas? Com essas questões em mente fica claro, então, compreender o que é performance e como medi-la.

Entende-se como performance ou desempenho a eficiência com que algo reage ou cumpre seu propósito pretendido. Desempenho também significa "execução de um trabalho, atividade, empreendimento etc, que exige competência e/ou eficiência" (*Dicionário Aurélio da Língua Portuguesa*).

Eficiente x Eficaz

Eficiente significa fazer bem-feito. Eficaz significa fazer a coisa certa. É possível fazer uma apresentação muito rapidamente e ser eficiente, mas para o público-alvo errado e a apresentação não ser eficaz. Em outras palavras fez-se com eficiência a coisa errada. O inverso é ainda mais comum e ambos se traduzem em atraso para o projeto. O foco deve estar na efetividade, que é fazer a coisa certa (eficácia) da melhor forma possível (eficiência).

A avaliação da performance requer um processo periódico e regular, tal como a avaliação do planejamento e do monitoramento e controle, como já foi demonstrado nos capítulos iniciais do livro. É importante lembrar que os indicadores de planejamento e de monitoramento e controle qualificam ou não um projeto para uma avaliação coerente de seu desempenho, o que não significa ter boa performance!

A consequência do planejamento ou do monitoramento e controle realizados de forma incorreta ou incoerente é que seus indicadores apresentarão desvios, com base nesses desvios inicia-se um processo de ajuste e uma nova geração dos indicadores é realizada. Isso pode levar a um *loop* de sucessivas revisões dos planos até que a consistência seja atingida e às custas de bastante retrabalho. E todo esse trabalho (ou retrabalho) é a base para a medição da performance.

A consequência da avaliação do desempenho realizada de forma incorreta ou com insumos problemáticos é a tomada de decisão sobre um resultado errado que, provavelmente, levará a revisões dos planos do projeto, de prazo, de custo e a ações gerenciais que podem conduzir o projeto a uma direção indesejada.

Certa vez atuando como PMO perguntei a um gerente se a data de uma certa atividade estava "firme"? E ele me respondeu "firme como prego no mingau". Apesar de ter rido no momento, ficou claro que as bases que ele usou para fornecer a data eram tão sólidas que não resistiriam a primeira "chacoalhada". Se os fundamentos não estão firmes ou não são confiáveis, como você espera que seu prego permaneça firme? Sem a base adequada, nem o prego, nem o projeto e nem o gerente do projeto permanecerão firmes.

Uma característica interessante é que o desempenho de um projeto pode ser comparado com outros similares. Isso cria referências internas e externas possibilitando o trabalho de *benchmarking* para a referência que em conjunto com as lições aprendidas podem gerar um conjunto de boas práticas para serem adotadas em projetos futuros. Tanto os mais bem-sucedidos como os nem tanto, devem ser avaliados, pois aprender com os erros é tão importante quanto aprender com os acertos.

Outra característica é que o desempenho de um conjunto de projetos pode ser reunido para se obter uma visão de portfólio integrado. Com essas características observa-se uma clara distinção entre a dimensão desempenho e suas qualificadoras (planejamento e monitoramento e controle).

Método do Valor Agregado

O método do valor agregado é uma forma bastante utilizada e conhecida para agregar, dentro de um projeto, medidas de escopo, prazo, custo, além de buscar uma avaliação conjunta dos mesmos.

PMI (2014) ilustra amplamente o conceito no capítulo de Gestão de Custos do Projeto (Capítulo 7) e, aqui, faremos uma breve análise do conteúdo lá desenvolvido apresentando alguns exemplos práticos.

As condições para utilizarmos a análise de valor agregado são:

» O cronograma deve, obrigatoriamente, possuir informações que permitam relacionar custo e prazo;

» A linha de base deve estar definida e ser efetivamente uma referência;

» O progresso deve ser medido de forma periódica e sistemática.

É surpreendente a quantidade de projetos, inclusive em grandes empresas, que possuem cronogramas que não estão alinhados à estrutura de custos. Ter uma EAC (Estrutura Analítica de Custos) que esteja relacionada com a EAP (Estrutura Analítica do Projeto) é importante e necessário para o cálculo do valor agregado.

Conforme visto na síndrome dos 90%, algumas regras de medição de progresso mais efetivas e padronizadas que a declaração pura e simples de um percentual de progresso "chutado" devem ser adotadas. Essas regras de medição do avanço das atividades podem também viabilizar a análise de valor agregado, pois permitem que o progresso do projeto seja registrado de forma constante e consistente.

Independentemente da forma de se medir o avanço de uma tarefa, temos de dispor de alguma forma para determinar o percentual de progresso da atividade, para que esse seja o mais fidedigno ou o mais coerente possível com a realidade.

Conceitos Importantes para a Gestão de Valor Agregado

Alguns princípios fundamentais para o gerenciamento do valor agregado devem ser considerados. Vamos a estas definições.

» **Valor Planejado (VP)**

Representa o "orçamento autorizado designado para o trabalho a ser executado para uma atividade ou componente da EAP" (PMI, 2014). Assim, esse é o valor em dinheiro referente a um pacote de trabalho ou a uma atividade pertencente a um pacote de trabalho. O Valor Planejado (VP) de todo o projeto é denominado de Orçamento no Término (ONT).

» **Valor Agregado (VA)**

É o "valor do trabalho terminado expresso em termos do orçamento aprovado atribuído a esse trabalho para uma atividade ou componente da EAP" (PMI, 2014). Esse é o valor que o trabalho realizado agrega ao projeto.

Por exemplo, se uma parede custa R$ 350,00 o metro quadrado, então ao se terminar de construir dez metros quadrados, podemos dizer que R$ 3.500,00 foram agregados ao projeto, mesmo que o muro ainda não esteja terminado.

Outro exemplo pode ser o caso de um relatório que levará dez horas para ser feito, onde a hora custe R$ 250,00. Ao se terminar 25% do relatório, pode-se dizer que o valor agregado ao projeto é de 25% de dez horas a um custo de R$ 250,00 por hora, ou seja, o valor agregado será de R$ 625,00.

» **Custo Real (CR)**

É "o custo total incorrido e registrado na execução do trabalho para uma atividade ou componente da EAP" (PMI, 2014). Representa o valor efetivamente desembolsado ou empenhado para cumprir a atividade ou pacote de trabalho.

Quando uma atividade é executada sem atrasos ou desvios, seu Custo Real ao término tende a ser igual ao Valor Agregado pelo trabalho realizado e que é igual ao Valor Planejado para a atividade.

Consideremos que determinado projeto possua duas atividades A e B, conforme ilustração abaixo:

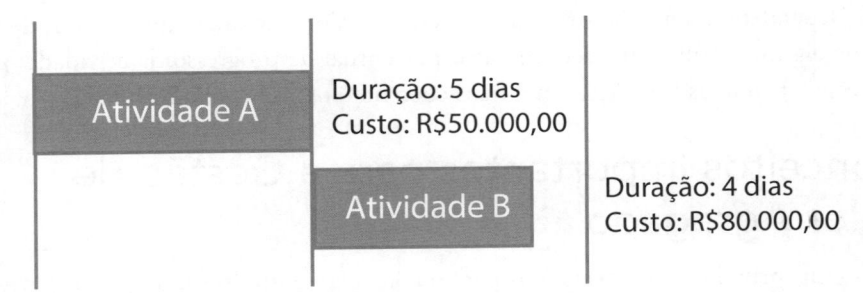

Figura 56: Exemplo de valor agregado.

Ao final da primeira semana, será feita uma análise do resultado do projeto. O valor planejado após esses cinco dias de trabalho (VP) é o orçamento previsto (VP) da atividade A, ou seja, R$ 50.000,00.

Vamos observar outra situação. Consideremos que a atividade A, após cinco dias, tenha sido cumprida parcialmente e seu avanço real é de 75%. Lembre-se que o valor planejado para esses cinco dias era de R$ 50.000,00. O valor agregado será:

VA = 75% x VP, ou seja, VA = 75% x R$ 50.000,00 = R$ 37.500,00

Vamos considerar que, para realizar esses 75% do trabalho, o custo real foi de R$ 30.000,00.

Como a atividade A (duração planejada de cinco dias e valor planejado de R$ 50.000,00) está 75% completa, ainda faltam 25% para serem realizados. Quando os 25% restantes forem realizados eles agregarão:

VA = 25% x VP, ou seja, VA = 25% x R$ 50.000,00 = R$ 12.500,00

Assim, se esses 25% do trabalho restante forem realizados conforme o custo planejado, teremos que o custo real desses 25% será de R$ 12.500,00.

Com isso teremos que a atividade A terá em seu término um custo real de R$ 30.000,00 mais os R$ 12.500,00 restantes, totalizando um CR de R$ 42.500,00.

Uma forma rápida de avaliar o projeto é a partir da variação encontrada nos custos e nos prazos. Dois indicadores bastante simples derivam daí.

Variação de Prazos (VarP)

Denominado por PMI (2009) como VP e que, para evitar confusão com o Valor Planejado (que já definimos como VP) chamaremos a Variação de Prazo de VarP. Assim, VarP representa a diferença entre o Valor Agregado e o Valor Planejado: **VarP = VA – VP.**

VarP é uma medida de eficiência, de performance no tempo, uma vez que um projeto que possua valores negativos terá realizado, dentro do tempo previsto, menor agregação de valor que a prevista.

No exemplo anterior, o Valor Agregado foi de R$ 37.500,00 enquanto o Valor Planejado havia sido de R$ 50.000,00. Assim teremos que:

VarP = R$ 37.500,00 – R$ 50.000,00 = –R$ 12.500,00.

ou,

VarP = 75% – 100% = –25%.

Indicador	Variação de Prazo (VarP)
Descrição	Variação de prazo com base no valor agregado ao projeto pela atividade.
Fórmula	VarP = Valor Agregado – Valor Planejado
Classe do Indicador	Performance
Processo Relacionado	Controlar o Cronograma (PMBOK 6.6)
Interpretação/Ação Corretiva	Quando Variação de Prazo (VarP) for positiva significa que a agregação de valor ao projeto está ocorrendo mais rápido do que o planejado, ou seja, o trabalho está adiantado. Quando VarP for menor negativa significa que menos valor foi agregado ao projeto, então esse está atrasado. Ao se olhar a variação do prazo em diversos momentos ao longo do tempo, pode-se observar uma tendência. Se VarP for sistematicamente positiva pode indicar um planejamento muito conservador. Por outro lado, se VarP for sistematicamente negativa pode indicar um erro de estimativa do projeto. Em ambos os casos uma revisão do planejamento deverá ser necessária.

Variação de Custos

Denominado pelo PMI (2009) como VC e que, para efeito de padronização com a Variação de Prazos, denominaremos VarC. É a diferença entre o Valor Agregado e o Custo Real: **VarC = VA − CR**.

Relembrando que a atividade A estava orçada em R$ 50.000,00, custou de fato R$ 30.000,00, e por estar incompleta agregou R$ 37.500,00 (75% de seu valor), calculemos então as variações:

VarP = VA − VP = 37.500 − 50.000 = −12.500

e

VarC = VA − CR = 37.500 − 30.000 = +7.500

Uma rápida análise nos dirá que o projeto está atrasado, pois VarP é negativa, demonstrando que ainda falta agregar valor (realizar trabalho) a uma atividade que já deveria estar completa, ou seja, já deveria ter agregado todo seu valor.

Podemos dizer ainda que a atividade está sendo executada, mesmo com atraso, abaixo do custo. Como VarC é positiva em R$ 7.500,00 significa que os 75% de trabalho já realizados custaram R$ 7.500,00 a menos do que havia sido planejado.

Indicador	Variação de Custo (VarC)
Descrição	Variação de custo das atividades do projeto.
Fórmula	VarC = Valor Agregado − Custo Real
Classe do Indicador	Performance
Processo Relacionado	Controlar o Cronograma (PMBOK 6.6)
Interpretação/Ação Corretiva	Quando a VarC for positiva significa que o valor agregado pelo trabalho realizado teve um custo menor que o planejado, ou seja, o custo real foi menor que o custo planejado.
	Quando a variação de custo é negativa, significa que o valor agregado pelo trabalho realizado teve um custo maior que o planejado, ou seja, o custo real é maior que o custo planejado.
	Ao se avaliar sucessivamente a variação de custos, será possível observar uma tendência. Caso VarC seja sistematicamente positiva, o custo das atividades foi superestimado ou muito conservador e, caso VarC seja sistematicamente negativa significa que a estimativa de custos foi subestimada. Em ambos os casos pode ser necessária uma revisão do planejamento e estimativa de custos.

Tais indicadores podem ser convertidos em índices, o que sempre é mais adequado quando se deseja comparar projetos de diferentes valores. Naturalmente, um desvio de R$ 500 mil em um projeto orçado em R$ 2 milhões é mais significativo do que em um projeto de orçamento de R$ 40 milhões.

Dessa forma, PMI (2009) define dois índices para acompanhamento da variação de prazo e de custo dos projetos.

Índice de Desempenho de Prazos (IDP)

Corresponde à relação entre Valor Agregado e Valor Planejado (IDP = VA / VP), de forma que representará o quanto do trabalho planejado para um determinado período foi efetivamente agregado ao projeto.

Indicador	Índice de Desempenho de Prazo (IDP)
Descrição	É um índice que representa quanto do trabalho planejado foi realmente realizado.
Fórmula	IDP = Valor Agregado/Valor Planejado
Classe do Indicador	Performance
Processo Relacionado	Controlar o Cronograma (PMBOK 6.6)
Interpretação/Ação Corretiva	Quando o IDP é menor que 1,0, o projeto está agregando menos valor que o planejado, ou seja, o trabalho e o projeto estão atrasados. Se o IDP for maior que 1,0, o projeto está agregando mais valor que o planejado, ou seja, o trabalho e projeto estão adiantados. O desempenho de prazo deve ser avaliado em conjunto com o desempenho de custos, pois estar atrasado e abaixo do custo pode ser ruim, mas atrasado e acima do custo é bem pior!

Índice de Desempenho de Custos (IDC)

Similarmente ao IDP, o IDC verificará a relação entre o Valor Agregado e o Custo Real (IDC = VA / CR).

Indicador	Índice de Desempenho de Custo (IDC)
Descrição	É um índice que representa qual a relação entre o trabalho realizado e o custo planejado.
Fórmula	IDC = Valor Agregado/Custo Real
Classe do Indicador	Performance
Processo Relacionado	Controlar o Cronograma (PMBOK 6.6)
Interpretação/Ação Corretiva	Quando o IDC é maior que 1,0 significa que por um mesmo custo, mais trabalho que o previsto está sendo realizado; e quando o IDC é menor que 1,0 significa que o custo do trabalho **está** maior que o planejado. Em ambos os casos entender o motivo da variação é importante.

Os dois indicadores, IDC e IDP, seguem a lógica de "quanto maior, melhor". Intuitivamente poderíamos pensar que um IDC acima de 100% (ou acima de 1,00 no caso da fórmula) representaria que o trabalho foi feito a um custo mais elevado; e um IDP acima de 100% (ou acima de 1,00 no caso da fórmula) indica que mais trabalho que o planejado foi realizado até o momento. Assim, estes indicadores devem ser avaliados em conjunto para se ter uma visão completa do projeto.

Para nosso exemplo, podemos calcular os indicadores. Relembrando que a atividade A estava orçada em R$ 50.000,00, custou de fato R$ 30.000,00 e, por estar incompleta, agregou R$ 37.500,00 (75% de seu valor), teremos:

IDP = VA/VP = R$ 37.500,00/R$ 50.000,00 = 0,75, ou seja, menos trabalho realizado do que foi originalmente planejado.

IDC = VA/CR = R$ 37.500,00/R$ 30.000,00 = 1,25, ou seja, o custo dos 75% do trabalho realizado foi menor que o planejado.

Olhando os dois índices em conjunto podemos dizer que o projeto está atrasado, porém os custos realizados foram abaixo do esperado. Nem sempre custos abaixo do previsto refletem um uso adequado e racional dos recursos. Podem, na verdade, representar uma situação em que os materiais ou mão de obra empregados não estão no nível de qualidade requerido (daí o custo reduzido frente ao planejado), e pode haver uma degradação no resultado do projeto, gerando perda de qualidade.

Os processos de qualidade descritos por PMI (2009) devem ser empregados para garantir a verificação e ações no sentido de manutenção e aprimoramento da qualidade, bem como que o projeto se atenha ao escopo acordado, e que as alterações nele sejam devidamente processadas e autorizadas pelas partes interessadas com competência para tomada de tais decisões.

A situação de nosso projeto permite, por exemplo, que seja empenhado um valor de R$ 7.500,00 para buscar recuperar o tempo perdido, ou seja, usar o saldo em conta para tentar recuperar o atraso representado tanto pela VarP negativa como pelo IDP menor que 1,0.

De acordo com Kerzner (2007), para fazermos a Análise de Variação do projeto, cinco questões devem ser respondidas:

» Qual problema está causando a variação?

» Qual seu impacto em prazo, custo e performance?

» Qual o impacto em outros esforços, se houver?

» Quais ações corretivas estão sendo realizadas ou planejadas?

» Quais são os resultados esperados das ações corretivas?

Esses indicadores (IDP e IDC) buscam retratar a situação do projeto em um determinado momento. Naturalmente, é possível fazer previsões para o projeto em seu término, o que também é previsto na Metodologia de Análise de Valor Agregado.

Orçamento no Término (ONT)

O projeto possui uma estimativa de orçamento total ou, conforme a metodologia de valor agregado, **Orçamento no Término (ONT)**, e que corresponde ao orçamento total planejado no início do projeto.

ONT = Orçamento total do projeto,

ou,

$ONT = \Sigma \, VPs$

Estimativa no Término (ENT) e Estimativa para Terminar (EPT)

A qualquer momento do projeto é possível, baseando-se nos valores registrados de Valores Agregados (VA), Valores Planejados (VP) e Custos Realizados (CR), projetar uma estimativa do custo total ou Estimativa no Término (ENT).

Tipicamente, a Estimativa no Término (ENT) representa quanto dinheiro será investido no projeto até seu término, e se baseia na soma dos Custos Reais (CR) até o momento da avaliação com a **Estimativa para Terminar** (EPT), que representa quanto dinheiro ainda será necessário investir no projeto para ser terminado.

ENT = CR + EPT

É importante destacar que a Estimativa no Término (ENT) do projeto pode ser diferente do Orçamento no Término (ONT). O Orçamento no Término é o orçamento do projeto conforme o planejamento.

Se considerarmos uma variação no desempenho do projeto, ou seja, se verificarmos ao longo do projeto que o índice de desempenho de custos variou (IDC<1 ou IDC>1), teremos um projeto que está consumindo os recursos financeiros diferentemente do planejamento, e assim teremos que: ENT ≠ ONT, ou seja, CR + EPT <> Σ VPs.

Indicador	Estimativa no Término (ENT)
Descrição	Estimativa do custo total do projeto em seu término.
Fórmula	ENT = CR + EPT
Classe do Indicador	Performance
Processo Relacionado	Controlar o Cronograma (PMBOK 6.6)
Interpretação/Ação Corretiva	A estimativa do custo total do projeto em seu término é fortemente influenciada pelos índices de performance de custos e de prazo. Se o projeto tem sua execução conforme o planejamento, teremos IDC e IDP iguais a um. Assim, ao longo do projeto, a estimativa no término será sempre igual ao orçamento no término, ou seja, a realização do projeto seguirá conforme o planejado. Se IDC ou IDP variarem de um, seja para mais ou menos, teremos um ritmo de consumo de recursos financeiros diferentes do planejado e, nesse momento, a estimativa no término será diferente do orçamento no término, ou seja, o realizado estará diferente do planejado.

PMI (2009) propõe três diferentes formas de cálculo da Estimativa no Término (ENT). São eles:

1. **Trabalho será realizado no ritmo orçado.**
   Considera que o restante do trabalho do projeto será realizado conforme previsto no planejamento (IDC = 1), independentemente dos índices de realização passados. Dessa forma, teremos:

   EPT = ONT – VA

   ENT = CR + EPT = CR + ONT – VA

   Nessa opção de cenário do projeto, todo trabalho que ainda não foi agregado será realizado conforme o planejamento, ou seja, o índice de desempenho de custos do projeto desse momento em diante será um (IDC = 1).

   Essa forma de cálculo, apesar de ser uma opção, não consideramos que seja boa. Imagine um projeto com um histórico de problemas que o levou a gastos superiores ao planejamento, ou seja IDC < 1 e VarC < 1. A não ser que o problema tenha sido solucionado, não é razoável supor que a performance do projeto retornará ao patamar planejado inicialmente.

2. **Trabalho será realizado no ritmo histórico considerando o IDC.**
   Nesse caso, consideramos que o trabalho remanescente (EPT) será agregado conforme o IDC do projeto até o momento do cálculo da estimativa, ou seja, se

o IDC vem apresentado de forma consistente ao longo do tempo um aumento de 10% dos custos (IDC = 0,9), a previsão do Orçamento no Término considerará também esse aumento.

EPT = (ONT – VA)/IDC

ENT = CR + EPT = CR + (ONT – VA)/IDC

Como o IDC foi definido como VA/CR, temos que CR = VA/IDC. Assim, a expressão acima fica:

ENT = VA/IDC + ONT/ IDC – VA/IDC, ou seja, ENT = ONT/IDC

Essa forma de se avaliar quanto o projeto gastará até seu término, sua estimativa no término, é bem mais adequada e considera que a realidade do projeto, ao menos no quesito desempenho, está diferente do que se esperava no planejamento.

Podemos entender o índice de desempenho do projeto como uma lição do projeto. Utilizar o IDC na estimativa de gastos até o término do projeto é utilizar a lição demonstrando que foi uma lição aprendida.

3. **Trabalho será realizado no ritmo histórico considerando o IDP e o IDC.**
   Essa abordagem, um pouco mais complexa, considera que haverá um impacto tanto do desempenho em prazo quanto do desempenho em custos no projeto. Assim, considera-se que um projeto que está atrasado e custando mais caro que o previsto terá impactos nos dois fatores.

   O desempenho de prazo pode impactar muito os custos, especialmente quando houver multa por atraso na entrega, ou necessidade de continuar ocupando um espaço, ou alugando equipamentos, ou pagando a folha de funcionários, e assim por diante.

   Considerando os dois principais fatores do projeto, custo e tempo, a estimativa ficará segundo a fórmula:

   EPT = (ONT – VA)/(IDC x IDP)

   ENT = CR + EPT = CR + (ONT – VA)/(IDC x IDP)

   Essa terceira forma é com certeza a que leva mais fatores em consideração, e é a que tem a maior precisão para indicar qual será o custo total do projeto em seu término.

   Em todos os três casos, é importante destacar que todos são estimativas. Como não existem fatos no futuro, esses são chutes bem fundamentados para se prever o futuro do projeto então, sem querer parecer pessimista, surpresas ainda podem ocorrer.

Exemplos das Três Formas de Previsão de Custos do Projeto

Vejamos como fica a previsão para o custo no término do projeto conforme os três métodos descritos anteriormente. Lembrando os valores que temos calculados até o momento:

ONT	R$ 130.000,00
VA	R$ 37.500,00
CR	R$ 30.000,00
VP	R$ 50.000,00
IDP	75% (0,75)
IDC	125% (1,25)

» **Método 1:** segundo o método 1, o trabalho será realizado no ritmo orçado, então teremos:

$ENT_1 = CR + ONT - VA$

$ENT_1 = R\$ 30.000,00 + R\$ 130.000,00 - R\$ 37.500,00$

$ENT_1 = R\$ 122.500,00$

Resultado: a estimativa no término é de 94% do orçamento no término (ONT), ou seja, o projeto gastará pouco menos do que custo total previsto.

» **Método 2:** segundo o método 2, o trabalho será realizado no ritmo histórico considerando o IDC, assim teremos:

$ENT_2 = CR + (ONT - VA)/IDC$

$ENT_2 = R\$ 30.000,00 + (R\$ 130.000,00 - R\$ 37.500,00)/125\%$

$ENT_2 = R\$104.000,00$

Resultado: a estimativa no término é de 80% do orçamento no término (ONT), ou seja, o projeto gastará bem menos do que o custo total previsto.

» **Método 3:** segundo o método 3, o trabalho será realizado no ritmo histórico considerando o IDP e o IDC, assim teremos:

$ENT_3 = CR + (ONT - VA) / (IDC \times IDP)$

$ENT_3 = R\$ 30.000,00 + (R\$ 130.000,00 - R\$ 37.500,00)/(125\% \times 75\%)$

$ENT_3 = R\$ 128.666,67$

Resultado: a estimativa no término é de aproximadamente 99% do custo total previsto ou orçamento no término (ONT). Como o projeto apresenta um IDP < 1, vemos que ele está atrasado, e com o IDC >1, vemos que o gasto também está menor, assim um deverá "compensar" o outro levando o projeto a terminar com o custo aproximadamente igual ao planejado. Com isso fica claro que esse é o método mais coerente de todos os três para se obter um resultado confiável.

Kerzner (2007) prevê outra possibilidade para o cálculo da estimativa no término (ENT). Ele recomenda aplicação do IDC a todos os pacotes de trabalho já iniciados, considerando o resto do custo conforme planejado. Assim, há a aplicação de um fator de ajuste (IDC) à estimativa de custos de curto prazo (pacotes de trabalho em execução, mas ainda não encerrados) fazendo com que o impacto da variação esteja restrito ao presente ou futuro muito próximo.

Caso o índice apresente resultado menor que um, o gerente do projeto deverá avaliar ações corretivas. Caso nenhuma esteja disponível, o fator de ajuste (IDC) pode ser aplicado aos demais pacotes de trabalho.

A abordagem de Kezner pressupõe que uma estrutura analítica de projeto foi criada e está alinhada a uma estrutura analítica de custos. O mesmo autor destaca que a melhor forma de identificar as causas de variação em um projeto é uma investigação detalhada dos motivos por trás desses desvios. A Gestão de Valor Agregado (GVA) permite uma visão crua de tendências dentro do projeto, podendo estar mais ou menos adequada a previsões de acordo com a natureza do projeto.

Algumas considerações adicionais. Podemos verificar, por exemplo, qual o IDC necessário para se alcançar o ONT, que equivale a dizer que podemos calcular qual o índice de desempenho de custos que o projeto deverá ter do momento da avaliação até seu término para se acertar o orçamento no término planejado.

Caso haja um replanejamento e o orçamento no término (ONT) seja revisado, podemos calcular o IDC que atinge esse orçamento revisado. Esse índice é comumente denominado Índice de Desempenho para Término ou IDPT.

Indicador	Índice de Desempenho para Término (IDPT)
Descrição	Índice de performance necessário para encerrar o projeto em seu custo total previsto (ONT).
Fórmula	IDPT = (ONT – VA)/(ONT – CR)
Classe do Indicador	Desempenho
Processo Relacionado	Controlar o Cronograma (PMBOK 6.6)

(continua)

(continuação)

Interpretação/Ação Corretiva	Esse indicador não possui uma ação corretiva, pois serve para demonstrar qual o desempenho que o projeto deverá ter, a partir de um determinado momento, para terminar dentro do orçamento planejado.
	Se o IDPT for menor que um significa que o projeto está com folga e, mesmo aumentando seus gastos, terminará dentro do custo orçado.
	Se o IDPT for maior que um significa que o projeto terá de "fazer mais por menos", ou seja, terá de reduzir seu custo para terminar dentro do orçamento.
	É claro que dependendo do histórico do projeto o novo desempenho necessário para o projeto terminar dentro do custo pode ser irreal. Imagine um projeto que vem apresentando índice de performance de custos de 0,80 por meses. Não é sensato imaginar que esse mesmo projeto vá conseguir resultados superiores a um por um período razoável de tempo para poder recuperar a diferença.

Para calcularmos o custo previsto para o projeto, temos:

ENT = CR + EPT

ENT = CR + ONT − VA.

Sabemos que IDC = VA / CR. O que queremos é realizar o trabalho restante com a verba restante, ou seja, queremos completar o VA restante (ONT − VA) com os recursos restantes (ONT − CR). Assim teremos:

IDPT = (ONT − VA)/(ONT − CR)

Para o exemplo que estamos acompanhando, podemos verificar que:

ONT	R$130.000,00
VA	R$37.500,00
CR	R$30.000,00
VP	R$50.000,00
IDP	75% (0,75)
IDC	125% (1,25)

IDPT = (ONT − VA) / (ONT − CR)

IDPT = (R$ 130.000,00 − R$ 37.500,00)/(R$ 130.000,00 − R$ 30.000,00)

IDPT = R$ 92.500,00/R$ 100.000,00

IDPT = 0,925

Isso significa que, mantendo uma performance no tempo remanescente do projeto de 92,5% em custos (novo IDC), ou seja, mesmo se o projeto gastar 7,5% acima da previsão (IDC = 1,075), ainda é possível concluir o projeto no custo previsto inicialmente (ONT).

Lukas (2008) ilustra alguns motivos pelos quais a análise de valor agregado não atinge seus resultados pretendidos na maioria dos casos de aplicação. São eles:

- » Requisitos não documentados ou incompletos;

- » EAP não utilizada, aceita ou incompleta;

- » Planejamento sem integração (EAP — Cronograma — Orçamento);

- » Incorreções de cronograma ou orçamento;

- » Gestão da mudança não empregada ou ineficaz;

- » Sistema de coleta de custos inadequado;

- » Influência ou controle do projeto pela gerência.

Podemos verificar que todas as motivações não são críticas ao sistema de avaliação de valor agregado, mas sim aos processos de planejamento e acompanhamento e, principalmente, a ações externas ao ambiente do projeto que podem impactá-lo.

Prevendo o Momento de Término do Projeto

O objetivo dessa seção não é apresentar todos os métodos, mas oferecer uma ideia de algumas possibilidades de se prever a duração do projeto.

Apesar de ser amplamente utilizada na indústria, a técnica de Valor Agregado transforma o tempo em custo para analisar a performance de um cronograma, no que tange o critério tempo.

Os indicadores de Variação de Prazo (VarP) e o Índice de Desempenho de Prazo (IDP) têm sua relação com o prazo do projeto. Pensando no caminho crítico e em sua análise, o trabalho agregado nas atividades não críticas pode resultar em indicadores VarP e IDP positivos, mas, ainda assim, a entrega do projeto no tempo devido pode estar comprometida.

Dessa forma, conforme PMI (2013) e Kerzner (2007) indicam, é necessário acompanhar o andamento do caminho crítico além de verificar os indicadores de valor agregado.

Alguns autores, conforme Lipke (2003) registra, criticam os indicadores VarP e IDP tais como:

» VarP é medido em unidades monetárias (tempo é dinheiro), o que torna difícil sua compreensão, e é uma fonte de confusões constantes;

» Um valor de VarP zerado pode considerar que uma tarefa está concluída, mas também pode dizer que ela está sendo executada de acordo com o planejamento, o que pode gerar erros de interpretação;

» Próximo ao fim do projeto, VarP sempre converge para zero (e IDP converge para 1), indicando uma eficiência de 100% no prazo, mesmo quando o projeto está atrasado. Como resultado, em certo ponto os indicadores se tornam não confiáveis e sua capacidade de previsão se perde próximo ao último terço do projeto e, em geral, esse é o momento mais crítico, quando as previsões precisam ser mais precisas. É quando a gerência começa a pensar em quando pode começar um novo próximo projeto ou no próximo estágio do projeto corrente.

Prazo Agregado ou *Earned Schedule*

Lipke (2003) desenvolveu um conceito denominado Prazo Agregado (*Earned Schedule* ou *ES*).

Nesse método, o valor agregado em um ponto de revisão ao longo do projeto é transladado para frente ou para trás no tempo até encontrar a curva de valor planejado. Esse momento temporal é denominado de Prazo Agregado (PA) ou *Earned Schedule* (*ES*).

A diferença de tempo entre o momento de revisão e o *ES* é a Variação de Prazo (VarP) ou *Schedule Variance over Time* (*SV(t)*).

A relação entre os dois (*SV(t)* e *ES*), medidos em dias ou em outra unidade, denomina-se *Schedule Performance Index over Time* (*SPI(t)*).

Conforme a terminologia adotada neste texto, os indicadores seriam denominados respectivamente de Variação de Prazo em Função do Tempo (VarP(t)) e Índice de Desempenho de Prazo em Função do Tempo (IDP(t)).

A figura, adaptada de Vandevoorde e Vanhoucke (2006), ilustra:

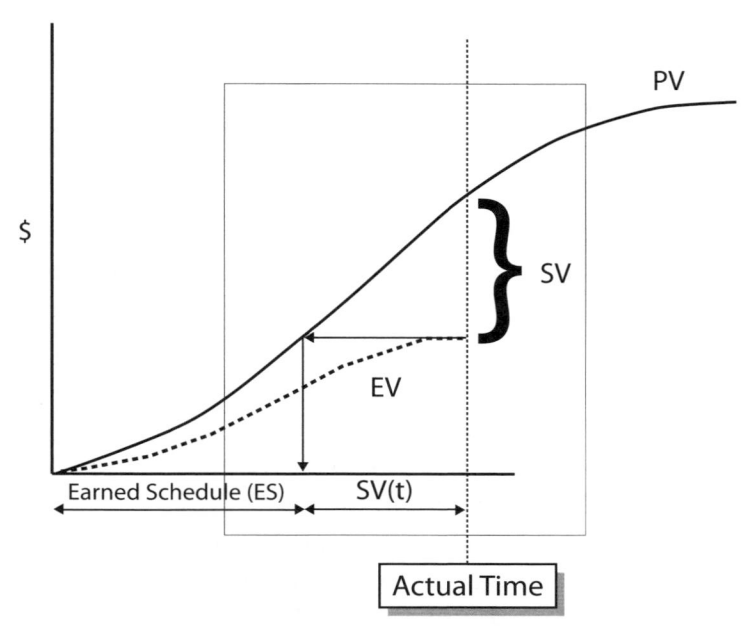

Figura 57: Prazo Agregado ou *Earned Schedule*.

O cálculo da variação de prazo (*SV*) está representada no eixo vertical, como a diferença entre *Earned Value* (*EV*) e *Planed Value* (*PV*).

$SV = EV - PV$

A alternativa adotada foi regredir o valor agregado (*Earned Value — EV*) no eixo X até encontrar a curva de *Planed Value* (*PV*). Esse tempo decorrido é o *ES*, ou *Earned Schedule*.

A diferença entre esse tempo e o tempo atual (*Actual Time*, ou *AT*) é a Variação de Prazo medida em unidades de tempo *SV(t)* ou *VarP(t)*.

Vandevoorde e Vanhoucke (2006) desenvolvem diversas formas de se prever a duração final de um projeto. De forma genérica, uma projeção de duração pode ser dada por:

ENT(t) = TA + DPTR, onde:

ENT(t) é a estimativa no término do projeto em função do tempo, em dias; TA é o tempo atual (*Actual Time*) ou último momento de revisão do cronograma; DPTR é a Duração Prevista do Tempo Remanescente do projeto, ou seja, quanto falta para o projeto acabar.

Os cálculos de ENT(t) e DPTR podem variar bastante, conforme as premissas de avaliação. Algumas dessas premissas podem ser:

» **Manutenção do planejamento original**

Acredita-se que a duração total do projeto não será afetada pelo desempenho da realização até o momento.

» **Revisão geral do projeto**

Situação totalmente contrária à anterior, em que o projeto é revisto e replanejado e os indicadores medidos até o momento em que se tornam obsoletos para a projeção.

» **Cronograma defasado**

Atrasos muito grandes no projeto levam a mudanças muito grandes e poderá ser necessário muito tempo extra para completar o projeto. Nesse caso, pode ser bom revisar o planejamento, ou adotar novas projeções.

Em outros casos, quando o projeto avança e existe confiança no cronograma proposto, é possível projetar o término considerando algumas possibilidades, como as demonstradas para a projeção da Estimativa no Término (ENT).

» **Conforme o planejamento**

Considera-se que a DPTR estará de acordo com o planejamento, que a performance passada não é uma boa previsora da performance futura, e podemos considerar que o trabalho remanescente será realizado de acordo com o plano.

» **Conforme a performance de prazo**

Considera-se, nesse caso, que a DPTR seguirá a tendência do IDP. É interessante quando a performance passada é boa preditora da performance futura e os problemas e oportunidades do passado prometem ou ameaçam se repetir no presente e futuro.

» **Conforme a performance de prazo e custo**

Nessa situação, a DPTR seguirá a tendência do IDP e do IDC, quando as performances passadas não só de prazo como de custo são determinantes para performance futura do projeto.

Os três primeiros casos acima pedem acompanhamento de desvios da projeção com base nos valores incorridos ao longo do tempo. Os três últimos casos dão origem a diferentes projeções.

Método do Valor Planejado ou
Planned Value Method

Tal método foi desenvolvido por Anbari (2003) e calcula uma Taxa de Valor Planejado (TVP ou *Planned Value Rate — PVR*), que é o Orçamento no Término (ONT) pela Duração Planejada (Dplan). Assim, teremos:

TVP = ONT/DPlan

A premissa básica é que a variação de prazo pode ser traduzida em unidades de tempo dividindo a Variação de Prazo (VarP) pela Taxa de Valor Planejado (TVP), resultando na Variação de Tempo (VT), conforme a expressão abaixo:

VT = VarP/TVP

VT = VarP / (ONT/DPlan)

VT = (VarP x DPlan)/ONT

VT = ((VA – VP) x DPlan)/ONT

Vamos chamar de Premissa 1 quando considerarmos que a duração prevista do tempo remanescente (DPTR) estará de acordo com o planejamento, que a performance passada não é uma boa previsora da performance futura e que podemos considerar que o trabalho remanescente será realizado de acordo com o plano.

Juntemos a Premissa 1 a ideia de Anbari de taxa de valor planejado para calcularmos a estimativa no término (ENT_1) e teremos a seguinte fórmula:

$ENT_1(t)_{VP}$ = DPlan – VT

Vamos chamar de Premissa 2 quando consideramos que a DPTR seguirá a tendência do IDP, ou seja, consideramos a performance passada uma boa preditora da performance futura e que os problemas e oportunidades do passado prometem ou ameaçam se repetir no presente e futuro, assim, a estimativa no término (ENT_2) ficaria assim:

$ENT_2(t)_{VP}$ = Dplan/IDP

Por fim, vamos chamar que Premissa 3 quando a DPTR segue a tendência do IDP e do IDC, ou seja, quando consideramos que as performances passadas não só de prazo como de custo são determinantes para performance futura do projeto. Assim, a estimativa no término (ENT_3) seria:

$ENT_3(t)_{VP}$ = DPlan/(IDP x IDC)

Exemplo:

Vandevoorde e Vanhoucke (2006) ilustram um exemplo simples de um projeto com sete semanas, da seguinte forma:

	Semana 1	Semana 2	Semana 3	Semana 4	Semana 5	Semana 6	Semana 7
VP	1500	4000	7500	12000	18000	26000	35000
CR	3750	9100	12750				
VA	3500	8500	12000				

É possível calcular para todas as semanas do projeto, os indicadores de desempenho de prazo e custo, bem como o produto dos dois (IDC x IDP).

	1	2	3
IDP	233%	213%	160%
IDC	93%	93%	94%
IDC x IDP	218%	198%	151%

Concluímos que, ao final da terceira semana, o projeto está bem avançado com relação ao prazo, e com custo um pouco elevado. O índice de performance "combinado" pode ser considerado, também, positivo.

Podemos visualizar os valores de VP e VA no gráfico abaixo:

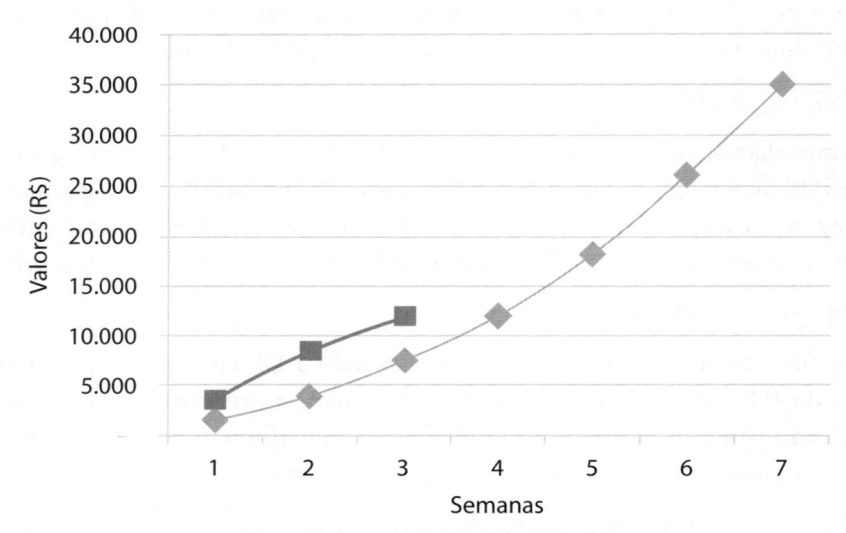

Figura 58: Exemplo de IDC, IDP e IDC x IDP.

A partir das projeções horizontais podemos calcular os valores de Duração Agregada (DA).

Na semana 1 já agregamos algo em torno de 1,8 semanas de trabalho, na semana 2 já agregamos o que deveria ser agregado em 3,22 semanas, e ao final da semana 3 já agregamos todo o trabalho necessário até o fim da quarta semana. Dessa forma, o trabalho já foi adiantado em uma semana.

Focando na semana 3, teremos alguns resultados interessantes.

Considerando o primeiro método de projeção (Valor Planejado), podemos obter os diferentes valores com base nas três premissas de projeção de prazo do cronograma. Assim, teremos a Variação de Tempo (VT) como:

$VT = VarP/TVP$

$VT = (VarP \times Dplan)/ONT$

$VT = ((VA - VP) \times Dplan)/ONT$

$VT = ((12.000 - 7.500) \times 7)/35.000$

$VT = 0,90$

Agora, de acordo com a premissa de projeção 1, estimamos que a Estimativa no Término (ENT_1) será:

$ENT_1(t)_{VP} = DPlan - VT$

$ENT_1(t)_{VP} = 7 - 0,90$

$ENT_1(t)_{VP} = 6,10$ semanas

De acordo com a premissa 2, teremos a estimativa no término (ENT_2) com valor de:

$ENT_2(t)_{VP} = Dplan/IDP$

$ENT_2(t)_{VP} = 7/1,6$

$ENT_2(t)_{VP} = 4,38$ semanas

Por fim, de acordo com a premissa 3, teremos a estimativa no término (ENT_3) de:

$ENT_3(t)_{VP} = DPlan/(IDP \times IDC)$

$ENT_3(t)_{VP} = 7/(1,6 \times 0,94)$

$ENT_3(t)_{VP} = 4,65$ semanas

Conclusão: em todos os métodos de estimativa o prognóstico do projeto é positivo e terminará antes do prazo! Agora o importante será definir qual método será usado.

A partir das estimativas acima é possível, também, calcular qual a performance em tempo necessária para atingir o final do projeto no tempo previsto originalmente. Objetivando encerrar o projeto na Data Planejada (DPlan), basta avaliar qual o índice de performance a realizar no restante do projeto para o entregar a tempo. A relação entre a estimativa no término (ENT) e a data planejada avaliará se é necessário acelerar o ritmo do projeto para encerrar no prazo ou se existe espaço para manter ou reduzir o ritmo. Esse exercício nos levará novamente aos indicadores IDP na premissa 2 e IDP x IDC na premissa 3. Se a estimativa de prazo for realizada graficamente, entretanto, o resultado poderá ser outro.

Indicadores de Performance de Projeto

Alguns outros indicadores podem auxiliar na medição do desempenho do projeto. Conforme colocado anteriormente, o Método do Valor Agregado é bastante criticado por medir desempenho de prazo, por exemplo, por meio de sua relação com o custo das atividades, supondo que atividades mais custosas devem possuir pesos maiores que atividades menos custosas. Além disso, o estabelecimento de indicadores de prazo com base em custo (Variação do Prazo em Reais, por exemplo) torna a interpretação pouco intuitiva. Uma forma alternativa de visualizar esse elemento específico é o uso do *Earned Schedule*, conforme discutido anteriormente. Assim, o objetivo dessa seção é apresentar algumas outras visões que podem ser utilizadas para avaliação dos projetos sem diminuir a importância da análise de valor agregado.

Quando o cronograma segue as boas práticas de planejamento bastante exploradas ao longo do livro, uma forma intuitiva e prática de avaliar a performance física é por meio do número de tarefas concluídas. O indicador denominado índice de execução da linha de base (IELB) verifica a relação entre as atividades concluídas efetivamente e as que deveriam ter sido concluídas até o momento de avaliação (data de *status* do projeto).

Indicador	*Baseline Execution Index (BEI)* ou Índice de Execução da Linha de Base (IELB)
Descrição	Mostra o percentual de atividades em atraso.
Fórmula	IELB = Contagem das tarefas completas/Contagem das tarefas que deveriam estar completas Tarefas completas -> são tarefas que têm data de término real definida ou percentual de completude igual a 100%. Tarefas que deveriam estar completas -> são tarefas cuja data de término planejada (na linha de base) é igual ou menor a data de *status*.
Classe do Indicador	Desempenho do projeto
Processo Relacionado	Controle do Cronograma (PMBOK 6.6)
Interpretação/Ação Corretiva	É importante destacar que as atividades sem data de término na linha de base não são contadas nesse indicador, pois supõe-se que essas atividades ainda não foram formalmente aprovadas pelas partes interessadas para gerar uma nova linha de base. Para esse indicador, valores maiores que um indicam que mais atividades que o planejado já foram concluídas. Se igual a um o projeto segue conforme o planejado e, se menor que um, menos tarefas que o planejado foram concluídas. Poderia se supor que o valor de BEI maior que um significa que o projeto está adiantado? Não necessariamente. Esse indicador é uma contagem de atividades sem considerar seus pesos no projeto, ou seja, uma atividade de um dia que seja completada antes do prazo tem o mesmo peso de uma atividade de 44 dias adiantada. Um critério de pesos pode ser adotado na contagem das atividades, mas isso tem de ser acordado com cuidado entre o gerente do projeto e as partes interessadas para que todos entendam e interpretem o indicador da mesma forma. Não é incomum que projetos tenham esse indicador variando bastante em questão de dias, então, para que o gerente do projeto não fique caçando explicações para desvios pequenos o tempo todo nem comunicando resultados muito otimistas, recomenda-se definir limites superior e inferior para uma tomada de ação. Um limite inferior de 0,90 (ou 90%) e um superior de 1,10 (ou 110%) já seriam suficientes para que pequenas variações ao computar as atividades completas não iniciem uma análise de desvio, no caso de valores menos que um, nem levem o gerente do projeto a comunicar prematuramente que o projeto está adiantado quando o indicador apresentar valor maior que um. É importante também comparar esse indicador com resultados anteriores para verificar se há uma tendência de aumento ou de queda. Se esse indicador, conjuntamente com outros, indicar atraso no projeto, o gestor deve fazer uma verificação minuciosa para identificar a causa ou causas do atraso.

O indicador anterior, conforme discutido, pode gerar informações enganosas para o projeto em função da presença de quantidades de atividades distintas nas diversas fases do projeto, de acordo com o maior ou menor detalhamento.

Além disso, está sujeito a distorções em função de tratar todas as atividades com mesmo peso e sem distinguir o caminho crítico. Cabe ressaltar que o caminho crítico deve respeitar o nivelamento de recursos, pois isso é importantíssimo para estabelecermos as atividades realmente críticas no projeto.

Nesse sentido, podemos introduzir outro indicador, que concentrará seu foco nas atividades do caminho crítico do projeto.

Indicador	Avaliação de tarefas críticas
Descrição	O caminho crítico é muito importante no projeto e deve ser acompanhado com cuidado, pois, uma vez identificados desvios no caminho crítico, a data de término do projeto pode estar em risco. Esse indicador conta a quantidade de atividades que estão no caminho crítico em atraso.
Fórmula	Esse indicador pode ter algumas variações interessantes que podem ser representativas, dependendo do porte do projeto: F1) Tarefas Críticas Atrasadas (TCA): soma das tarefas atrasadas no caminho crítico; F2) Índice de Desvio do Caminho Crítico (IDCC): contagem das atividades críticas que deveriam estar encerradas, mas não estão / Total de atividades críticas do cronograma; F3) Índice de Desvio do Caminho Crítico no Período (IDCC-p): contagem das atividades críticas que deveriam estar encerradas, mas não estão / Total de atividades críticas planejadas para terminar no período; Nota: período é o intervalo de tempo entre o último relatório de *status* e o relatório atual, ou entre duas datas de referência. F4) Índice de Desvio do Caminho Crítico Restante (IDCC-r): contagem das atividades críticas que deveriam estar encerradas e não estão / soma das atividades atuais e futuras não concluídas. Nota: atividades futuras são atividades com término planejado ou início planejado maior que a data de *status* ou maior que a data de referência.
Classe do Indicador	Desempenho do projeto
Processo Relacionado	Controlar o Cronograma (PMBOK 6.6)

Interpretação/Ação Corretiva	F1) O TCA quando maior que zero indica que o caminho crítico tem atrasos e uma análise deve ser feita para identificar se o atraso não representa um problema ou se põe em risco a data de término planejada para o projeto. Pode ser utilizado em qualquer tamanho de cronograma. F2) Índice de Desvio do Caminho Crítico (IDCC) informa o percentual de atraso na execução do caminho crítico. Ex.: considerando um projeto com cem atividades em seu caminho crítico, existem cinco atividades em atraso, então temos: IDCC = 5/100 = 0,05 (ou 5%) F3) Índice de Desvio do Caminho Crítico no Período (IDCC-p) informa o desvio entre duas datas. Ex.: considerando um projeto com cem atividades em seu caminho crítico, no período corrente oito atividades deveriam ter sido completadas, porém existem cinco atividades em atraso. Assim, teremos: IDCC-p = 5/8 = 0,625 (ou 62,5%) Neste exemplo, deixaram de ser realizadas 62,5% das atividades do caminho crítico planejadas para o período. Este indicador deve ser comparado com os gerados em períodos anteriores para verificar se existe uma tendência. F4) Índice de Desvio do Caminho Crítico Restante (IDCC-r) informa o desvio atual e futuro sem considerar as atividades já concluídas. Ex.: considerando um projeto com 100 atividades em seu caminho crítico, existem cinco atividades em atraso e ainda faltam 38 atividades, incluindo as em atraso, no caminho crítico para serem executadas até o término do projeto, então temos: IDCC-r = 5/38 = 0,13 (ou 13%) Nesse exemplo, o projeto possui 13% das atividades restantes no caminho crítico em atraso. Isso já foi dito, mas é sempre bom ressaltar: o caminho crítico se desloca na direção dos problemas, ou seja, dependendo dos problemas e desafios que o projeto encontre, o caminho crítico pode ser deslocado e isso comprometerá uma análise de tendência ou mesmo os indicadores acima descritos por um período de tempo.

Podemos medir, como um indicador secundário de performance, o percentual de atividades incompletas fora do caminho crítico. Essa avaliação permite termos uma ideia do conjunto de atividades que potencialmente podem se tornar críticas, sem ainda de fato serem. Essa análise pode ser limitada a atividades não críticas com folga inferior a um valor referencial determinado, limitando a análise àquelas atividades que realmente podem se tornar críticas se expandirem sua duração.

Esse valor referencial é útil para dar foco quando se está analisando um cronograma com alguns milhares de linhas.

Indicador	Tarefas Não Críticas Incompletas (TNCI)
Descrição	Um dos maiores problemas com o caminho crítico do projeto é que ele pode mudar com o tempo. Quando atividades não críticas são atrasadas, elas podem deslocar o caminho crítico em sua direção.
Fórmula	TNCI = Tarefas fora do caminho crítico incompletas/Total de atividades do projeto
Classe do Indicador	Desempenho do projeto
Processo Relacionado	Controlar o Cronograma (PMBOK 6.6); ou Desenvolver o Cronograma (PMBOK 6.5)
Interpretação/Ação Corretiva	Quando atividades fora do caminho crítico apresentam atrasos, é necessário identificar o motivo desses atrasos e traçar planos de ação para evitar que o caminho crítico seja alterado. Uma quantidade de tarefas muito grande incompletas pode apontar um problema como a síndrome dos 90%.

Um indicador importante a se utilizar é a variação ao término do projeto. Geralmente o índice de performance físico é a forma utilizada para se avaliar se o projeto está ou não no prazo. Índices maiores de 100% representam realização acima do previsto. No entanto, as atividades em andamento podem estar sendo realizadas em atividades fora do caminho crítico.

Dois conjuntos de pré-requisitos para usar um indicador de variação ao término e prevenir o problema de índices de performance enganosos são:

» Atualização do projeto feita de acordo com os procedimentos referenciados no Capítulo 3, ou seja:

  » Colocando as datas de inícios e términos reais das atividades;

  » Garantindo que haja uma data de referência (data de *status*);

  » Assegurando que nenhuma realização seja computada após a data de *status*; e

  » Assegurando que todas as atividades até a data de *status* estejam concluídas ou remanejadas para datas posteriores.

» Com relação ao planejamento:

  » Garantindo que a duração das atividades não seja excessivamente longa, o que dificulta o registro do avanço;

» Evitando a síndrome dos 90%;

» Estabelecendo critérios claros para registrar o avanço das atividades; e

» Garantindo que o sequenciamento esteja consistente, formando um cronograma de rede fechada.

Esses pontos destacados evidenciam muito bem a razão pela qual planejar e acompanhar bem são pré-requisitos para obter uma avaliação coerente.

A variação ao término é simplesmente uma comparação entre a data de término projetada ou prevista do projeto e o término da linha de base do projeto. Ou seja, qualquer variação positiva ao término significa um atraso no projeto, pois ele aumentou. Naturalmente, essa análise pode ser aplicada no projeto como um todo ou para pontos específicos ou marcos determinados.

Indicador	Variação ao Término do Projeto (VTP)
Descrição	Atraso ou adiantamento do projeto com relação à linha de base.
Fórmula	VTP = Data de término prevista do projeto – Data de término da linha de base
Classe do Indicador	Desempenho
Processo Relacionado	Controlar o Cronograma (PMBOK 6.6)
Interpretação/Ação Corretiva	À medida que o projeto for sendo executado e as datas de início e fim reais registradas, as variações serão identificadas. Ter variações é normal e faz parte da rotina do projeto, o que é importante é identificar qual o impacto dessas variações em eventos importantes do projeto como: • Marcos; • Eventos agendados com data fixa; • Eventos periódicos como reuniões semanais de diretores para aprovação.

Por meio da estimativa da variação ao término do projeto, é possível avaliar o Potencial de Recuperação do Prazo do Projeto (PRPP). Essa estimativa pode ser calculada com base na variação ao término do projeto. É possível calcular, para o projeto, a diferença entre a data de término da linha de base e a data de *status*, empregando esse valor como denominador. Como numerador, utilizamos a diferença entre a data de término prevista e a data de *status*. Dessa forma, podemos avaliar se uma variação no término é impactante ou não.

Considere uma variação ao término de dez dias. Se o projeto em questão é uma implementação rápida de um sistema de software programada para 40 dias e já estamos no dia 20 do projeto, será bastante complexo recuperar essa diferença. Basicamente, é preciso trabalhar o equivalente a 30 dias (os 20 remanescentes mais os dez da variação ao término) em apenas 20 dias, ou seja, aumentar a produtividade para 150%. Se for considerado que o projeto possui 1.020 dias de duração e estamos no dia 20 com um atraso de dez dias, o indicador seria $(1030 - 20) / (1020 - 20) = 1010/1000 = 101\%$, ou seja, é necessário um pequeno esforço para voltar à linha de base. Esse indicador relativiza o número absoluto da variação ao término.

Naturalmente, o cálculo empregado aplica-se apenas à compressão necessária para a(s) atividade(s) no caminho crítico, que devem reduzir dez dias. Esse trabalho pode ser possível, quando é factível dobrar ou triplicar um turno de trabalho, por exemplo, ou impossível, quando não há margem para nenhuma ação (quando se espera um item de um fornecedor, por exemplo).

Indicador	Potencial de Recuperação do Prazo do Projeto (PRPP)
Descrição	Retrata o percentual de realização físico que deve ser empregado para que o projeto termine no prazo acordado.
Fórmula	PRPP = (Data de término prevista – Data de *status*) / (Data de término da linha de base – Data de *status*)
Classe do Indicador	Desempenho
Processo Relacionado	Controlar o Cronograma (PMBOK 6.6)
Interpretação/Ação Corretiva	Esse indicador coloca a variação do término do projeto em perspectiva. Caso o indicador seja menor que 100%, o projeto tende a terminar antes do prazo. Quanto menor o percentual, maior a folga. Por outro lado, quando o indicador é maior que 100%, o projeto tende a terminar após o prazo. Quanto maior o percentual, maior o atraso. É claro que variações muito grandes, seja para mais ou para menos, do término são ruins. Imagine que o propósito do projeto é entregar um navio pesqueiro para ser operado por uma indústria de alimentos. Se o projeto adiantar muito, ou seja, se o navio estiver disponível muito antes do prazo pode ser que não haja tripulação disponível ou ainda não seja a época certa de pesca. De qualquer forma o custo de um navio parado é de algumas dezenas de milhares de dólares por dia e pode chegar a algumas centenas de milhares de dólares por dia, dependendo do caso.

Índice de Performance Física e Referências para o Planejamento

Uma questão importante para a avaliação de prazo dos projetos é a referência. Como conseguimos determinar o percentual previsto de uma tarefa em uma determinada data para ser comparado com o percentual realizado? Já foram propostas algumas sugestões para essa referência, como:

» Baseada em custo: na análise de valor agregado, temos esse tipo de referencial;

» Baseada no número de atividades: considerando atividades no caminho crítico, atividades não críticas ou o total de atividades;

» Baseada no prazo total do projeto: conforme a duração total do projeto, supondo que há uma linearidade na complexidade do cronograma ao longo do tempo;

» Baseada nos marcos do projeto: pode empregar o indicador de variação ao término, usando-o como referência para a performance física do projeto, com os atrasos projetados nos indicadores.

Além das diferentes referências, a performance pode ser medida para todo o projeto ou para as diferentes fases do mesmo projeto. Esse tipo de análise pode ser importante quando tratamos de projetos que têm seu escopo alterado com maior facilidade, como projetos de inovação ou projetos de tecnologia da informação de maior duração, em que tanto *beta testers* como grupos de foco podem inserir ou alterar requisitos no projeto.

Indicador	Percentual de Execução Planejado
Descrição	Quando o cronograma é atualizado fica fácil (se não automático) o cálculo do percentual de completude do projeto, porém com o que esse percentual deve ser comparado? Com o percentual de execução planejado.
Fórmula	(Data de referência – Data de início planejado da atividade)/ (Data final planejada – Data de início planejada)
Classe do Indicador	Desempenho do projeto
Processo Relacionado	Controlar o Cronograma (PMBOK 6.6)
Interpretação/Ação Corretiva	Comparar o percentual de execução planejado com o percentual de execução real. Como todas as atividades têm o mesmo peso, esse indicador informa qual percentual do projeto deveria estar completo em uma data de referência. Por exemplo, se uma atividade tem dez dias de duração, no dia cinco essa atividade deveria estar com 50% concluído. Se o percentual de completude dessa atividade for inferior a 50%, a atividade está atrasada.

(continua)

(continuação)

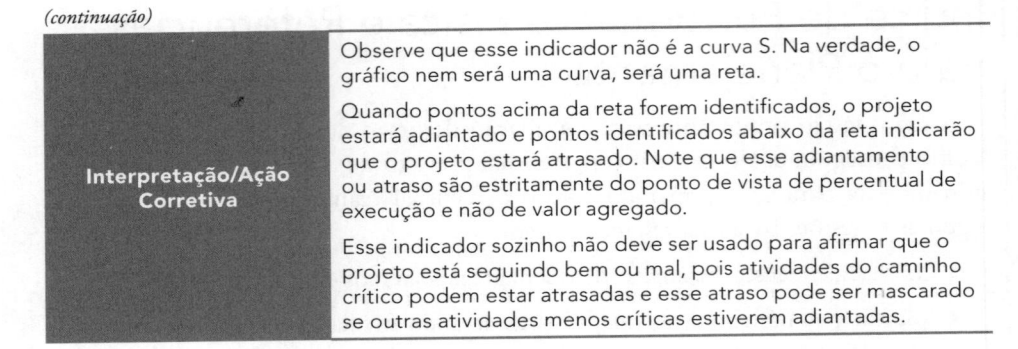

| Interpretação/Ação Corretiva | Observe que esse indicador não é a curva S. Na verdade, o gráfico nem será uma curva, será uma reta.

Quando pontos acima da reta forem identificados, o projeto estará adiantado e pontos identificados abaixo da reta indicarão que o projeto estará atrasado. Note que esse adiantamento ou atraso são estritamente do ponto de vista de percentual de execução e não de valor agregado.

Esse indicador sozinho não deve ser usado para afirmar que o projeto está seguindo bem ou mal, pois atividades do caminho crítico podem estar atrasadas e esse atraso pode ser mascarado se outras atividades menos críticas estiverem adiantadas. |

O que é importante é que a referência e o índice de performance físico guardem entre si coerência lógica, ou seja, uma curva de previsão de avanço baseada em marcos não deve ser confrontada com um avanço de orçamento empenhado ou expendido no projeto.

Gerando Curvas S Alternativas

Suponha um projeto de desenvolvimento de software, que possui a seguinte EAP:

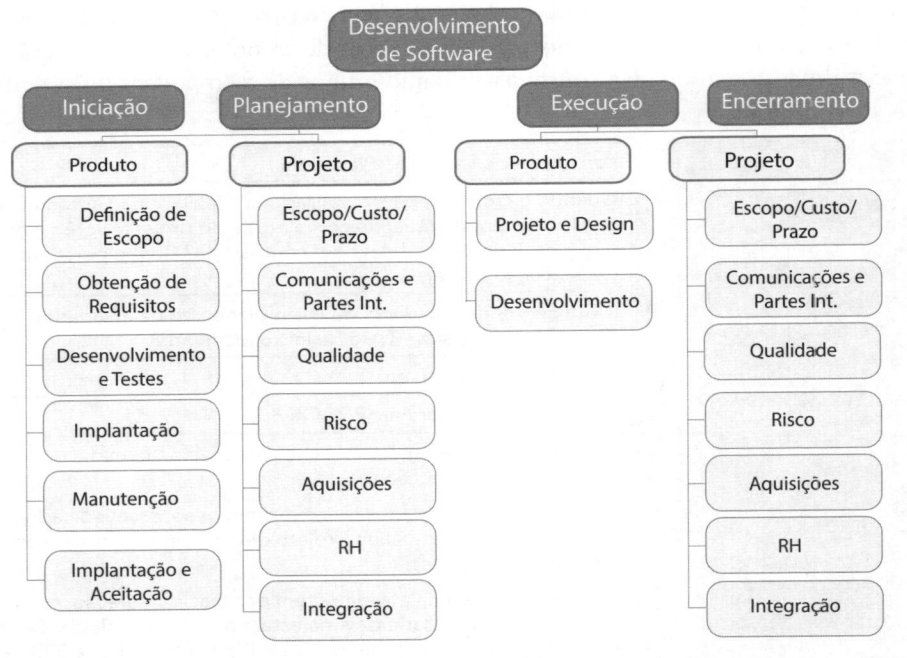

Figura 59: EAP do exemplo para percentual de execução planejado.

Trata-se de um projeto para desenvolvimento de um software com duração de dez meses e alto grau de documentação, empreendido por uma empresa com capacitação em gerenciamento de projetos. Verificamos que a EAP apresenta as fases padrão de iniciação, planejamento, execução (que engloba monitoramento e controle) e encerramento. As fases de planejamento e execução tiveram seu detalhamento ampliado na EAP, no que se refere ao produto desenvolvido, incluindo design e desenvolvimento, requisitos, implantação e testes, entre outros pacotes de trabalho; e o projeto propriamente dito envolvendo as dez dimensões identificadas pelo PMI (2013).

O cronograma do projeto, desenvolvido de forma bastante minuciosa, permitiu a identificação de 500 marcos, que seguem assim divididos pelas fases do projeto.

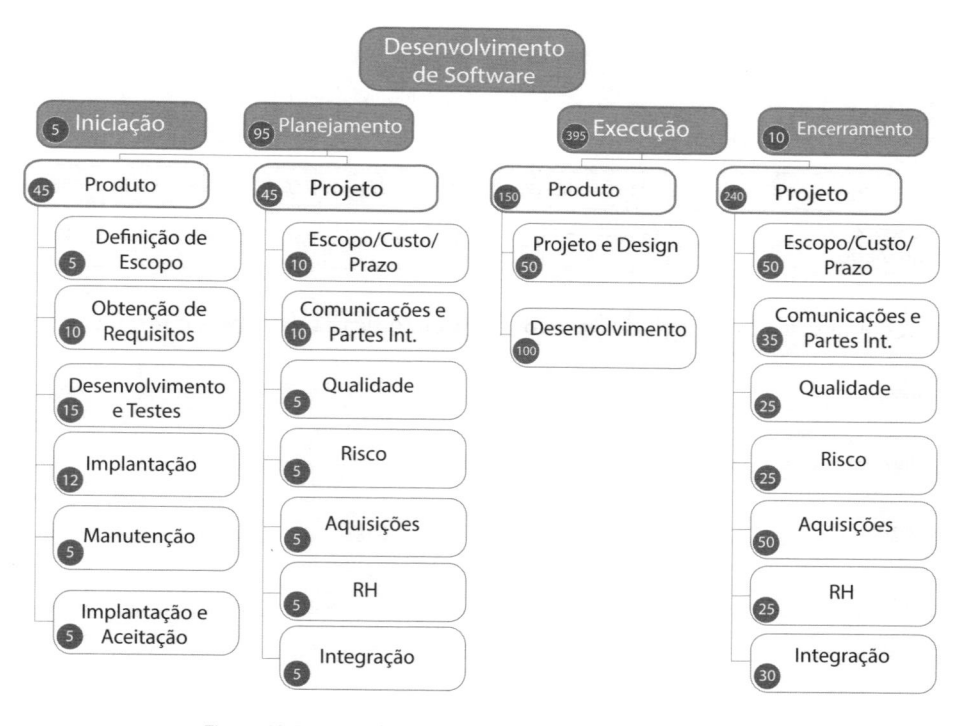

Figura 60: EAP com ilustração dos marcos por pacote de trabalho.

Verificamos uma concentração maior de marcos na fase de execução, o que é bastante razoável, pois essa é a maior fase e é o cerne do projeto. A fase de planejamento está bem representada. As fases de iniciação e encerramento possuem muito menos marcos.

A distribuição dos marcos por fase e por mês é apresentada na tabela a seguir:

	Mês 1	Mês 2	Mês 3	Mês 4	Mês 5	Mês 6	Mês 7	Mês 8	Mês 9	Mês 10
Iniciação	2	3								
Planejamento		10	40	43	2					
Execução			20	30	50	90	100	60	40	
Encerramento									2	8

Somando os marcos em cada mês obtemos um valor que pode ser dividido pelo total, 500 marcos, para obter os avanços percentuais mês a mês e acumulado, a partir dos quais é possível plotar uma curva S do projeto.

	Mês 1	Mês 2	Mês 3	Mês 4	Mês 5	Mês 6	Mês 7	Mês 8	Mês 9	Mês 10
Total de marcos	2	13	60	73	52	90	100	60	42	8
Avanço %	0,4%	2,6%	12,0%	14,6%	10,4%	18,0%	20,0%	12,0%	8,4%	1,6%
Avanço % acumulado	0,4%	3,0%	15,0%	29,6%	40,0%	58,0%	78,0%	90,0%	98,4%	100%

A curva física de avanço dos marcos do projeto ficaria da seguinte forma:

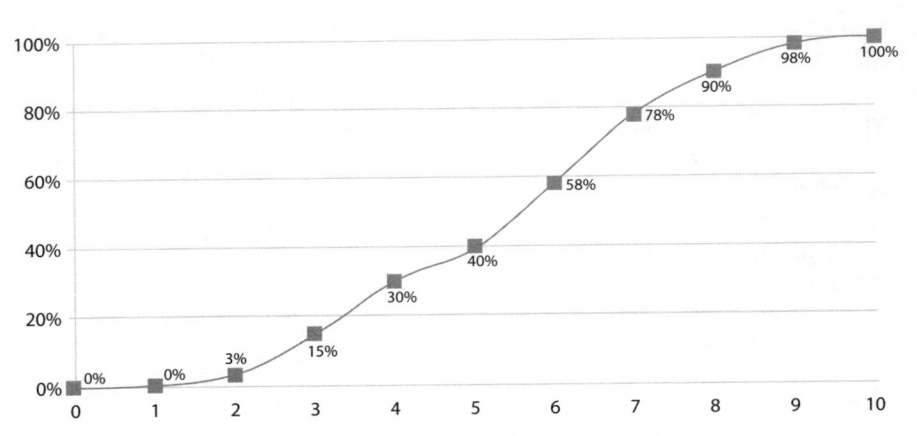

Figura 61: Curva S por marcos do projeto exemplo.

Vamos considerar agora que se optou por elaborar a curva S por outra estratégia. O critério empregado como referência será o custo de cada atividade, conforme os procedimentos do valor agregado. A seguir, é apresentada a EAP do projeto com o desdobramento dos custos, percentualmente:

Figura 62: EAP com ilustração dos custos por pacote de trabalho.

Verificamos que, de forma similar aos marcos, há uma baixa ocorrência de orçamento nas fases de iniciação e de encerramento. No entanto, a fase de execução concentra um valor muito maior.

	Mês 1	Mês 2	Mês 3	Mês 4	Mês 5	Mês 6	Mês 7	Mês 8	Mês 9	Mês 10
Iniciação	1	1								
Planejamento		5	1	1	1					
Execução			25	20	10	10	8	7	5	
Encerramento									4	1

Os valores acumulados de orçamento fornecem, de forma similar à análise por marcos, valores percentuais mensais que podem ser acumulados em uma curva S.

	Mês 1	Mês 2	Mês 3	Mês 4	Mês 5	Mês 6	Mês 7	Mês 8	Mês 9	Mês 10
Total de marcos	1	6	26	21	11	10	8	7	9	1
Avanço %	1,0%	6,0%	26,0%	21,0%	11,0%	10,0%	8,0%	7,0%	9,0%	1,0%
Avanço % acumulado	1,0%	7,0%	33,0%	54,0%	65,0%	75,0%	83,0%	90,0%	99,0%	100,0%

A curva S definida por custos para esse projeto está representada na figura a seguir:

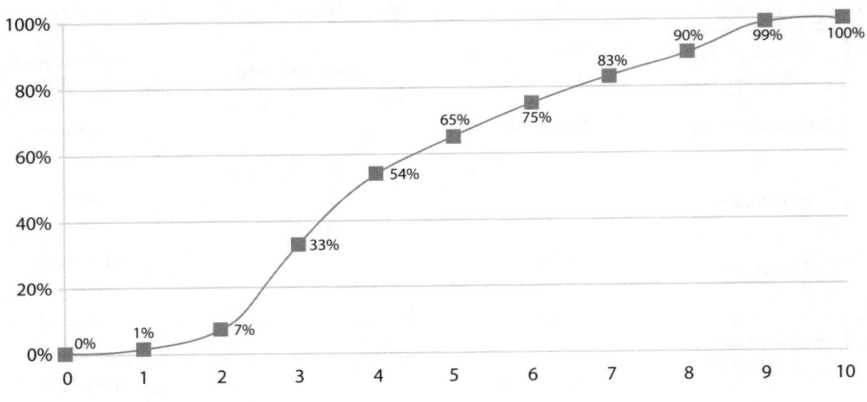

Figura 63: Curva S fundamentada por custo.

É possível perceber que as duas curvas, similares em seu início e final, são bastante distintas na parte central.

Na figura abaixo vemos uma comparação entre a curva S de marcos (losangos) e curva S de custos (quadrados):

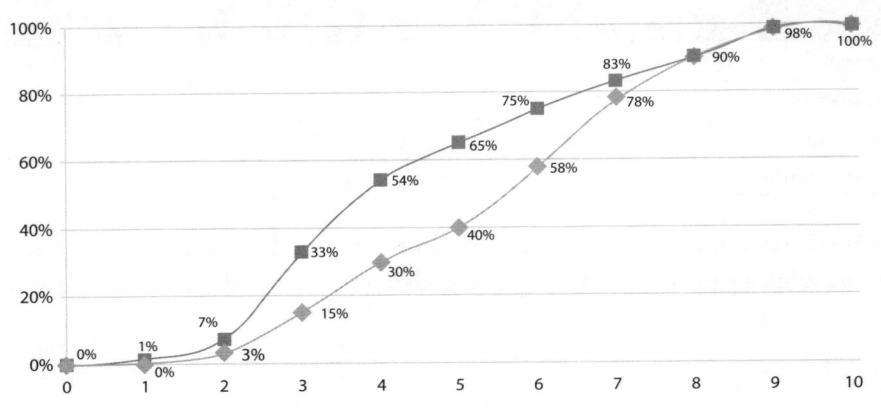

Figura 64: Comparação entre as curvas S de marcos e S de custos.

Uma terceira opção é utilizar uma distribuição linear do percentual de realização esperado do projeto no tempo, como propôs o indicador percentual de execução planejada. Nesse caso, cada mês representa 1/10 do tempo do projeto, ou seja, 10% da previsão.

Adiciona-se essa curva (triângulos) a curva S de marcos (losangos) e curva S de custos (quadrados) na figura a seguir:

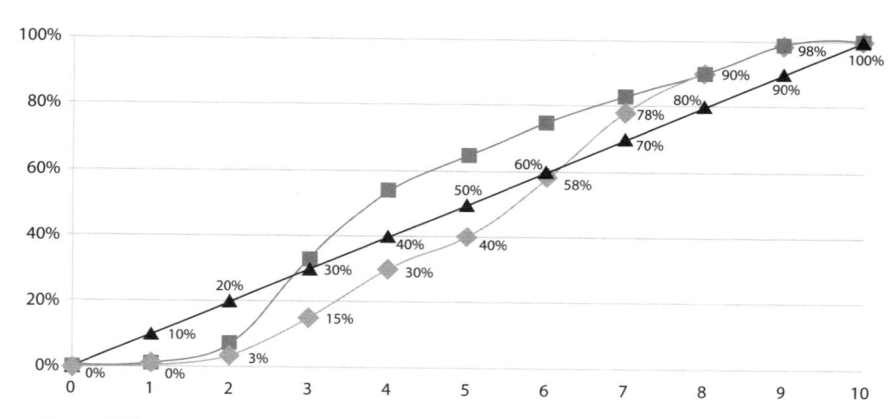

Figura 65: Comparação entre as curvas S por marcos, por custos e por tempo percentual realizado.

Verifica-se que a terceira curva, que é uma reta, está totalmente destoante das duas anteriores. Mas a situação pode se tornar mais complexa e interessante.

Uma forma comum de equilibrar a importância de cada etapa do projeto é a atribuição de pesos. Nesse caso, por simplicidade, estipulamos os pesos abaixo.

Fase	Peso
Iniciação	5%
Planejamento	10%
Execução	70%
Encerramento	15%

Assim sendo, para compor a tabela de percentuais, cada fase será multiplicada por seu peso. Por exemplo, no mês um, há dois marcos em iniciação. O valor a ser inserido para os marcos desse mês, nessa fase, será 2 x 5% = 10% ou 0,10. Os demais números constam da tabela a seguir.

	Mês 1	Mês 2	Mês 3	Mês 4	Mês 5	Mês 6	Mês 7	Mês 8	Mês 9	Mês 10
Iniciação	0,10	0,15	0,00	0,00	0,00	0,00	0,00	0,00	0,00	0,00
Planejamento	0,00	1,00	4,00	4,30	0,20	0,00	0,00	0,00	0,00	0,00
Execução	0,00	0,00	14,00	21,00	35,00	63,00	70,00	42,00	28,00	0,00
Encerramento	0,00	0,00	0,00	0,00	0,00	0,00	0,00	0,00	0,30	1,20

Aplicando os pesos à distribuição de marcos temos a tabela abaixo ponderando os totais e compondo os valores absolutos, percentuais e cumulativos:

	Mês 1	Mês 2	Mês 3	Mês 4	Mês 5	Mês 6	Mês 7	Mês 8	Mês 9	Mês 10
Marcos com pesos por fase	0,10	1,15	18,00	25,30	35,20	63,00	70,00	42,00	28,30	1,20
Avanço %	0,0%	0,4%	6,3%	8,9%	12,4%	22,2%	24,6%	14,8%	10,0%	0,4%
Avanço % acumulado	0,0%	0,4%	6,8%	15,7%	28,1%	50,2%	74,8%	89,6%	99,6%	100,0%

O gráfico a seguir compara os valores obtidos na visão de marcos com peso (losangos) e marcos sem peso (quadrados):

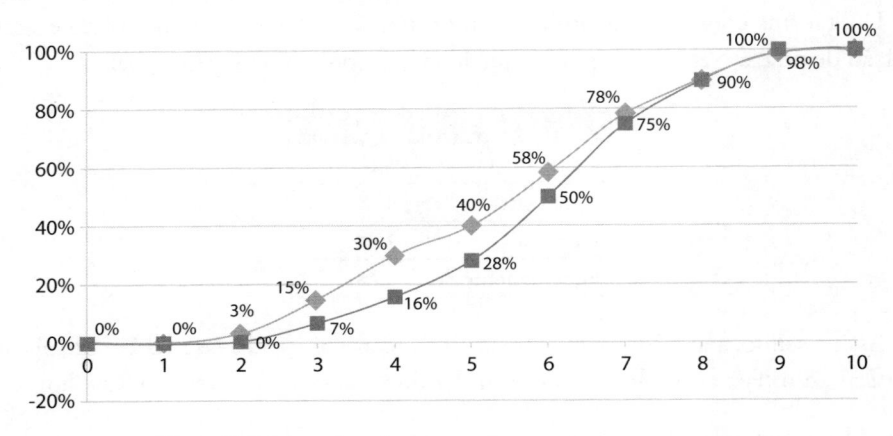

Figura 66: Comparação entre as curvas S por marcos, com e sem peso.

O mesmo raciocínio pode ser aplicado para a curva elaborada por meio de custo. No décimo mês, na fase de encerramento, por exemplo, está previsto gastar 1% do projeto. Como o peso da fase é de 15%, chega-se ao fator de ponderação de 0,15.

	Mês 1	Mês 2	Mês 3	Mês 4	Mês 5	Mês 6	Mês 7	Mês 8	Mês 9	Mês 10
Iniciação	0,05	0,05	0,00	0,00	0,00	0,00	0,00	0,00	0,00	0,00
Planejamento	0,00	0,50	0,10	0,10	0,10	0,00	0,00	0,00	0,00	0,00
Execução	0,00	0,00	17,50	14,00	7,00	7,00	5,60	4,90	3,50	0,00
Encerramento	0,00	0,00	0,00	0,00	0,00	0,00	0,00	0,00	0,60	0,15

Consolidando os valores para gerar os percentuais, chega-se à tabela abaixo:

	Mês 1	Mês 2	Mês 3	Mês 4	Mês 5	Mês 6	Mês 7	Mês 8	Mês 9	Mês 10
Custos com pesos por fase	0,05	0,55	17,60	14,10	7,10	7,00	5,60	4,90	4,10	0,15
Avanço %	0,1%	0,9%	28,8%	23,1%	11,6%	11,4%	9,2%	8,0%	6,7%	0,2%
Avanço % acumulado	0,1%	1,0%	29,8%	52,8%	64,4%	75,9%	85,0%	93,0%	99,8%	100,0%

Comparando as duas curvas de custo com peso (losango) e custo sem peso (quadrado), observamos às curvas abaixo::

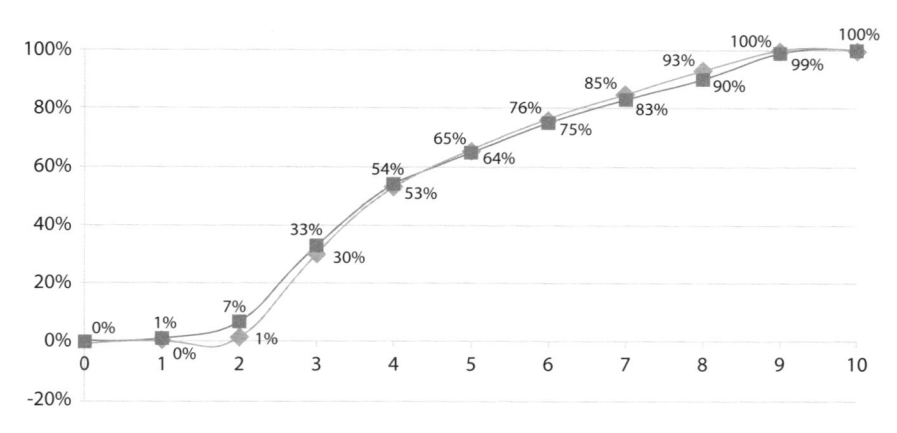

Figura 67: Comparação entre as curvas S por custos, com e sem peso.

As duas curvas são aproximadamente iguais, a partir do terceiro mês. No entanto, sempre há uma pequena diferença entre os valores.

Por último, a ponderação da curva linear, que se trata de dividir os pesos estabelecidos linearmente pelos meses de ocorrência daquela atividade. A execução tem peso de 70% e se estende por sete meses. O peso de cada mês é, dessa forma, 10%.

	Mês 1	Mês 2	Mês 3	Mês 4	Mês 5	Mês 6	Mês 7	Mês 8	Mês 9	Mês 10
Iniciação	0,025	0,025	0	0	0	0	0	0	0	0
Planejamento	0	0,025	0,025	0,025	0,025	0	0	0	0	0
Execução	0	0	0,1	0,1	0,1	0,1	0,1	0,1	0,1	0
Encerramento	0	0	0	0	0	0	0	0	0,075	0,075

Consolidando os valores para gerar os percentuais, chega-se à tabela abaixo:

	Mês 1	Mês 2	Mês 3	Mês 4	Mês 5	Mês 6	Mês 7	Mês 8	Mês 9	Mês 10
Linear com pesos	0,025	0,05	0,125	0,125	0,125	0,1	0,1	0,1	0,175	0,075
Avanço %	2,5%	5,0%	12,5%	12,5%	12,5%	10,0%	10,0%	10,0%	17,5%	7,5%
Avanço % acumulado	2,5%	7,5%	20,0%	32,5%	45,0%	55,0%	65,0%	75,0%	92,5%	100,0%

Exibindo novamente as duas curvas de aspecto linear, sendo a com peso representada pelos quadrados e a sem peso representadas pelos triângulos, temos o gráfico a seguir:

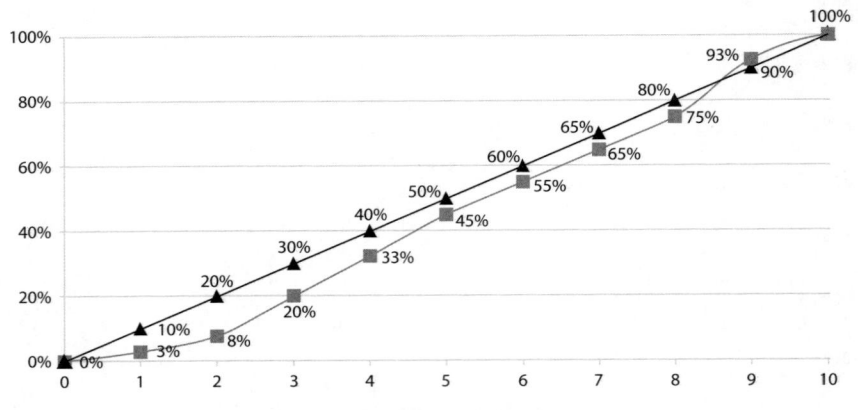

Figura 68: Comparação entre as curvas S linear, com e sem peso.

Verifica-se novamente uma conexão entre as curvas. Obviamente, quanto maior a quantidade de fases, menos linear e mais "natural" vai ficar a curva.

Apenas para ilustração, o gráfico abaixo demonstra a variedade de formatos que uma curva S pode apresentar usando como exemplo as seis curvas S que foram apresentadas anteriormente:

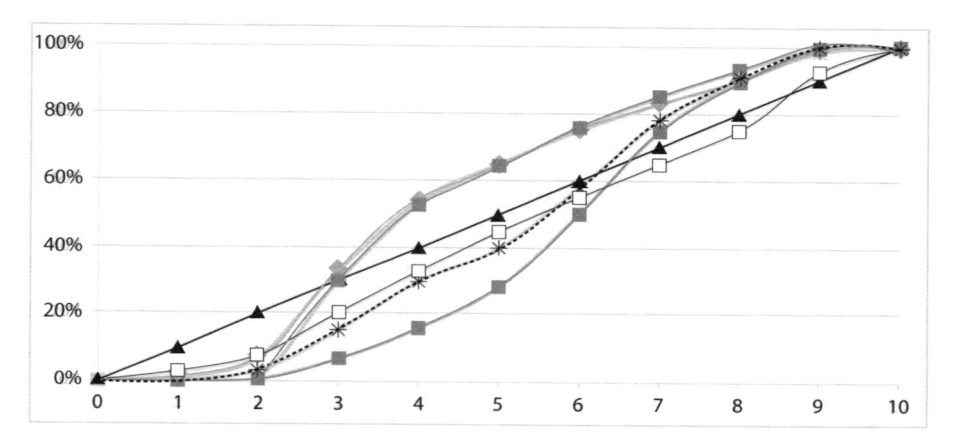

Figura 69: Ilustração de todas as curvas S apresentadas.

Conforme podemos ver, as curvas são bastante distintas, permitindo uma variedade de interpretações e conclusões. Isso demonstra que o mundo do gerenciamento de projetos é extremamente adaptativo, visto que temos curvas aplicáveis a diversos cenários. Dessa forma, sempre devemos ter em mente as opções para acompanhar o progresso físico do projeto e, ao escolher uma forma, segui-la de forma consistente para permitir comparações, mantendo a consistência entre planejamento e acompanhamento.

Por exemplo, não faz nenhum sentido montar a curva de previsão por custos e acompanhá-la por marcos ou por qualquer outro referencial que não inclua os custos. Esse tipo de análise é mais que essencial, é garantir que o indicador que mede progresso possa ser comparado com a referência de planejamento e a linha de base. Qualquer forma diferente comprometerá boas tomadas de decisão.

Dependendo do que se deseja mostrar, um gráfico será mais representativo que outro. Deve ser evitado a mudança constante do tipo de gráfico para que o projeto pareça estar melhor do que realmente está, pois cedo ou tarde você ficará sem gráficos.

Avaliação Integrada de Custo e Prazo

Fazer a avaliação do valor agregado é uma possibilidade de visualizar uma integração entre custo e prazo. A partir dos indicadores de valor agregado conseguimos ver se o projeto está atrasado, adiantado, gastando mais ou menos do que o previsto.

A avaliação de custo e prazo simultaneamente é essencial para avaliarmos as possíveis vulnerabilidades do projeto e entender, também, aonde chegaremos no final do projeto nessas duas dimensões. Apesar de não termos conversado sobre Indicadores de Performance de Escopo, é essencial que o processo de controle e validação de entregas seja feito com o devido cuidado, para que não tenhamos entregas de baixa qualidade no projeto.

Nesse ponto, é importante destacar que os processos de comunicação têm função primordial ao longo da gestão do projeto. Os informes às partes interessadas são um ponto crítico para garantir o sucesso do projeto e aprovar alternativas em projetos.

O mapeamento da performance de custo e prazo pode ser realizado de uma forma extremamente simples, inserindo em um gráfico dois indicadores:

» O Índice de Performance Físico (IP-f) do projeto como indicador de prazo;

» O Índice de Performance Financeiro ou Monetário (IP-m) do projeto como indicador de custo.

Entender a natureza do projeto em termos de sua orçamentação e planejamento físico, além da forma de acompanhar, para fazer essa análise integrada é essencial para esse tipo de acompanhamento.

Em termos genéricos, o que se espera é que a performance física e financeira fique em torno de 100%. Utilizamos como índice de performance a relação entre o trabalho realizado efetivamente agregado ao projeto e o trabalho previsto na linha de base do projeto. Deve-se ressaltar que trabalho realizado e trabalho previsto podem ser medidos de diferentes formas, como já foi mencionado neste capítulo nas referências para performance.

Para avaliar a performance integrada por meio de um gráfico, no qual podem ser determinadas zonas de conforto, alerta e ação, consideram-se os desvios admissíveis com relação à linha de base, em termos percentuais.

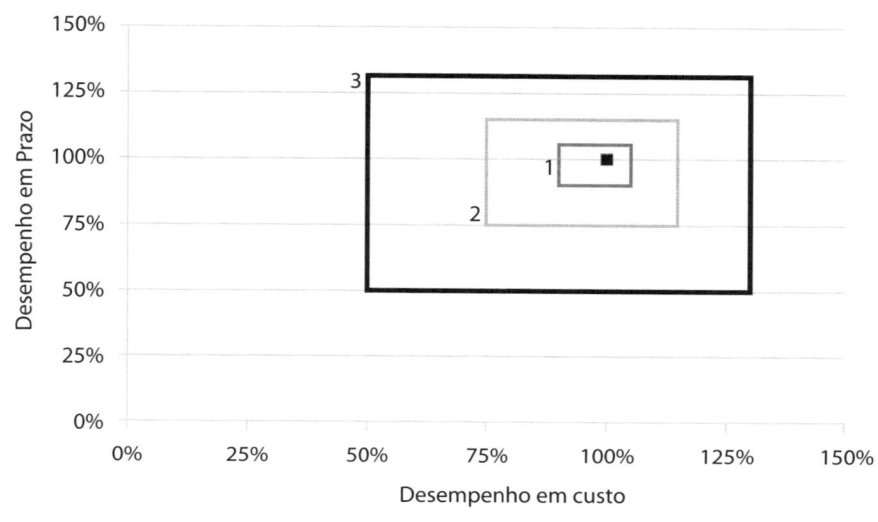

Figura 70: Índice de performance físico x Índice de performance financeiro.

Na figura foram desenhados três retângulos:

» O primeiro, representa a zona de conforto (1), em que as variações de prazo e custo são reduzidas. Foi permitido um aumento de até 5% no orçamento e no prazo, e uma redução de até 10%;

» A zona de atenção (2), apresenta variações de –25% e +15%;

» A zona de correção ou ajuste (3), possui valores de –50% até +30%.

Índices de performance que estejam além da zona de correção indicam o momento quando os desvios colocaram o projeto tão longe de onde deveria estar que esse deve ser replanejado, pois o plano atual não mais faz sentido.

Naturalmente, os limites definidos para uma zona de conforto, de atenção e de ação dependerão de cada organização e de cada projeto. Esse gráfico pode e deve ser usado por projetos que adotem o PRINCE2, dada a sua natureza de gestão por exceção. Os indicadores plotados (IP-f e IP-m) refletem a natureza do IDP e IDC respectivamente, ou seja, quanto maior, pior, pois a realização estará acima do previsto e custo estará também acima do previsto.

Geralmente há uma tolerância maior para realizações a menor do que realizações a maior, em custo. O prazo se comporta de forma inversa. Quanto maior a realização com relação à previsão, melhor a situação. Assim, empregar o IDP e o IDC pode provocar uma certa confusão.

Para o exemplo do gráfico, considere para efeitos de custos o IDC e para prazos o IDP. De uma forma geral, podem ocorrer quatro situações para qualquer projeto:

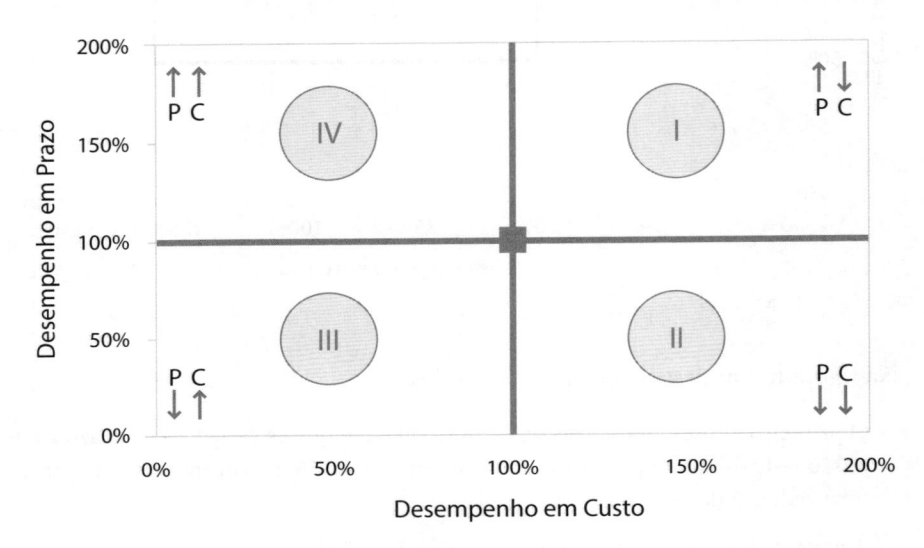

Figura 71: Quadrantes do IDP x IDC.

Cada região apresenta uma situação particular.

» **Quadrante I**

Projeto com desempenho **bom em prazo** e **ruim em custo**. É o projeto que vai avançando bem em seu cronograma, mas custa mais caro que o previsto. Os indicadores de valor agregado podem ajudar a avaliar se o projeto custa mais caro do que deveria para o avanço físico que agregou. De qualquer forma, é importante verificar o descasamento entre custo e prazo para verificar se trata-se de uma entrega mais rápida ou se existe algum outro fator complicador.

» **Quadrante II**

Projeto com desempenho **ruim em prazo** e **ruim em custo**. É o chamado "pior dos mundos" em que, além de estar com defasagem no prazo, o projeto custa mais caro do que se previa. Ações corretivas devem ser tomadas o mais rápido possível para reavaliar a situação.

» **Quadrante III**

Projeto com desempenho **ruim em prazo**, mas **bom em custo**. O projeto avança lentamente, mas custa menos do que deveria. É necessário acelerar o andamento físico sem prejudicar a performance financeira.

» **Quadrante IV**

Projeto com desempenho **bom em prazo** e **bom em custo**. É o projeto dos sonhos. Tudo caminha bem até o momento. Nenhuma ação é requerida, mas garanta que o caminho a frente está bem planejado.

Anteriormente foi comentado que é necessário considerar o tipo de projeto antes de analisar os resultados integrados. Alguns projetos são fortemente orientados por mão de obra, ou seja, as entregas usam mão de obra intensivamente, como o caso de desenvolvimento de software, e as entregas são medidas e pagas conforme o serviço avança. Nesses casos, todos os quadrantes mostrados podem aparecer. Considere a figura:

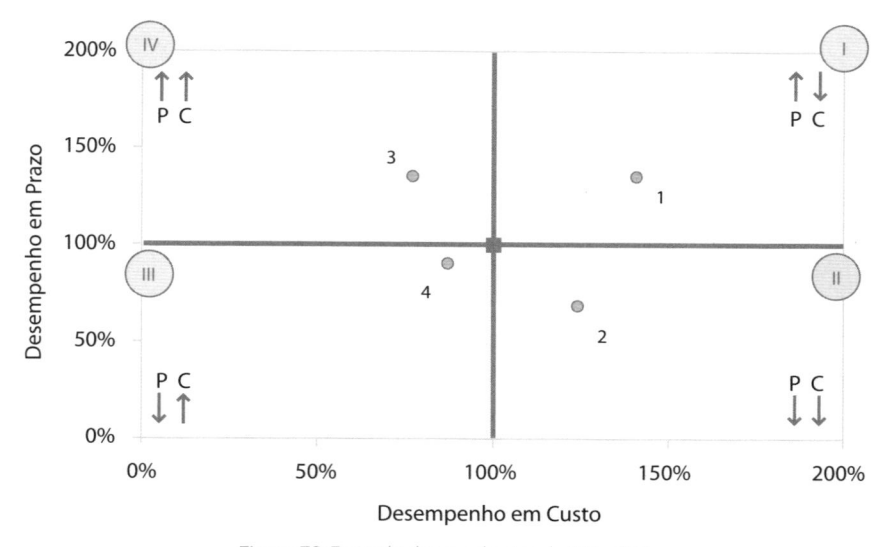

Figura 72: Exemplo dos quadrantes do IDP x IDC.

Os números ilustram avaliações sucessivas do projeto, em periodicidade acordada pelo PMO (mensal, trimestral, semestral etc.).

Podemos ver que:

» Em 1, o projeto inicia desempenhando bem em prazo, mas custando acima do esperado. Como resultado, uma auditoria de gastos desenvolve um processo de aprovação de gastos mais detalhado;

» Em 2, o resultado desse processo de aprovação de gastos é redução de custos excessivos, mas que traz consigo uma perda de performance em prazo;

» Em 3, o estabelecimento de melhores práticas de gestão da equipe consegue rebalancear o projeto e colocá-lo no "quadrante dos sonhos";

» Por fim, em 4, o projeto vai se encerrando e se desloca ligeiramente para dentro do quadrante III, em uma região de boa performance, tanto em custo quanto em prazo, quando pensamos no término do projeto com a desmobilização da mão de obra.

Em outros projetos podem existir contratos com preços fixados para entrega. Tirando-se as questões de pleitos e solicitações de mudanças fora de prazo, em geral esses contratos não vão mostrar custos superiores aos previstos, mas sempre terão grande chance de variações em prazo. Considere, novamente, a figura a seguir:

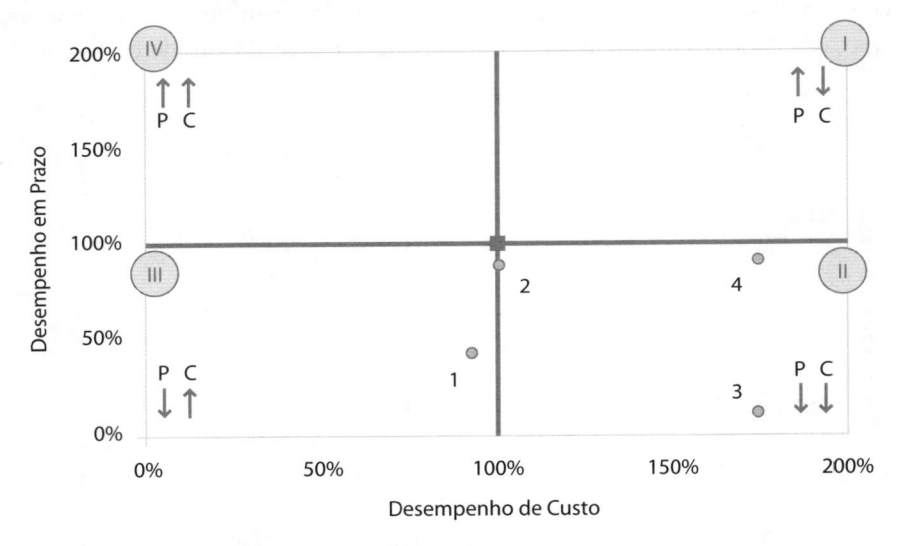

Figura 73: Quadrantes IDP x IDC com contratos por entrega.

» Em 1, o projeto se inicia com uma performance em prazo um pouco abaixo do esperado;

» Em 2, ocorre uma melhora na questão prazo. Os custos vão de acordo com o previsto, tirando alguns imprevistos, uma vez que são pagos contra os avanços do cronograma;

» Em 3, ocorre uma solicitação de mudança não esperada que paralisa o avanço do projeto. A consequência desse evento é desastrosa, e o projeto perde performance em prazo e em custo, uma vez que a solicitação de mudança é aceita quase judicialmente;

» Por fim, em 4, ocorre uma recuperação em prazo, mas o custo só retornará ao eixo caso uma nova linha de base seja aprovada e gerada.

Outros projetos são desenvolvidos com pagamentos únicos por entrega, ou adiantamentos de valores pequenos com complementos contra *deliverables*. Nesses casos, o avanço físico se dará continuamente e o financeiro, por espasmos. Verificar no gráfico:

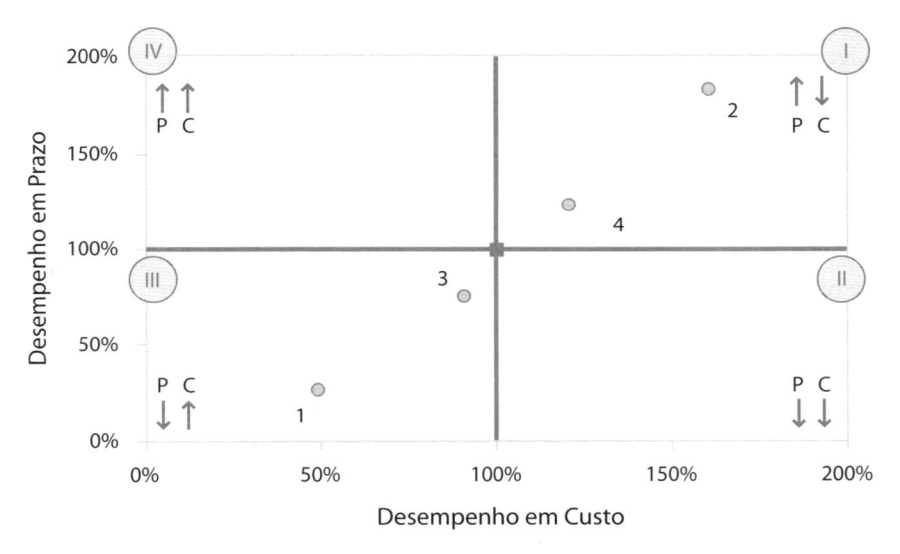

Figura 74: Quadrantes IDP x IDC com contratos com pagamento único.

» Em 1, a avaliação tem baixa realização física e baixo desempenho em custos, uma vez que uma das entregas não ocorreu;

» Já em 2, mais entregas do que as previstas ocorrem, e o projeto fica bem em prazo e mal em custo;

» Em 3 e 4 o mesmo fenômeno de 2 ocorre, só que forma menos dramática.

O mesmo tipo de análise aqui desenvolvida pode ser expandida para valores absolutos, considerando estimativas de término para as dimensões custo e prazo. Um exemplo pode ser a relação entre a estimativa no término (ENT) e orçamento no término (ONT) para custos e a variação ao término (VNT) do projeto, ou a relação entre a duração da linha de base do projeto e as diferentes estimativas para término ENT_1, ENT_2 ou ENT_3 apresentadas na seção anterior. Esse tipo de análise deve ter como condicionante usar premissas factíveis e comparáveis para as estimativas de custo e prazo.

Um Exemplo Elementar, Mas Nem Tanto

Vamos a um exemplo para consolidar os indicadores apresentados para desempenho. Suponha que uma construtora padronizou o método de construção que adota e estabeleceu métricas para seus projetos de construção de casas, permitindo que seus projetos tenham uma evolução de tempo e custo linear. Para efeito de nosso exemplo, o custo de referência é de R$ 1.000,00 e a duração da obra de quatro semanas, ou seja, está previsto um investimento de R$ 250,00 por semana de construção. Consideramos também como premissa desse exemplo que o progresso medido está validado e conforme os critérios de aceitação de qualidade.

A empresa de construção possui um portfólio de projeto e, no momento, monitora a evolução de quatro projetos simultâneos, iniciados ao mesmo momento no tempo, assim, ao final da primeira semana, a situação é a seguinte:

	Semana 1	
	Prazo	Custo
Casa 1	1	200
Casa 2	1,5	500
Casa 3	0,5	200
Casa 4	0	0

Lembrando que o custo de referência é de R$ 250,00 por semana, verificamos que os projetos estão em situações bastante distintas:

» Casa 1: está no prazo e abaixo do custo;

» Casa 2: evoluiu mais do que previsto, mas gastou o orçamento de duas semanas em uma só;

» Casa 3: gastou menos e evoluiu aquém do previsto também;

» Casa 4: iniciou o projeto de construção mas ainda nada fez de concreto.

Supondo um indicador global, agregando os quatro projetos, é possível chegar ao seguinte quadro, pelo somatório simples de cada projeto:

	Semana 1	
	Prazo	Custo
Meta	1,00	250,00
Casa 1	1,00	200,00
Casa 2	1,50	500,0
Casa 3	0,50	200,00
Casa 4	0,00	0,0
Portfólio	3,00	900,00
Média portfólio	0,75	225,00

Na primeira semana, a equipe de construção desenvolveu o equivalente a três semanas de trabalho e gastou para tanto R$ 900,00. Dividindo esse valor por quatro, obtemos uma base comparável com a performance de cada projeto. Verifica-se que a performance do portfólio em prazo está atrasada e o gasto orçamentário, inferior ao previsto.

Calculando os indicadores básicos de performance, iniciando pelos de valor agregado, a tabela será:

	Semana 1					
	Prazo			Custo		
	VA	VarP	IDP	CR	VarC	IDC
Meta	250,00	0,00	100%	250,00	0,00	100%
Casa 1	250,00	0,00	100%	200,00	50,00	125%
Casa 2	375,00	125,00	150%	500,00	−125,00	75%
Casa 3	125,00	−125,00	50%	200,00	−75,00	63%
Casa 4	0,00	−250,00	0%	0,00	0,00	0%
Portfólio	750,00	−250,00	300%	900,00	−150,00	263%
Média portfólio	187,50	−62,50	75%	225,00	−37,50	83%

Os indicadores de valor agregado na coluna prazo demonstram o valor do orçamento que já foi executado em trabalho no projeto (VA), a diferença entre esse valor e o valor planejado VP (VP por semana de R$ 250,00) é denominado VarP e a relação entre VA e VP é o índice de performance de prazo IDP.

Os indicadores de custo, por outro lado, ilustram os custos realizados (CR) para cada projeto. A diferença entre os custos realizados e o valor agregado é representada por VarC e a relação entre VA e CR, e o índice de desempenho de custos IDC.

Dentro da visão de portfólio podemos verificar que o adiantamento da obra da casa 2 compensa o atraso na casa 3. A casa 1 segue conforme o planejado. A casa 4, no entanto, não conseguiu iniciar sua obra. Dessa forma, há um desvio de R$ 250,00 negativos na variação de prazo, o que é equivalente em valor agregado a uma semana de trabalho.

Avaliando os custos, verifica-se que nenhum projeto gastou conforme a previsão. O projeto 1 conseguiu produzir o trabalho de uma semana com R$ 50,00 a menos. Os projetos das casas 2 e 3 gastaram a mais do que produziram proporcionalmente. O projeto da casa 4 não foi iniciado, e não há indicadores para mostrar além da variação de prazo negativa (lembre-se que, no valor agregado, prazo é expresso em dinheiro).

Por último, o painel poderá indicar a projeção de resultados, em prazo e custo. Iniciando pelo custo, apresenta-se a tabela a seguir:

	Semana 1		
	ENT_1	ENT_2	ENT_3
ONT	1.000,00	1.000,00	1.000,00
Casa 1	950,00	800,00	800,00
Casa 2	1.125,00	1.333,33	1.055,56
Casa 3	1.075,00	1.600,00	3.000,00
Casa 4	1.000,00	1.000,00	1.000,00
Portfólio	4.150,00	4.733,33	5.855,56
Média portfólio	1.037,50	1.183,33	1.463,89

As projeções estão estimadas pelos diferentes métodos apresentados, ou seja, o primeiro método considera que os desvios ocorridos serão absorvidos e que todo o trabalho por vir será realizado em seu prazo planejado (ENT_1 = CR + ONT − VA). No segundo método considera-se que o custo será proporcional ao IDP (ENT_2 = CR + (ONT − VA) / IDC), e no terceiro, a projeção será proporcional ao produto IDP x IDC (ENT_3 = CR + (ONT − VA) / (IDC x IDP)).

Como os projetos "começaram devagar", tanto em prazo quanto em custo, o método 3 apresenta a pior projeção nesse indicador, considerando tanto o prazo como o custo e, assim, se ambos estão abaixo do esperado, a projeção será duplamente ruim. Por outro lado, o método 1 apresenta a melhor situação, pois o desvio foi pequeno e esse indicador considera em sua projeção que de agora em diante os projetos seguirão conforme o planejado. Por fim, o método 2 mostra projeções melhores para os projetos com melhor desempenho de custos.

A mesma projeção pode ser realizada para o prazo do projeto, conforme os indicadores apresentados previamente.

	Semana 1		
	$ENT_1(t)$	$ENT_2(t)$	$ENT_3(t)$
Meta	4,00	4,00	4,00
Casa 1	4,00	4,00	3,20
Casa 2	3,50	2,67	3,56
Casa 3	4,50	8,00	12,80
Casa 4	5,00	N/D	N/D
Portfólio	17,00	14,67	19,56
Previsão Portfólio	5,00	8,00	12,80

Lembrando que a estimativa no término em função do tempo pode ser calculada das três formas abaixo e que DPlan é a duração planejada para o projeto e VT é a variação do tempo (VT = ((VA – VP) x DPlan) / ONT):

$ENT_1(t)VP = DPlan – VT$

$ENT_2(t)VP = DPlan / IDP$

$ENT_3(t)VP = DPlan / (IDP x IDC)$

Verifica-se que a previsão de término da casa 1 mantém-se em quatro semanas para todos os métodos de projeção. Já a casa 2, que foi a mais adiantada durante a primeira semana, tem sua estimativa para término com valores menores que as quatro semanas previstas inicialmente. Para a casa 3, a situação é inversa, e todos os indicadores apresentam uma duração maior que a meta, na qual a única diferença é o tamanho do atraso. Para a casa 4, como não houve performance física ou financeira, fica inviável calcular a projeção pelos métodos 2 e 3.

Note que a previsão do portfólio deve considerar o momento em que os projetos se encerram, ou seja, o maior valor entre as diferentes projeções, que seria quando o conjunto ou condomínio está totalmente pronto.

Naturalmente, é necessário que a empresa determine a forma mais adequada de acompanhar o projeto e, com isso, o método de projeção que melhor cabe. No caso, supõe-se que a performance em prazo deve ser refletida pelo desempenho percentual em custo, ou seja, o método 2 é o mais condizente para a realidade dessa empresa.

	Previsão de término — Semana 1			
	ENT$_2$	IDPT Custo	ENT$_2$(t)	IDPT Prazo
Meta	1.000,00	100%	4,00	100%
Casa 1	800,00	94%	4,00	100%
Casa 2	1.333,33	125%	2,67	83%
Casa 3	1.600,00	109%	8,00	117%
Casa 4	1.000,00	100%	20,00	133%
Portfólio	4.733,33	105%	34,67	108%
Previsão portfólio	1.183,33		20,00	

Assim, como vemos acima, a casa 1 está avançando bem. Já as casas 2, 3 e 4 possuem problemas por diferentes motivos. A casa 2 avançou mais que uma semana e projeta seu encerramento em pouco mais de duas semanas e meia, já seu custo, entretanto, prevê uma realização excedente, chegando a ser 1/3 maior que o valor previsto. A casa 3 projeta um excesso de custo de R$ 600,00 e previsão de término em oito semanas, ou seja, no dobro do tempo. A casa 4 ainda não iniciou o trabalho por isso ainda está previsto o mesmo gasto de R$ 1.000,00, já o prazo de 20 semanas para encerrar o projeto da casa 4 é uma visão extrema, e totalmente arbitrária[3], do que seria o maior prazo para o encerramento do projeto.

Com essa avaliação, para chegar no custo, a casa 2 já precisa gastar 25% a menos no restante do tempo. A casa 3, precisa gastar 9% a menos. Em prazo, a casa 1 está no prumo, a casa 2 precisa desacelerar sua construção em até 17%. Já as casas 3 e 4 precisam avançar mais rápido que o previsto, principalmente a última, que precisa ser iniciada.

Observando a performance dos projetos no gráfico a seguir, teremos uma visão do portfólio:

---

[3] Quando escrevemos as 20 semanas são totalmente arbitrárias significa mesmo que é um número exagerado e chutado (poderiam ser 17 ou 23) para podermos fechar a visão de portfólio.

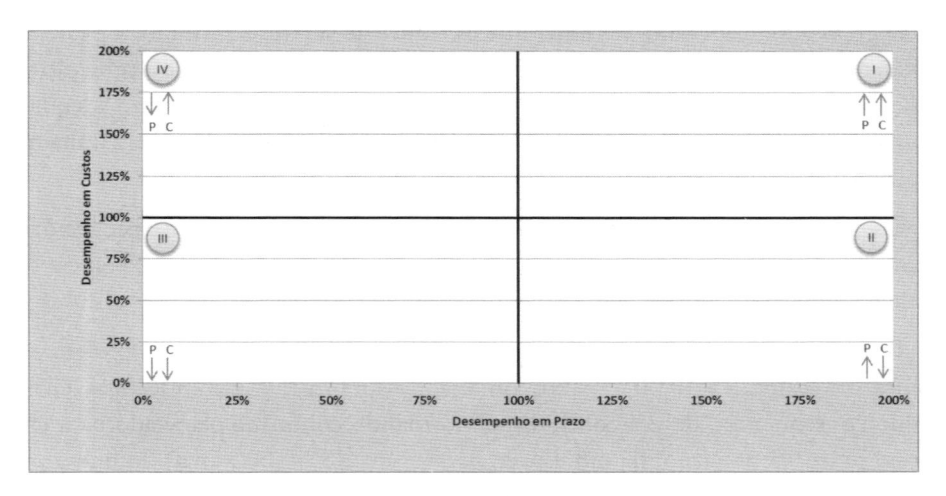

Figura 75: Visão do portfólio na semana 1.

Relembrando que cada região apresenta uma situação particular.

» **Quadrante I**: projeto com desempenho **bom em prazo** e **bom em custo**;

» **Quadrante II**: projeto com desempenho **bom em prazo** e **ruim em custo**;

» **Quadrante III**: projeto com desempenho **ruim em prazo** e **ruim em custo**;

» **Quadrante IV**: projeto com desempenho **ruim em prazo**, mas **bom em custo**.

O gráfico a seguir ilustra a situação da casa 1:

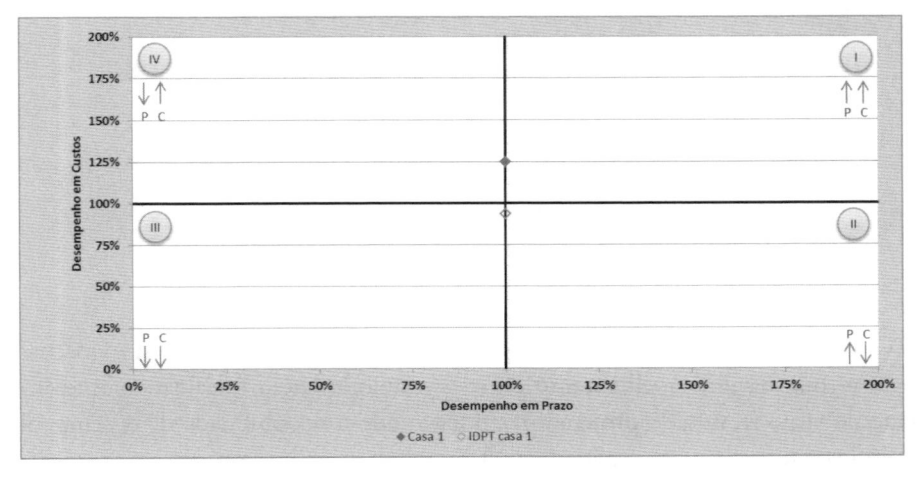

Figura 76: Casa 1 — Semana 1.

O gráfico foi elaborado de forma que os ícones de valores registrados e projeções possuem a mesma cor e formato, porém a realização está preenchida e a projeção vazada. Assim, para a casa 1 (losango) verifica-se uma performance em prazo adequado e uma performance em custo melhor que a prevista. Assim, casa 1 sobre a linha que demarca 100% em prazo e ligeiramente abaixo em custo.

Esse gráfico é interessante para verificar a diferença entre a performance histórica acumulada e a necessidade de manter prazo e custo. Dependendo da diferença, fica evidente a inviabilidade do plano atual ser atingido com base no desvio verificado.

Traduzindo o que foi descrito no parágrafo anterior em números, o projeto está no prazo e gastou R$ 50,00 a menos, ou seja, possui um IDC de 250/200 = 125%. Como consequência, deverá continuar performando conforme planejado para chegar no prazo. Já no custo, há um espaço para gastar R$ 50,00 a mais do que o previsto. O valor a agregar é de R$ 250,00 por semana e, assim, o valor remanescente a agregar neste projeto é de R$ 1000,00 – R$ 250,00 = R$ 750,00, e o IDC necessário para terminar no prazo é de 750/800 = 94%.

Na próxima figura, os projetos 1 e 2 são exibidos.

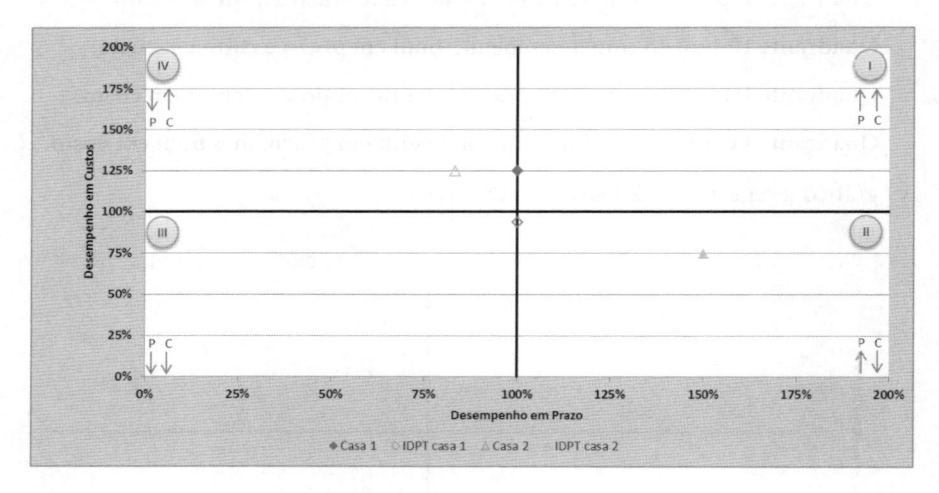

Figura 77: Casas 1 e 2 — Semana 1.

Verifica-se que o projeto 2 (triângulos) vai bem em prazo, mas não em custos. Dessa forma, há um espelhamento entre o triângulo cheio (performance real) e o triângulo vazio (resultado projetado), evidenciando a possibilidade de desempenhar com folga em prazo e a necessidade de desempenhar melhor em custo.

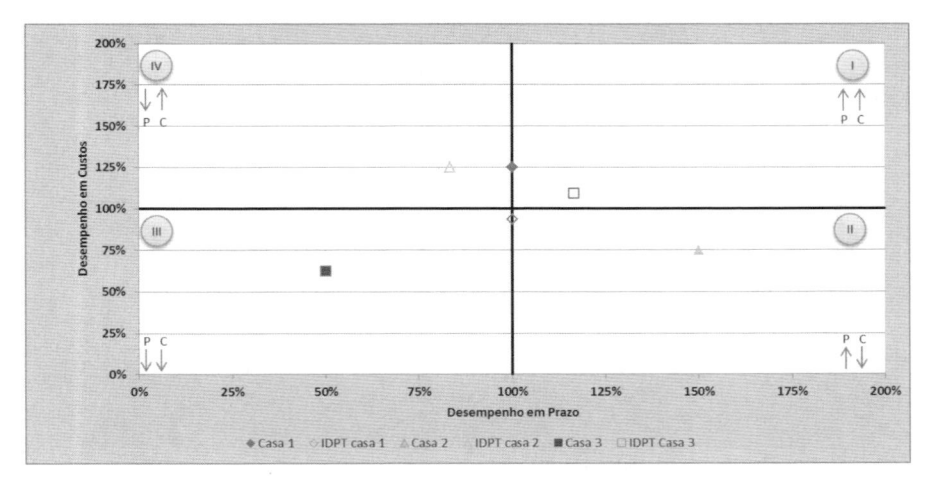

Figura 78: Casas 1, 2 e 3 — Semana 1.

O projeto 3 (quadrados) possui uma performance ruim nas duas dimensões. Dessa forma, precisa aprimorar seus resultados em prazo e custo.

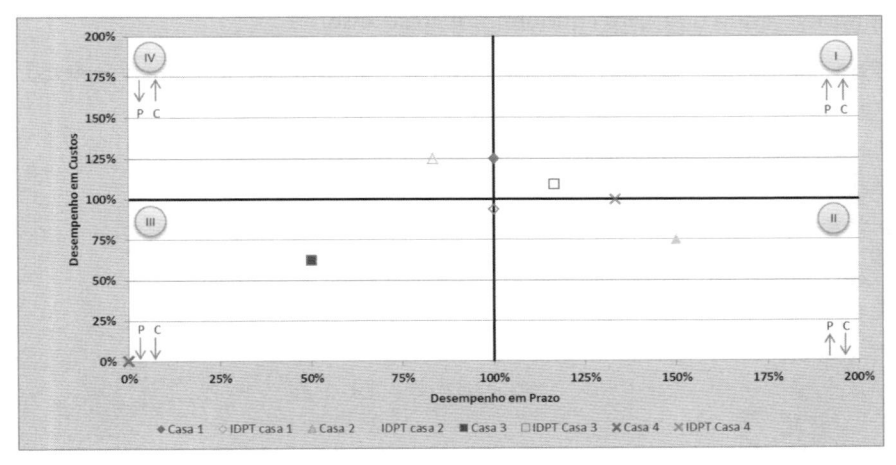

Figura 79: Casas 1, 2, 3 e 4 — Semana 1.

Com o projeto 4 (xis), temos uma informação interessante: como a obra não começou, não há desempenho (repare o x mais intenso no canto inferior esquerdo do gráfico). Assim, é necessário correr atrás do prazo, mais o IPC permanece zerado. O próximo gráfico ilustra a performance do condomínio (portfólio completo de quatro casas):

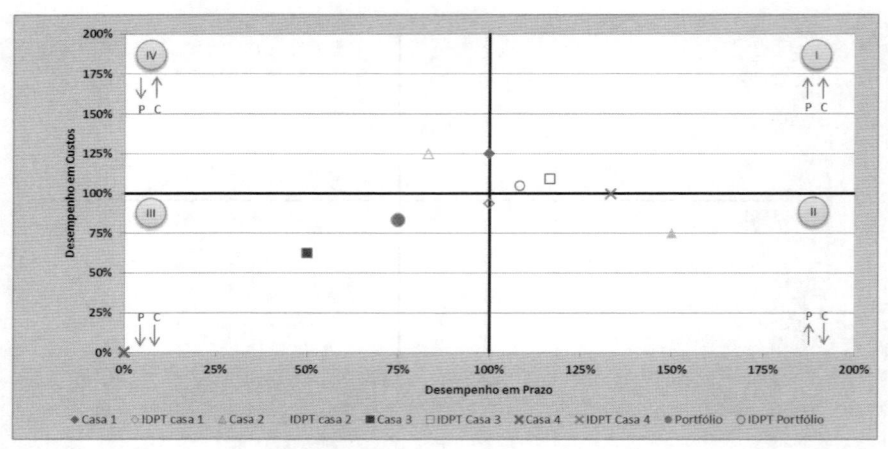

Figura 80: Portfólio de casas — Semana 1.

Para o portfólio (círculos) verifica-se que, apesar dos bons resultados em prazo (projeto 2) e em custo (projeto 1), o resultado global encontra-se inferior ao previsto. Para recuperar o portfólio é preciso aprimorar a performance, tanto em custo quanto em prazo, levando o projeto condomínio[4] ao sucesso.

Para completar a análise, pode-se exibir o gráfico da performance projetada do portfólio, com os valores de VP, VA e CR, conforme a figura a seguir:

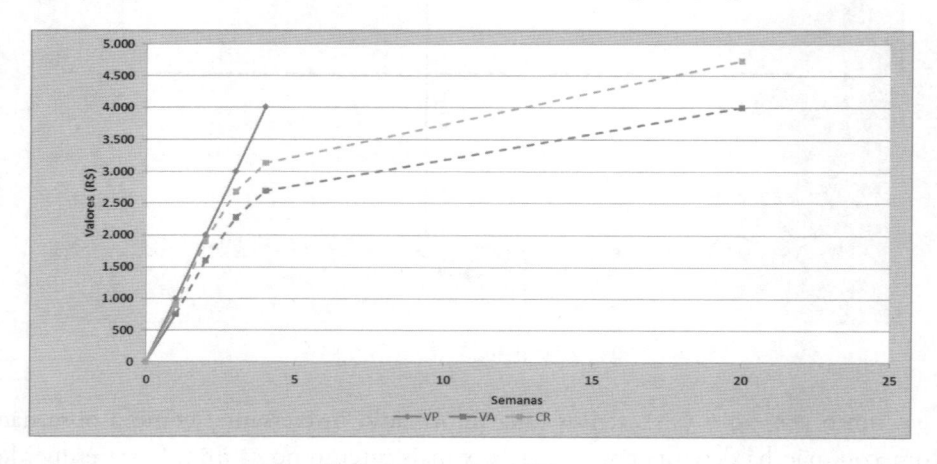

Figura 81: Performance do portfólio na semana 1.

---

[4] Note que o projeto condomínio e o portfólio de projetos das casas são nomes diferentes para a mesma coisa.

A primeira semana do projeto está plotada na Figura 81 com uma linha cheia. Essa é a efetiva realização já computada. As outras linhas estão vazadas e representam as projeções. Verificamos pelas projeções que o portfólio prevê atingir seu objetivo muito depois do prazo, e com custo excedente. Medidas corretivas são necessárias já nessa primeira semana!

As ações corretivas tomadas foram as seguintes:

» Para o projeto 1, buscar manter a performance no prazo, que segue conforme o planejado, e identificar o motivo do desvio de custos. Não é um desvio exagerado, mas requer atenção;

» Para o projeto 2, que está adiantado em prazo e com um custo proporcional abaixo do planejado, a recomendação é desacelerar e retornar ao planejado;

» Para o projeto 3, que está mal em prazo e bem em custos, deve-se identificar o motivo do desempenho abaixo do esperado em prazo e corrigi-lo;

» Para o projeto 4, imperativo começar! Quanto mais o tempo passa, pior o resultado. Se o problema continuar pode ser necessário replanejar o projeto 4 e, após, reavaliar os objetivos do portfólio.

Seguindo as recomendações após a primeira semana, podemos ver como foi o desempenho do portfólio ao término da segunda semana na tabela abaixo.

| | Indicadores Valor Agregado — Semana 2 | | | | | |
| | Prazo | | | Custo | | |
	VA	VarP	IDP	CR	VarC	IDC
Meta	500,00	0,00	100%	500,00	0,00	100%
Casa 1	500,00	0,00	100%	600,00	−100,00	83%
Casa 2	750,00	250,00	150%	600,00	150,00	125%
Casa 3	375,00	−125,00	75%	260,00	115,00	144%
Casa 4	500,00	0,00	100%	300,00	200,00	167%
Portfólio	2.125,00	125,00	425%	1.760,00	365,00	519%
Média portfólio	531,25	31,25	106%	440,00	91,25	121%

» O projeto 1: continua no prazo, no entanto, para se manter nessa situação, acabou gastando além do planejado R$ 150,00. Como havia uma folga de R$ 50,00 economizados na semana 1, o gasto a mais final foi de R$ 100,00. Vemos que o projeto que estava bem em custo, acabou ficando para trás.

> » O projeto 2: já agregou nessa segunda semana o trabalho de três semanas, com um IDP de 150%. Sua realização financeira está em R$ 600,00, aquém do valor agregado. O projeto ficou bem nas duas dimensões.

> » O projeto 3: avançou insuficientemente em prazo, mas segue bem em custos. Está fazendo pouco, mas com pouco custo.

> » O projeto 4: ficou com 100% de performance em prazo, mas com gastos inferiores. Percebemos que o projeto utilizou recursos contabilizados nos outros projetos, uma prática não aconselhável e que distorce qualquer análise. Seu resultado merece um estudo criterioso de qualidade, uma vez que a diferença nos custos (VarC) chega a R$ 200,00. Repentinamente recuperou o atraso e com gastos abaixo do orçado.

Como resultado global, o portfólio está agregando mais que o previsto (média de R$ 531,25 contra a meta de R$ 500,00) e com performance de custo superior também (média de R$ 440,00 contra o orçamento disponível de R$ 500,00 e um valor agregado médio de R$ 531,25).

Em termos de estimativas no término dos projetos, o seguinte quadro se desenha.

	Previsão de término — Semana 2			
	ENT2	IDPT Custo	ENT(t)2	IDPT Prazo
Meta	1.000,00	100%	4,00	100%
Casa 1	1.200,00	125%	4,00	100%
Casa 2	800,00	63%	2,67	50%
Casa 3	693,33	84%	5,33	125%
Casa 4	600,00	71%	4,00	100%
Portfólio	3.293,33	84%	16,00	94%
Previsão portfólio	823,33		6,00	

Verificamos que, em termos de custo, realmente é possível terminar o projeto em realização menor que o orçamento. Para prazo, entretanto, o projeto só estará encerrado quando todas as unidades estiverem concluídas. Afinal de contas, estamos tratando de um portfólio. Assim, pelo fato de a previsão de término da casa 3 estar em 5,33 semanas, a estimativa de término global saltou para 6 semanas. O gráfico a seguir ilustra em termos de performance real dos projetos e performances necessárias para completar no prazo e no custo.

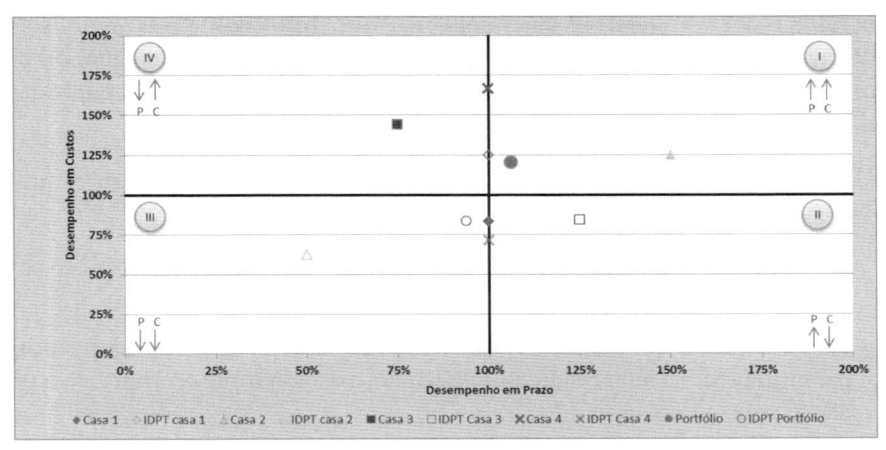

Figura 82: Situação dos projetos na semana 2.

O gráfico geral de performance ilustra os valores de VA, CR e VP.

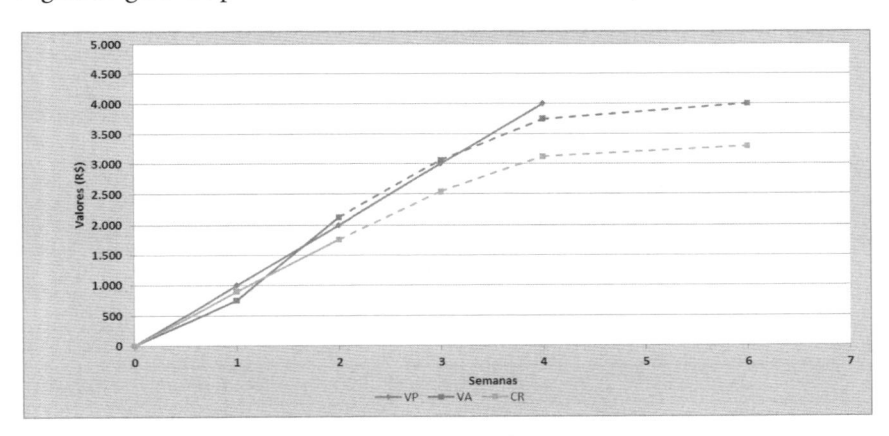

Figura 83: Performance do portfólio na semana 2.

Podemos observar que houve uma reversão entre as curvas VA e VP, ou seja, o valor agregado supera o valor planejado. Como consequência, deveríamos observar um término do projeto antes do prazo, o que não ocorre pelo fato de a casa 3 estar bastante atrasada.

Essa é uma das questões preocupantes no uso do valor agregado como método de projeção de resultados, pois não há como saber se o valor agregado ao projeto (trabalho realizado) está no caminho crítico ou não. No gráfico do portfólio não há como saber se o valor agregado está adequadamente distribuído entre os projetos ou concentrado em um projeto, apenas. A projeção de custo é mais fidedigna, e o custo realizado (CR) está inferior ao valor agregado (VA) e, com isso, projetamos gastar menos que o orçamento no término (ONT).

Algumas ações foram planejadas para os projetos, de forma a corrigir os problemas detectados ao término da segunda semana:

» Para o projeto 1: voltar a correr atrás do desempenho de custos e prazos, com controle dos gastos e aceleração do físico;

» Para o projeto 2: que está bem em ambas as dimensões, manter a performance para não perder o bom resultado conseguido, evitando o que ocorreu com o projeto 1 entre as semanas 1 e 2;

» Para o projeto 3: que estava mal em prazo e bem em custos, acelerar os resultados de prazo (realizar mais trabalho), com maior ênfase em função de o atraso dessa casa ser o atual responsável pelo atraso do condomínio;

» Para o projeto 4: manter o bom desempenho, podendo até exceder o custo planejado para a semana 3 se necessário.

Ao término da semana 3, vemos os resultados a seguir para o projeto condomínio.

| | Indicadores Valor Agregado — Semana 3 | | | | | |
| | Prazo | | | Custo | | |
	VA	VarP	IDP	CR	VarC	IDC
Meta	750,00	0,00	100%	750,00	0,00	100%
Casa 1	875,00	125,00	117%	800,00	75,00	109%
Casa 2	1.000,00	250,00	133%	1.000,00	0,00	100%
Casa 3	750,00	0,00	100%	750,00	0,00	100%
Casa 4	625,00	−125,00	83%	400,00	225,00	156%
Portfólio	3.250,00	250,00	433%	2.950,00	300,00	466%
Média portfólio	812,50	62,50	108%	737,50	75,00	110%

Verificamos que:

» O projeto 1 continua no prazo e acertou a questão do custo. Está andando com performance física e financeira maior que 100%, com realização adicional de metade do trabalho da semana 4 e custos R$ 75,00 inferiores ao planejado para executar todo esse trabalho.

» O projeto 2, em função da manutenção do ritmo de trabalho, já agregou todo o valor previsto, ou seja, a casa já foi encerrada. Para tal, o custo total foi exatamente o previsto, R$ 1.000,00.

» O projeto 3 também acertou sua performance em função da pressão para não atrasar o condomínio, ficando no centro do alvo, sem excessos ou faltas.

» O projeto 4 acabou destoando dos demais, com realização prejudicada pelo atraso no fornecimento de materiais, cumprindo apenas metade do trabalho previsto até o final da semana 3 e gastando menos que o previsto, também. Muitas vezes partes externas ao projeto dificultam o andamento do mesmo, atrasando ou paralisando o progresso. A gestão de interfaces, a comunicação e a relação com os fornecedores é um ponto nevrálgico no gerenciamento de projetos.

Como resultado global, o portfólio está agregando mais que o previsto (média de R$ 812,50 contra a meta de R$ 750,00) e com performance de prazo superior também (média de R$ 737,50 contra o orçamento planejado de R$ 750,00 e um valor agregado de R$ 812,50).

Porém, como visto, a quarta casa do condomínio parece bastante propensa a atrasar. Isso será visto na tabela seguinte.

| | Previsão de término — Semana 3 | | | |
	ENT2	IDPT Custo	ENT(t)2	IDPT Prazo
Meta	1.000,00	100%	4,00	100%
Casa 1	914,29	63%	3,43	50%
Casa 2	1.000,00	N/A	3,00	N/A
Casa 3	1.000,00	100%	4,00	100%
Casa 4	640,00	63%	4,80	150%
Portfólio	3.554,29	71%	16,23	75%
Previsão portfólio	888,57		5,00	

Embora tenhamos a previsão de encerrar três projetos com custo menor e dentro do prazo, o projeto 4 se apresenta agora com maior perigo de gerar uma demora global. É preciso uma performance de 150% (IDPT) para o conseguir, e o histórico demonstra um desempenho médio de 83% (0% da primeira semana, mais 100% da segunda semana, mais 150% da terceira semana divididos por três). Em outras palavras, é necessário quase dobrar o desempenho do projeto na última semana para que possa terminar no prazo.

A situação de cada projeto pode ser vista no gráfico a seguir.

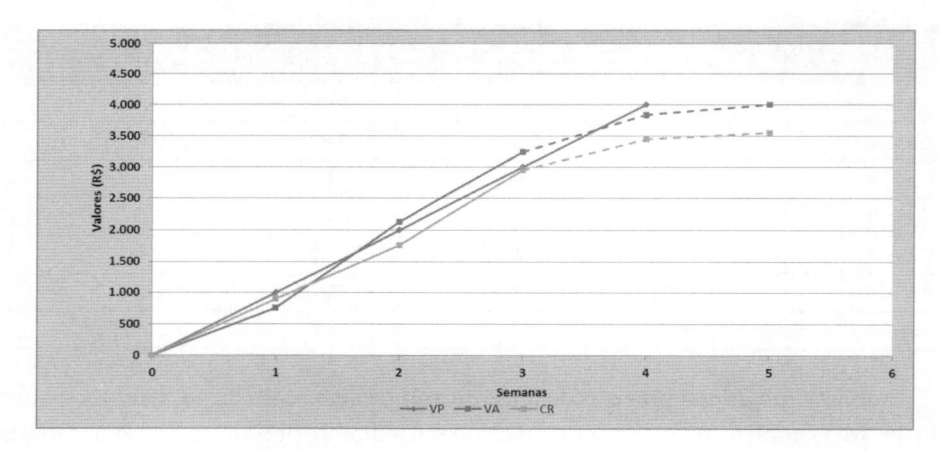

Figura 84: Situação dos projetos na semana 3.

É possível, também, avaliar a performance do conjunto do projeto na comparação entre VA, VP e CR.

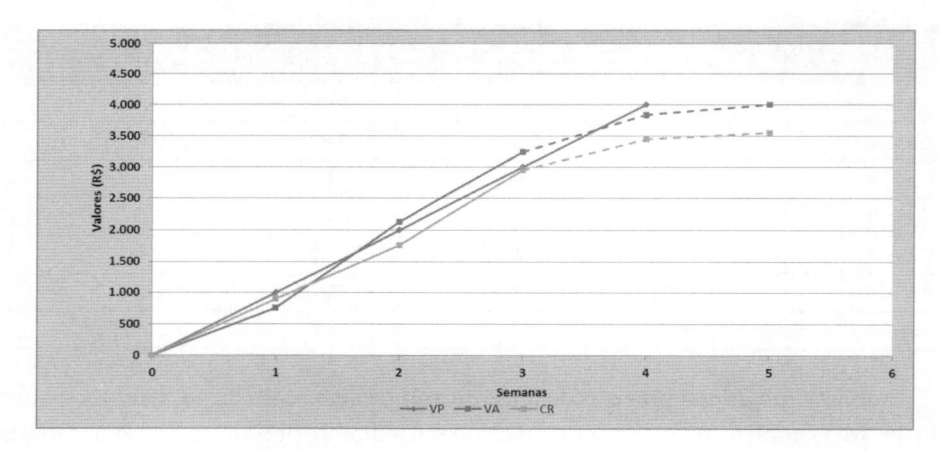

Figura 85: Situação do portfólio na semana 3.

Verificamos que a projeção de custo do portfólio continua abaixo do previsto, um pouco acima de R$ 3.500,00. A estimativa de término do projeto segue apontando para um atraso de uma semana.

Como ações corretivas apontadas, foi definido:

» Para o projeto 1: garantir o encerramento no prazo;

» Para o projeto 2: nada a fazer, uma vez que já foi concluído antes do prazo;

» Para o projeto 3: manter os esforços para sua conclusão no prazo;

» Para o projeto 4: acelerar o trabalho, mesmo que isso signifique aumentar um pouco o custo, pois no global há verba disponível.

A semana 4 apontou resultados surpreendentes em seu relatório de progresso. Eis o que foi reportado.

| | Indicadores Valor Agregado — Semana 4 | | | | | |
| | Prazo | | | Custo | | |
	VA	VarP	IDP	CR	VarC	IDC
Meta	1.000,00	0,00	100%	1.000,00	0,00	100%
Casa 1	1.000,00	0,00	100%	1.200,00	−200,00	83%
Casa 2	1.000,00	0,00	100%	1.000,00	0,00	100%
Casa 3	875,00	−125,00	88%	1.200,00	−325,00	73%
Casa 4	750,00	−250,00	75%	500,00	250,00	150%
Portfólio	3.625,00	−375,00	363%	3.900,00	−275,00	406%
Média portfólio	906,25	−93,75	91%	975,00	−68,75	93%

A casa 1 encerrou o projeto no prazo. Em termos de custo, no entanto, houve um aumento súbito de preço nos materiais de acabamento, o que gerou um custo excedente de R$ 200,00. Esse mesmo fator impactou todos projetos.

A casa 2 já havia encerrado o projeto.

A casa 3 avançou apenas metade do previsto e gastou além do previsto. Ocorreu um grande vazamento nas instalações hidráulicas, prejudicando os acabamentos que já haviam sido iniciados. Dessa forma, gastou-se o dobro do previsto em uma semana, com avanço físico referente apenas a meia semana.

A casa 4 ainda sofre com a falha no fornecimento e problemas de organização na execução, mesmo com o deslocamento da equipe da casa 2 para ajudar na conclusão. Adicionar recursos a um projeto no final é uma questão delicada que poderá vir a prejudicar em vez de ajudar, como já visto anteriormente.

Em termos de previsão de término, o cenário piorou conforme vemos na tabela a seguir.

		Previsão de término — Semana 4		
	ENT2	IDPT Custo	ENT(t)2	IDPT Prazo*
Meta	1.000,00	100%	4,00	100%
Casa 1	1.200,00	N/A	4,00	N/A
Casa 2	1.000,00	N/A	4,00	N/A
Casa 3	1.371,43	N/P	4,57	50%
Casa 4	666,67	50%	5,33	100%
Portfólio	4.238,10	375%	17,90	38%
Previsão Portfólio	1.059,52		6,00	

*IDPT Prazo refere-se agora ao prazo de 5 semanas.

Os projetos 1 e 2 já se encerraram e, dessa forma, os indicadores para término no prazo e no custo perdem seu sentido.

A casa 3, como já incorreu em R$ 1.200,00 (CR), não tem mais a possibilidade de concluir o projeto no custo. Assim não é possível (N/P) concluir o projeto no custo devido.

Para a casa 4, o custo incorrido foi de apenas metade do valor, ainda na conta do atraso de fornecimento de bens, que só são contabilizados em sua aplicação efetiva. Como falta agregar uma semana de trabalho dado o atraso inicial, é possível gastar o dobro do previsto para acelerar o trabalho.

Em termos de prazo, os comentários para as casas 1 e 2 é o mesmo. Como já chegamos à semana 4 e não terminamos os projetos 3 e 4, é impossível concluí-los no prazo. A previsão, na verdade, indica conclusão apenas na semana 6, o que representaria um atraso de 50% com relação ao prazo inicial previsto! O que pode ser feito é avaliar o esforço que deve ser realizado para terminar o portfólio na semana 5, ficando com uma semana de atraso.

Nota-se que, para a casa 3, é possível trabalhar com 50% de performance e, na casa 4, com 100%. A dificuldade maior é concluir a casa 4 no prazo, uma vez que se exige uma performance acima da média histórica da performance (IDP-médio) que está girando em torno de 75%.

Em termos do portfólio, verificamos estouro no orçamento de R$ 238,10 (cerca de 6%). Para concluir no prazo, é necessário agregar o valor que falta (R$ 4.000,00 – R$ 3.625,00 = R$ 375,00) com o orçamento disponível (R$ 4.000,00 – R$ 3.900,00

= R$ 100,00), ou seja, cada real gasto deve agregar quase R$ 4,00. Com a performance histórica, isso não parece realista.

Em termos do prazo, para o portfólio estima-se concluir o projeto em menos de seis semanas (5,33 semanas, na verdade) com uma necessidade de agregar os R$ 375,00 em uma semana. Considerando que as quatro equipes trabalharão para executar o que falta no projeto, e que as equipes têm capacidade cada uma de agregar R$ 250,00 por semana, o IDPT fica em R$ 375,00/R$ 1000,00 = 37,5%. Se fosse considerada a hipótese de desmobilização das equipes que construíram as casas 1 e 2, a capacidade de agregação de valor se reduziria para R$ 500,00 por semana, e o IDPT seria de R$ 375,00/R$ 500,00 = 75%, que é exatamente o ponto médio entre os 50% para a casa 3 e os 100% para a casa 4.

O gráfico de performances históricas e necessárias para conclusão está exibido a seguir.

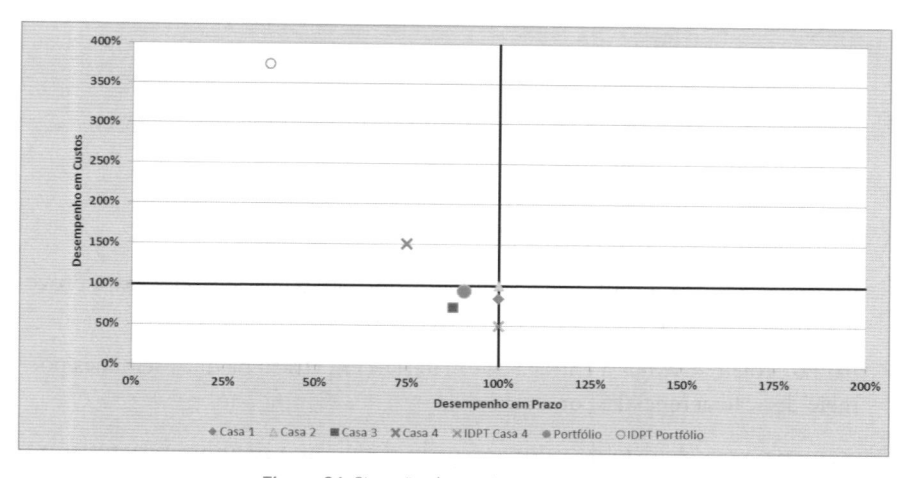

Figura 86: Situação dos projetos na semana 4.

Vemos que há a necessidade de performance elevadíssima para terminar o projeto no custo devido. O IDPT da casa 3 não foi plotado, uma vez que não é possível atingir o custo alvo.

Em termos dos valores de custos reais (CR), valor agregado (VA) e valor planejado (VP) verifica-se o resultado a seguir.

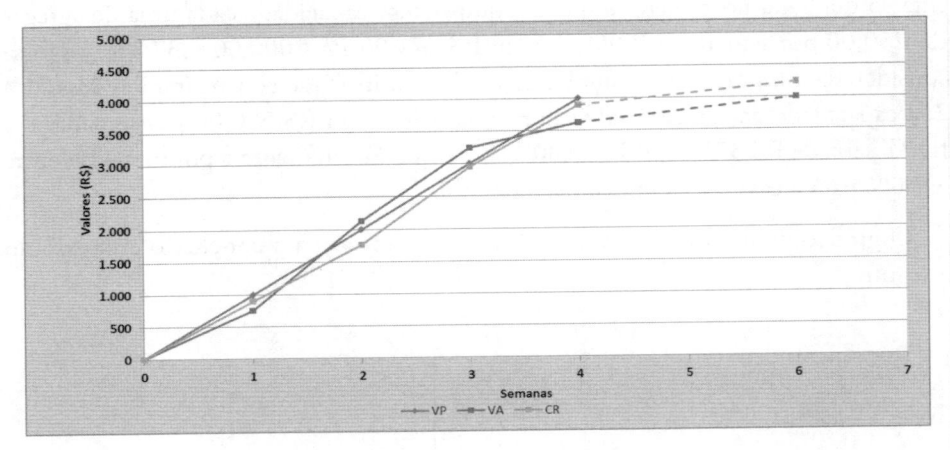

Figura 87: Situação do portfólio na semana 4.

Como principais ações corretivas, foi definido:

» Para o projeto 3: garantir o encerramento com uso da mão de obra extra proveniente das casas 1 e 2;

» Para o projeto 4: exigir a entrega dos materiais em atraso há duas semanas por meio de ação gerencial e concluir a casa.

Na semana 5, o relatório de valor agregado detalhou o seguinte progresso.

| | Indicadores Valor Agregado — Semana 5 | | | | | |
| | Prazo | | | Custo | | |
	VA	VarP	IDP	CR	VarC	IDC
Meta	1.000,00	0,00	100%	1.000,00	0,00	100%
Casa 1	1.000,00	0,00	100%	1.200,00	−200,00	83%
Casa 2	1.000,00	0,00	100%	1.000,00	0,00	100%
Casa 3	1.000,00	0,00	80%	1.500,00	−500,00	67%
Casa 4	1.000,00	0,00	80%	800,00	200,00	125%
Portfólio	4.000,00	0,00	360%	4.500,00	−500,00	375%

Média portfólio	1.000,00	0,00	80%	1.125,00	–125,00	89%

Todos os projetos foram encerrados e o VA total alcançou os R$ 4.000,00. O projeto encerrou-se uma semana após o previsto, com performance física de 80%. Em termos de custos, o projeto 4 conseguiu encerrar com realização a menor de R$ 200,00. Os demais projetos sofreram estouro, com destaque para a casa 3, que teve índice de performance de 67%, apenas. Como resultado, o portfólio como um todo gastou R$ 500,00 a mais, levando a um índice de performance geral de 89%.

Concluímos que o portfólio, apesar de ter conseguido passar algumas semanas em boas condições, não obteve bons resultados nem em custo nem em prazo. Algumas oportunidades de redistribuição de mão de obra, por exemplo, não foram utilizadas e o fornecimento de terceiros mostrou-se também um ponto negativo.

Para fechar, o último acompanhamento de valor agregado mostra o encerramento do projeto.

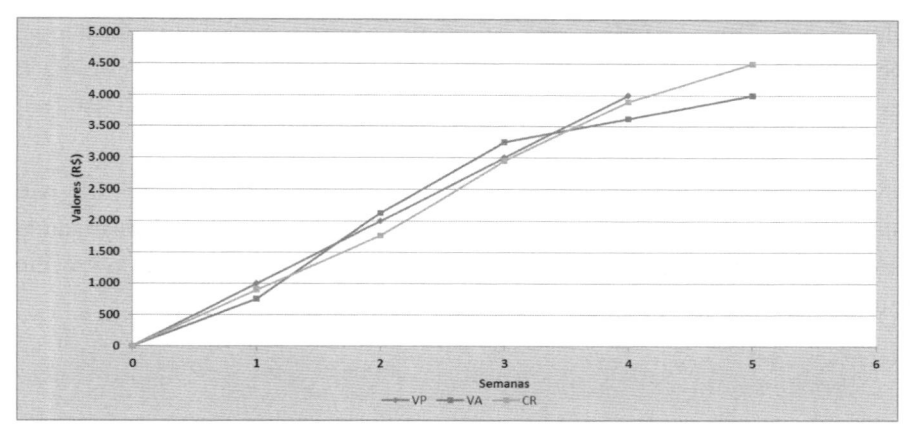

Figura 88: Situação do portfólio na semana 5.

É interessante comentar que, apesar de o projeto ter ficado por duas semanas com valor agregado superior ao valor planejado, em momento algum previu-se um término antecipado do mesmo, como seria a alusão por meio dos indicadores de gestão do valor agregado padrão.

Verificamos que os indicadores de projeção de término do prazo do projeto foram importantíssimos para fazer previsões e buscar minimizar os desvios.

O fato de o valor agregado não se focar no acompanhamento do caminho crítico do projeto pode gerar distorções. O indicador de projeção de término de prazo poderia também levar a resultados enganosos.

É essencial a compreensão de que não existe, no gerenciamento de projetos, um indicador ou um par de indicadores que possa relatar o resultado e projetar as possibilidades de um projeto. O ambiente complexo, as várias interfaces e diferentes questões complicam bastante esse tipo de análise. É função de cada organização avaliar os diversos indicadores disponíveis e selecionar os que são mais representativos para seu caso e, assim, compor sua suíte de monitoramento dos projetos, estruturada de forma a fazer sentido na organização e induzir os efeitos desejados de indicação de falhas e pontos de melhoria dos processos de gestão.

Consideramos ideal trabalhar com um painel de indicadores de desempenho que permita enxergar as condições atuais e fazer projeções dos próximos passos do projeto, obtendo informações que podem ser úteis para considerar a viabilidade do plano atual do projeto, por exemplo.

Indicadores como os índices de performance de prazo e de custo permitem uma visão de momento, mas os combinar com indicadores de variação ao término, estimativas de término de prazo e custo e outros indicadores é essencial para não termos uma visão enviesada da performance do projeto.

Naturalmente, esses indicadores e os de valor agregado só terão sentido para o projeto se respeitadas as etapas periódicas de planejamento e de acompanhamento do projeto que devem ser realizadas, garantindo assim o ciclo do PDCA e a melhoria contínua na gestão dos projetos.

Capítulo 5

PDCA na Prática —
Fazendo a Roda Girar

O objetivo deste capítulo é fornecer uma rápida visão da implementação do conteúdo proposto neste livro no dia a dia de uma empresa. Fazendo um resgate do primeiro capítulo é possível ilustrar a prática de um modelo de gerenciamento de projetos que busque enriquecer os projetos a partir da figura a seguir.

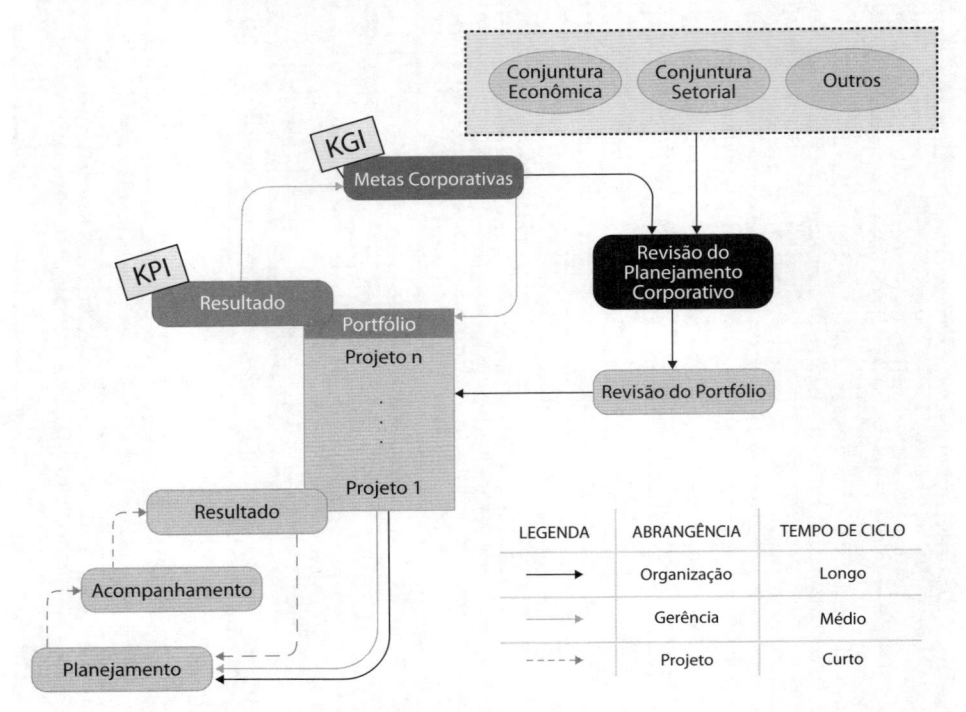

Figura 89: Ilustração do processo de gerenciamento de projetos.

Os indicadores propostos para planejamento, monitoramento, controle e performance devem ser inseridos no processo de gestão para orientar a tomada de decisão. Também devem permitir o aprimoramento dos procedimentos corporativos, ajudando a compor lições aprendidas e novas práticas para o contexto de ativos organizacionais.

Comecemos pelo planejamento, o monitoramento e o controle, que são qualificadores para a performance.

Suponha que uma empresa em questão fez um recorte dos indicadores de planejamento propostos neste livro, escolhendo algumas formas de medir a qualidade de seu planejamento.

Processo de Planejamento	Indicador	Usar
Definir atividades	Tarefas fora da EAP	Sim
	Pacotes de trabalho fora do cronograma	Sim
	Percentual de atividades sumárias	Sim
	Percentual de marcos no projeto	Sim
	Percentual de atividades resumo	Sim
Sequenciar atividades	Atividades sem ligação lógica	Sim
	Tarefas sumárias com ligações lógicas	Sim
	Atividades com restrições de data	Sim
	Índice de tarefas sem relação término–início (TI)	Não
	Índice de conexões lógicas (*Logic links index*)	Não
Estimar recursos	Tarefas sem recurso associado	Sim
	Tarefas Sumárias com Recursos Associados	Sim
Estimar duração de atividades	Percentual de atividades longas	Sim
Desenvolver cronograma	Verificação de consistência das datas das tarefas sumárias	Não
	Percentual de tarefas sem linha de base	Sim

Além da escolha dos indicadores, foram determinados critérios para que os mesmos se encontrassem em apenas dois níveis: aceitáveis ou inaceitáveis. Por exemplo, a presença de mais do que 1% das atividades do cronograma sem ligação lógica torna-se inaceitável.

Esse tipo de abordagem pode ser ainda mais radical se adotarmos a premissa de que é necessário que todas as atividades tenham ligações lógicas, ou seja, se adotarmos a premissa de que temos de possuir um cronograma de rede fechada.

O mesmo pode ser dito com relação às atividades com restrições de datas. Essas, no entanto, podem ser admitidas desde que exista um *waiver*, ou seja, uma permissão explícita dada pela gerência superior que autorize essa violação.

A empresa desse exemplo fez do Escritório de Projetos um braço forte para executar os procedimentos de orientação e avaliação dos projetos. Isso significa dar autonomia e responsabilidade ao Escritório, fazendo o mesmo vencer alguns vícios complexos do gerenciamento como a subordinação das áreas de gestão às áreas técnicas, quando a cooperação pode trazer muito mais ganho.

Existem empresas em que a gestão do projeto é subjugada pelas áreas técnicas que trabalham para o projeto. Isso ocorre devido a uma distorção de empresas fortemente orientadas à execução, em que a gestão é vista como burocracia. Essa visão jamais ocorre em uma empresa que adote o PRINCE2 como *framework* de processo de gestão de projetos, dada sua natureza hierárquica e compartimentada de atividades, e pela clareza de papéis e responsabilidades.

Abaixo ilustra-se, apenas como exemplo, um painel com os indicadores de planejamento escolhidos para um projeto genérico.

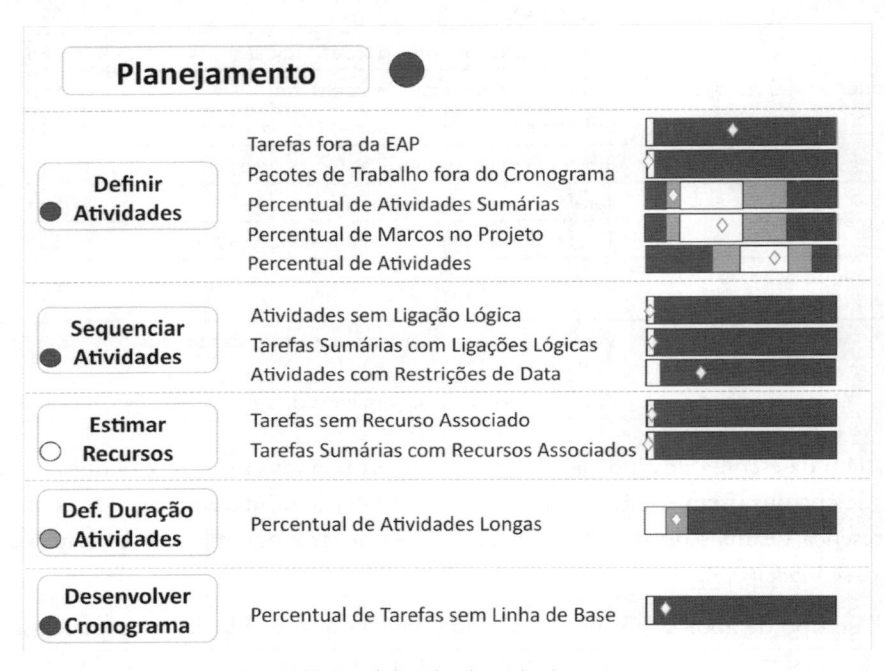

Figura 90: Painel de indicadores de planejamento.

Na figura é possível ver indicadores selecionados e uma escala que possui faixas de aceitação (brancas), alerta (cinzas) e de restrição/problemas (pretas). Cada indicador de planejamento possui seu próprio indicador representado pelos losangos. As escalas permitem uma interpretação rápida do significado valor do indicador para o projeto.

Como vemos na figura anterior, esse projeto apresenta muitos de seus indicadores fora das zonas de aceitação (brancas), ou seja, ele deveria ser replanejado antes de ser aprovado para entrada em carteira ou antes de uma mudança de fase ou passagem de portão (*stage gate*).

Se o projeto se qualificar no critério de planejamento, poderá ser avaliado no monitoramento e controle. Dessa forma, se o planejamento for de forma integrada aceitável, poderá ser avaliado com relação a seu acompanhamento. Até porque não faz sentido gerar indicadores de monitoramento e controle de um projeto cujo planejamento ruim vai gerar indicadores piores, os quais poderão levar a decisões desastrosas.

Quando a empresa possui um escritório de projetos, ele naturalmente trabalhará de maneira a só habilitar projetos para iniciar ou para compor o portfólio na medida em que o mesmo possua um planejamento adequado.

Como dito, o projeto mal planejado mesmo que bem acompanhado gera indicadores distorcidos. No gráfico a seguir podemos ter uma visão de um portfólio hipotético relacionando a qualidade do planejamento com a qualidade do acompanhamento.

Observamos que os quadrantes pretos representam deficiências sérias no planejamento e, mesmo que o acompanhamento esteja sendo bem-feito, ele produziu indicadores não confiáveis. Os projetos nos quadrantes cinzas apresentam planejamento ou acompanhamento deficitários e ambos os casos levam a tomadas de decisão problemáticas. Por último, os projetos que estão nos quadrantes brancos estão aptos a gerarem indicadores de boa qualidade e que tendem a embasar boas decisões.

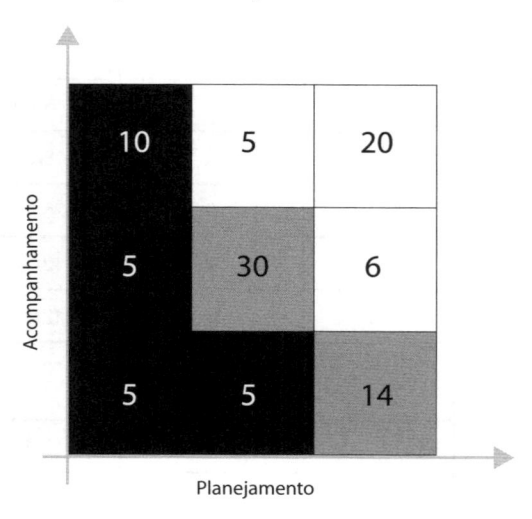

Figura 91: Qualidade de acompanhamento x Planejamento.

A avaliação do planejamento deve orientar e apoiar a gestão. O Escritório de Projetos simplesmente negar a entrada de um projeto no portfólio não agrega valor ao negócio. O que é preciso é mostrar os problemas e sugerir formas de os corrigir. Assim, o Escritório de Projetos passa a ser um assistente, um apoiador com foco na melhoria do planejamento, além de preparar as bases para geração de indicadores de qualidade.

Um exemplo de um relatório com o viés de educar e corrigir pode ser visto a seguir.

ID	Tarefa	Duração	% completo	Início	Término
6	A	0	100	18/07/14	18/07/2014
6	A	0	100	18/07/14	18/07/2014
14	C	274	0	01/07/14	31/03/15
14	C	274	0	01/07/14	31/03/15
14	C	274	0	01/07/14	31/03/15
14	C	274	0	01/07/14	31/03/15
15	K	0	100	21/07/14	21/07/14
15	K	0	100	21/07/14	21/07/14
15	K	0	100	21/07/14	21/07/14
17	L	31	100	18/07/14	17/08/14
18	M	256	0	18/08/14	30/04/15
18	M	256	0	18/08/14	30/04/15
73	ZZ	52	0	26/12/14	16/02/15
74	KZ	15	0	12/11/14	27/11/14
74	RV	15	0	12/11/14	27/11/14
74	RV	15	0	12/11/14	27/11/14
74	RV	15	0	12/11/14	27/11/14
107	LV	14	0	02/04/15	15/05/15
220	HS	315	0	01/07/14	12/05/15
223	N	31	0	10/01/17	09/02/17
223	N	31	0	10/01/17	09/02/17

Predecessores	Sucessores	Observação	Prioridade
	17	Marco com restrição	Importante
	17	Marco sem predecessor	Urgente
	18TT	Atividade sem predecessoras	Urgente
	18TT	Atividade sem baseline (início)	Urgente
	18TT	Atividade sem baseline (final)	Urgente
	18TT	Atividade não sumária sem Recurso	Relevante
		Marco com restrição	Importante
		Marco sem predecessor	Urgente
		Marco sem sucessor	Urgente
6	18	Atividade não sumária sem Recurso	Relevante
17;14TT	37;39	Atividade sem baseline (início)	Urgente
17;14TT	37;39	Atividade sem baseline (final)	Urgente
72	97TI+32	Atividade com Restrição	Importante
16	165	Atividade sem baseline (início)	Urgente
16	165	Atividade sem baseline (final)	Urgente
16	165	Atividade não sumária sem Recurso	Relevante
16	165	Atividade com Restrição	Importante
104	112II-9d; 168II-69d; 108TI-6d	Lead (Lag negativo) Elevado	Relevante
50TI		Atividade Sumária com Predecessor	Urgente
392II		Atividade sem sucessoras	Urgente
392II		Atividade sem baseline (início)	Urgente

Figura 92: Relatório de desvios de planejamento.

Note que as incorreções foram divididas em três categorias: urgente, importante e relevante, de acordo com a importância dos problemas atribuída pelo Escritório de Projetos.

A avaliação do monitoramento e controle naturalmente deve ser feita mais amiúde, com maior frequência ao longo da vida do projeto. Uma vez planejado de forma adequada, para a vida inteira do projeto ou para uma fase específica, considera-se que esse passo está vencido, e o cronograma está em conformidade para efeitos de planejamento e qualifica-se para ser avaliado.

Fora alguma mudança ou algo registrado pelo controle integrado de mudanças, não se esperam alterações no cronograma e em seus elementos permitindo que o planejamento permaneça "congelado" e com sua linha de base adequadamente definida até a próxima fase.

A frequência de atualização do cronograma é um dos elementos que deve ser bastante discutido entre o gestor do portfólio e o do projeto. Ela deve variar considerando-se:

» A duração total do projeto;

» A duração da fase;

» A existência de portais de decisão;

» A necessidade de reportar resultados às partes interessadas internas e externas.

Da mesma forma que foi feito para o planejamento, os indicadores a seguir foram escolhidos da lista apresentada no capítulo de monitoramento e controle.

Tema	Indicador	Usar?
Tempo e frequência de atualização	Data de *status* identificada	Sim
	Frequência de atualização do projeto	Sim
Atualização adequada	Contagem de atividades com término real antes do início real	Não
	Quantidade de atividades com início real ou término real no futuro	Sim
	Contagem de tarefas não iniciadas ou não concluídas no prazo	Sim
	Contagem das atividades fora de sequência	Não
	Índice de execução do caminho crítico ou *Critical Path Length Index* (CPLI)	Não
Uso inadequado de folgas	Índice de atividades com folga negativa (Negative total float)	Sim
	Índice de atividades com folga positiva (*Positive total float*)	Sim

Da mesma forma que para o planejamento, foram determinadas faixas de tolerância para os indicadores de monitoramento e controle. Mais uma vez o conceito de inaceitável pode ser usado. Um exemplo de um resultado inaceitável para um indicador poderia ser um projeto com data de *status* de mais de dois meses atrás, uma vez que isso compromete a credibilidade dos indicadores e torna inviável a medição do resultado.

O Escritório de Projetos pode novamente contribuir para a gestão do projeto e do portfólio. O estabelecimento de diretrizes simples como datas para envio da atualização de atividades pode ser uma solução para esse problema de frequência de atualização.

A maioria dos softwares de gestão atual permite que sejam definidas datas de situação do projeto e que as atividades não concluídas até essa data "escorreguem" para frente. Neste caso, a não atualização do projeto significaria o cumprimento de nenhum dia de trabalho para as atividades, mantendo o percentual completo inalterado e movendo a duração do trabalho remanescente para logo após a data de *status*. Esse procedimento obviamente aumentará a lacuna entre o valor realizado e o valor previsto na linha de base, tendo como consequência a piora de todos os indicadores de resultado do projeto, porém isso colocará o problema em evidência.

A seguir ilustramos um painel com os indicadores de monitoramento e controle.

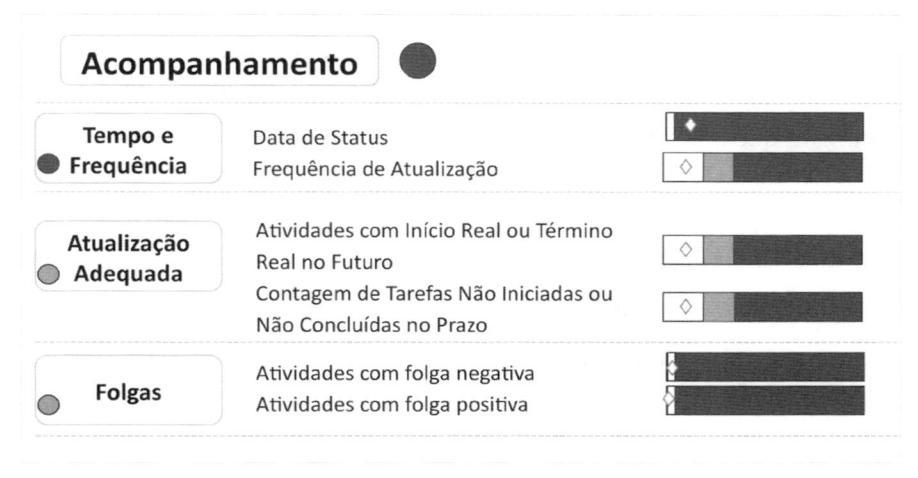

Figura 93: Painel de indicadores de monitoramento e controle.

Espera-se que o cronograma seja atualizado de uma forma adequada. Além de ocorrer em tempo e frequência adequados.

Observamos também os indicadores de folga, que medem as atividades com folga negativa e positiva, que são situações que podem ser tratadas retornando ao planejamento.

O escritório de projetos pode contribuir para o monitoramento e controle. Podemos considerar que, sempre que o Escritório solicitar a atualização, ele também fará uma análise do cronograma e buscará quais atividades devem ser atualizadas, quais deveriam ser iniciadas e não o foram, quais deveriam estar concluídas e não o foram, e assim por diante.

Novamente, não é suficiente que o escritório de projetos se limite a apontar problemas. Ele deve apoiar a solução dos problemas e apoiar a melhoria do cronograma.

Uma abordagem que pode ser adotada é preparar uma lista com as atividades próximas a serem iniciadas no cronograma. Digamos, dentro de 60 dias. Assim seria mais fácil e natural avaliar possíveis antecipações e postergações.

A atualização deve ser sempre realizada a partir dos campos de início e término real das atividades, ressaltando quando as mesmas foram efetivamente iniciadas e/ou terminadas.

Em ferramentas do mercado, ao reportar avanço pelo percentual completo, as datas inicialmente previstas no cronograma são mantidas, o que pode causar alguns dos problemas relatados pelos indicadores, como datas no passado e datas no futuro.

É positivo que o escritório de projetos torne visível ao gestor do projeto as pendências de atualização e necessidades de correção do cronograma. Para tal, pode ser produzido um relatório que contemplará, por exemplo, os indicadores:

» Atividades que deveriam ter sido iniciadas e não foram iniciadas;

» Atividades que deveriam ter sido encerradas e não foram encerradas;

» Atividades que estão em andamento;

» Atividades que foram reportadas de forma incorreta, com registros de término ou início no futuro e que não seguiram à sequência da rede lógica;

» Atividades que estão para se iniciar nos próximos meses.

A figura a seguir ilustra como um relatório com essas informações pode ser criado.

ID	Tarefa	Duração	% completo	Início	Término	Observação	Prioridade
14	AA	274	0	1/7/14	31/3/15	Atividade já deveria ter iniciado	Importante
18	B	256	0	18/8/14	30/4/15	Atividade já deveria ter iniciado	Importante
50	C	7	0	1/7/14	7/7/14	Atividade já deveria ter iniciado	Importante
50	C	7	0	1/7/14	7/7/14	Atividade já deveria ter encerrado	Importante
72	EF	146	0	6/8/14	29/12/14	Atividade já deveria ter iniciado	Importante
75	G	10	0	30/8/14	8/9/14	Atividade já deveria ter iniciado	Importante
76	H	30	0	10/8/14	8/9/14	Atividade já deveria ter iniciado	Importante
83	I	1	0	1/7/14	1/7/14	Atividade já deveria ter iniciado	Importante
83	I	1	0	1/7/14	1/7/14	Atividade já deveria ter encerrado	Importante
150	K	1	0	1/7/14	1/7/14	Atividade já deveria ter iniciado	Importante
150	K	1	0	1/7/14	1/7/14	Atividade já deveria ter encerrado	Importante
151	M	1	0	1/7/14	1/7/14	Atividade já deveria ter iniciado	Importante
151	M	1	0	1/7/14	1/7/14	Atividade já deveria ter encerrado	Importante
226	ABC	70	0	1/7/14	8/9/14	Atividade já deveria ter iniciado	Importante
271	DE	90	0	1/7/14	28/9/14	Atividade já deveria ter iniciado	Importante
333	FF	1159	0	23/7/14	24/9/17	Atividade já deveria ter iniciado	Importante
335	FF	1032	0	23/7/14	20/5/17	Atividade já deveria ter iniciado	Importante

Figura 94: Exemplo de relatório com indicadores de monitoramento e controle.

Com relação aos indicadores de desempenho ou performance, a empresa escolheu os seguintes.

Indicador	Dimensão	Retrospectivo ou prospectivo	Usar?
Baseline Execution Index (BEI) ou Índice de Execução da Linha de Base (IELB)	Físico	Retrospectivo	Não
Avaliação de tarefas críticas			
F1) Tarefas Críticas Atrasadas (TCA): soma das tarefas atrasadas no caminho crítico.		Retrospectivo	Sim
F2) Índice de Desvio do Caminho Crítico (IDCC): contagem das atividades críticas que deveriam estar encerradas, mas não estão / Total de atividades críticas do cronograma.		Retrospectivo	Sim
F3) Índice de Desvio do Caminho Crítico no Período (IDCC-p): contagem das atividades críticas que deveriam estar encerradas, mas não estão / Total de atividades críticas planejadas para terminar no período.	Físico	Retrospectivo	Não
F4) Índice de Desvio do Caminho Crítico Restante (IDCC-r): contagem das atividades críticas que deveriam estar encerradas e não estão / Soma das atividades atuais e futuras não concluídas.		Prospectivo	Não
Tarefas Não Críticas Incompletas (TNCI)	Físico	Retrospectivo	Não
Variação ao Término do Projeto (VTP)	Físico	Prospectivo	Sim
Potencial de recuperação do prazo do projeto	Físico	Prospectivo	Não
Realização física — referência: marcos do projeto com pesos	Físico	Retrospectivo	Sim
Variação de Prazo (VarP)	Valor Agregado	Retrospectivo	Não
Índice de Desempenho de Prazo (IDP)	Valor Agregado	Retrospectivo	Sim
Variação de Custo (VarC)	Valor Agregado	Retrospectivo	Não
Índice de Desempenho de Custo (IDC)	Valor Agregado	Retrospectivo	Sim
Estimativa no Término (ENT) — referência: IDC	Valor Agregado	Prospectivo	Sim
Índice de desempenho para término	Valor Agregado	Prospectivo	Sim
Estimativa no Término em Tempo (ENT(t)) — referência: IDP	Físico	Prospectivo	Sim
Índice de Desempenho para Término — Tempo referência: IDP	Físico	Prospectivo	Sim
Índice de Realização de Custos (CR/VP)	Financeiro	Retrospectivo	Sim

Os indicadores destacados foram classificados nas categorias dimensão e temporalidade.

Os indicadores de dimensão são:

» Físicos ou ligados a prazo;

» Financeiros ou ligados a custos;

» Valor agregado, que unem físico e financeiro.

Os indicadores de temporalidade são:

» Retrospectivos, que avaliam o desempenho passado;

» Prospectivos, que permitem que se faça uma previsão ou uma projeção do futuro do projeto.

A seguir, vemos um painel de desempenho do projeto.

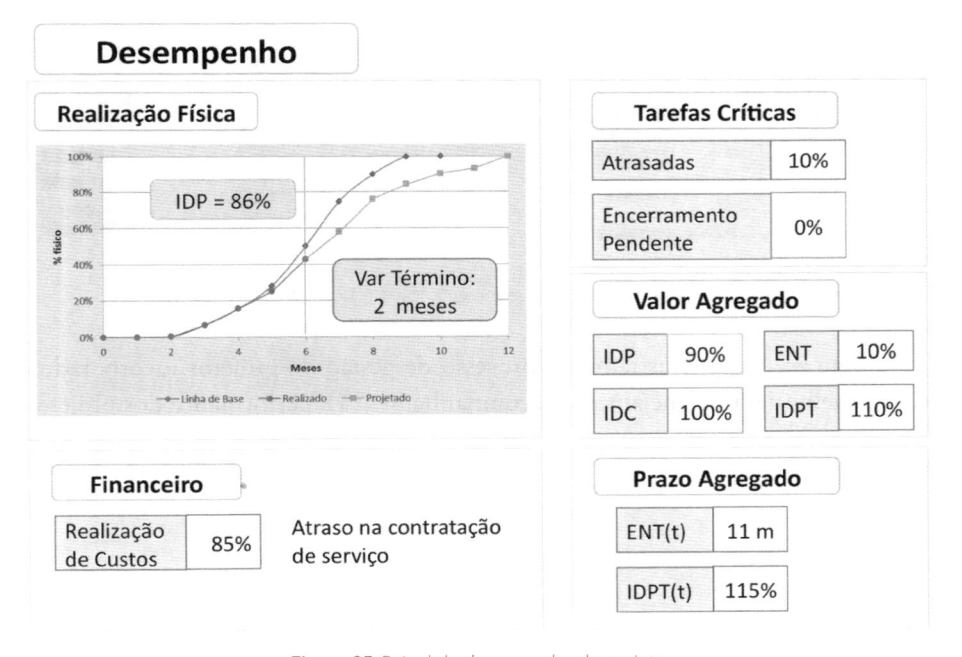

Figura 95: Painel de desempenho do projeto.

É possível enxergar todos os elementos do painel de indicadores do projeto reunidos, como visto na figura a seguir.

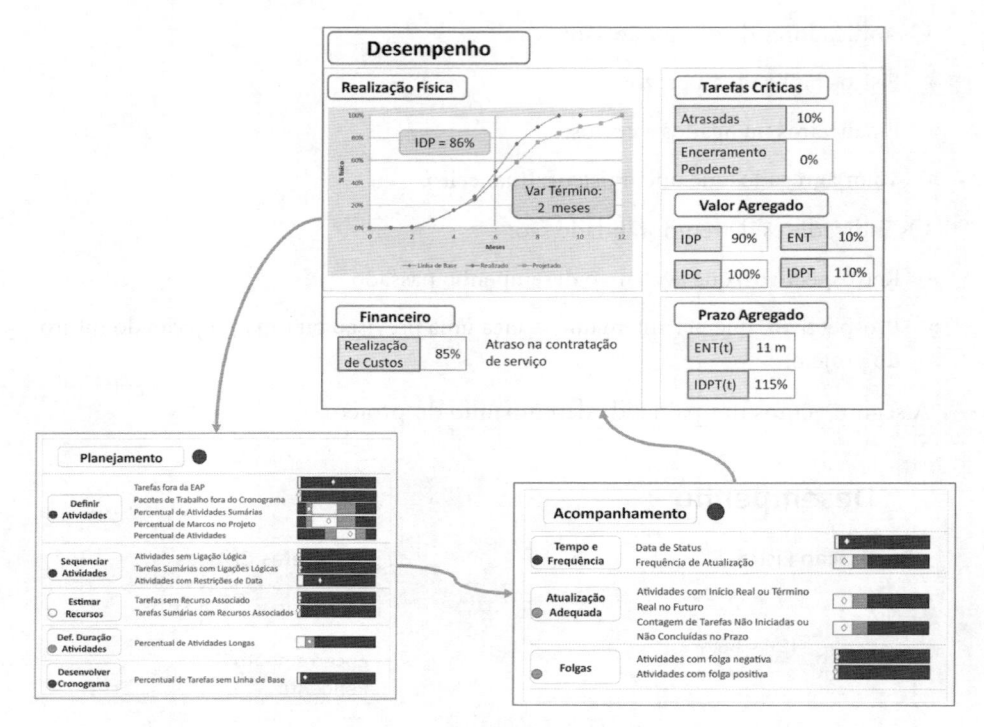

Figura 96: Painel de desempenho integrado do projeto.

Na figura a seguir, ilustramos o processo de gestão de projetos incorporado ao ciclo de melhoria do planejamento, acompanhamento e performance dos projetos.

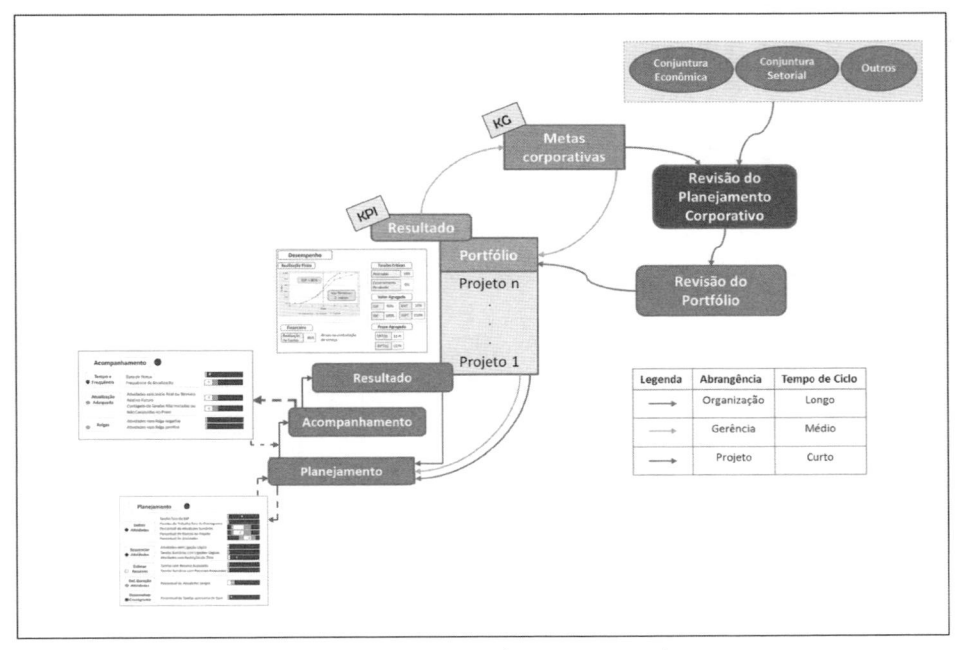

Figura 97: Ilustração do processo de gerenciamento de projetos.

A partir do canto inferior esquerdo da figura, pode-se verificar o processo de planejamento em melhoria contínua, levando a um processo de acompanhamento em melhoria contínua, que por meio de relatórios e análises leva a performance que poderá fornecer informações para a tomada de decisão no nível gerencial do portfólio ou até mesmo no executivo.

Fica claro o papel desses elementos de base na melhoria de gestão.

Por fim, toda técnica de gestão tem por objetivo essencial melhorar a gestão de projetos e fomentar a tomada de decisão, esclarecendo pontos obscuros e orientando na descoberta das reais questões a serem decididas e tratadas.

Se não é possível assegurar que a implementação dessas técnicas e desses indicadores garanta o sucesso da empresa, é possível garantir que a gestão inadequada e errada seja evidenciada, e que a boa gestão seja recompensada para que a empresa caminhe na direção dos melhores resultados para seus acionistas e partes interessadas.

Referências Bibliográficas

ANBARI, F. T.. Earned Value Project Management Method and Extensions. *Project Management Journal.* 34(4), pp.12-23, 2003.

BACON, F. *Novum Organum,* 1620.

BURY, K. *Statistical distributions in Engineering.* Cambridge: Cambridge University Press, 1999.

DCMA, Defense Contract Management Agency – US DEPARTMENT OF DEFENSE. *Earned Value Management System* (EVMS) - DCMA-EA PAM 200.1, July 2012.

GEEKIE, A. *Buffer Sizing for the Critical Chain Project Management Method.* Tese de Mestrado — Department of Engineering and Technology Management, Faculty of Engineering, University of Pretoria, Pretoria, 2006.

GOLDRATT, E. *Corrente Crítica.* São Paulo: Editora Nobel, 1997.

GOLDRATT, E. M. *A Meta.* São Paulo: Editora Nobel, 1989.

HILL, T. *Manufacturing strategy: the strategic management of the manufacturing function.* New York: MacMillan, 1993.

HULETT, D. *Practical Schedule Risk Analysis.* Vermont: Gower Publishing, 2009.

KAPLAN, R. S.; NORTON, D. P. *A Estratégia em Ação*: Balanced Scorecard. 6ª ed. Rio de Janeiro: Campus, 1997

KERZNER, H. *Project Management Metrics, KPIs and Dashboards: A Guide to Measuring and Monitoring Project Performance.* Nova York: IIL Press, 2011.

KERZNER, H. *Project Management: A Systems Approach to Planning, Scheduling, and Controlling. 10ª Ed.* Nova Jersey: Wiley and Sons, 2007.

LIPKE, W. Schedule is Different. *The Measurable News*, pp.31–34, 2003.

LUKAS, J. Earned Value Analysis — Why it Doesn't Work. In *2008 AACE International Transactions*, 2008.

OFFICE OF GOVERNMENT COMMERCE. *Gerenciando projetos de sucesso com PRINCE2.* Londres: TSO, 2011.

PARKINSON C. N., *Parkinson's Law, and Other Studies in Administration.* Boston: Houghton Mifflin, 1957.

PARKINSON C. N. Parkinson's Law. *The Economist*, 19 nov. 1955.

PARKINSON, C. N. *Parkinson's Law or The Pursuit of Progress*. Londres: Penguin Books, 1957.

PM SURVEY (2013). Disponível em www.pmsurvey.org. Acesso em 10 out. 2014.

PROJECT MANAGEMENT INSTITUTE. *Um Guia do Conhecimento Em Gerenciamento de Projetos — Guia Pmbok® — 5ª Ed*. Rio de Janeiro: Editora Saraiva, 2014.

RAD, P., LEVIN, G. *Metrics for Project Management: Formalized Approaches*. Virginia: Management Concepts, 2006.

RAND, G. K. Critical chain: the theory of constraints applied to project management. *International Journal of Project Management*. 18(3), pp.173–177, 2000.

SLACK, N.; CHAMBERS, S.; JOHNSTON, R. *Administração da Produção*. São Paulo: Editora Atlas, 1999.

SOLTYS, R. CRAWFORD, A. (1999) *JAD for business plans and designs*. Disponível em: <http://www.thefacilitator.com/htdocs/article11.html>. Acesso em 30 out. 2013.

STEYN, H. Project management applications of the theory of constraints beyond critical chain scheduling. *International Journal of Project Management*. v.20, n.1, jan. p.75–80 2002.

VANDEVOORDE, S., VANHOUCKE, M. A comparison of different project duration forecasting methods using earned value metrics. *International Journal of Project Management*, v.24, n.4, pp. 289–302, mai. 2006.

WINTER, R. *DCMA 14-Point Schedule Assessment*. January 7, 2011

Lista de Siglas

BEI ou **IELB**: *Baseline Execution Index* ou Índice de Execução da Linha de Base

CDC: *Center for Disease Control*

CPLI ou **ICCC**: *Critical Path Length Index* ou Índice de Comprimento do Caminho Crítico

CPM: *Critical Path Method*

CPU: *Central Processing Unit*

CR ou **AC**: Custo Realizado ou *Actual Costs*

DCMA: *Defense Contract Management Agency*

DMAIC: *Do, Measure, Analyze, Improve, Control*

DPTR: Duração Prevista do Tempo Remanescente

EAC: Estrutura Analítica de Custos

ENT: Estimativa no Término

EPT: Estimativa para Terminar

ES: *Earned Schedule* ou Prazo Agregado

EVM ou **GVA**: *Earned Value Management* ou Gestão de Valor Agregado

EVM ou **MVA**: *Earned Value Method* ou Método do Valor Agregado

GTD: *Getting Things Done*

IDC: Índice de Desempenho de Custos

IDCC, IDCC-P, IDCC-R: Índice de Desvio do Caminho Crítico, Índice de Desvio do Caminho Crítico no Período, Índice de Desvio do Caminho Crítico Restante

IDP: Índice de Desempenho de Prazos

IDPT: Índice de Desempenho para Terminar

IP-F: Índice de Performance Físico

IP-M: Índice de Performance Monetário

JAD: *Joint Application Design*

KGI: *Key Goal Indicator*

KPI: *Key Process Indicator*

LCD: *Liquid Crystal Display*

OGC: *Office of Government Commerce*

ONT: Orçamento no Término

PBS ou **EAP**: *Product Breakdown Structure* ou Estrutura Analítica de Produtos

PDCA: *Plan, Do, Check, Act*

PERT: *Project Evaluation and Review Technique*

PMBOK: *Project Management Body of Knowledge*

PMI: *Project Management Institute*

PMO: *Project Management Office* (Escritório de Projetos ou Escritório de Gerenciamento de Projetos)

PRINCE2: *Projects in a Controlled Environment*

SPI(T) ou **IDP (t)**: *Schedule Performance Index over time* ou Índice de Desempenho de Prazo em Função do Tempo

SV(t): *Schedule Variation over Time*

SV: *Schedule Variation*

TA ou **AT**: Tempo Atual ou *Actual Time*

TCA: Tarefas Críticas Atrasadas

TNCI: Tarefas Não Críticas Incompletas

TVP ou **PVR**: Taxa do Valor Planejado ou *Planned Value Rate*

VA ou **EV**: Valor Agregado ou *Earned Value*

VarC: Variação de Custos

VarP(t): Variação de Prazo em Função do Tempo

VarP: Variação de Prazos

VP ou **PV**: Valor Planejado ou *Planned Value*

VTP: Variação ao Término do Projeto

WBS ou **EAP**: *Work Breakdown Structure* ou Estrutura Analítica de Projeto

Índice